Ulrich Börngen
Erinnern für die Zukunft
1937 – 1977

ULRICH BÖRNGEN

Erinnern für die Zukunft   1937 – 1977

Rückblick auf ein reiches Leben

Herstellung und Verlag: Books on Demand GmbH, Norderstedt
Printed in Germany
ISBN 978-3-7543-5485-8

Bibliografische Information der Deutschen Nationalbibliothek:
Die deutsche Nationalbibliothek verzeichnet diese Publikation in
der Deutschen Nationalbiografie; detaillierte bibliografische Daten
sind im Internet über
http://dnb.d-nb.de abrufbar.

Für mich
Für meine Wegbegleitung und meine Nachfahren
Für Interessierte

Denn es gilt die jüdische Weisheit:
„Sachor [Gedenke!]: Der Zukunft ein Gedächtnis"
durch Handeln im Jetzt und für die Zukunft
identitätsstiftend und verbindend
„Zukunft braucht Erinnerung"

Inhaltsverzeichnis

1. Zu wenig Information über meine Vorfahren

Darüber bin ich seit vielen Jahren traurig. Dieses Problem ließ sich bedauerlicherweise auch in den letzten Jahrzehnten im Hinblick auf meine Geschwister und Verwandten als letzte Informationsträger nicht mehr aufarbeiten. Warum wurde über meine Vorfahren und Familiengeschichte in meinem Elternhaus unmittelbar und konkret zu wenig gesprochen. Jedenfalls ist mir zu wenig in Erinnerung geblieben.

Unter dem Eindruck punktuell sich ausweitender familiärer Nachlaß-Erkenntnisse empfinde ich jedenfalls große Dankbarkeit über das, was mir im Laufe der Zeit jetzt wenigstens doch noch über meinen Vater bzw. meine Eltern überliefert wurde. Ich entdecke zunehmend Informationen, die mir außerordentlich wichtig und bedeutsam erscheinen, aber auch ambivalent und verschiedentlich unerwartet bedenklich. Ich kann mich hier auf Ausführungen in Briefen und Dokumenten von meinem Vater beziehen, die er 40-60 Jahre bis zu seinem Lebensende gehütet und aufbewahrt hat, weil sie ihm offensichtlich sehr wertvoll gewesen sind. Verschiedentlich will ich flankierend von meinem Vater auch aufgehobene Briefe und Schilderungen von Freunden und Wegbegleitern gezielt zu Wort kommen lassen. Sie sollen zusätzlich kirchlich und gesellschaftspolitisch den Zeitgeist authentisch festhalten und deutlich machen. Insofern erscheint mir alles auch über unseren familiären Bezug hinaus als wertvolles Zeitdokument mit historischer Dimension.

Beginn meiner Aufzeichnungen ab etwa 2008. Mein Vater hat praktisch nie Textteile fett hervorgehoben. Ich erlaube mir, mir besonders wichtige Aussagen und Passagen **fett** hervorzuheben.

Traurig und unbefriedigend – zumindest z.Zt. – erweist sich, daß auch meine Nachfahren an einer historischen Information und Aufarbeitung unserer Familiengeschichte offensichtlich nicht so interessiert sind, wie ich mir dies gewünscht hätte. Das entmutigt mich freilich nicht.

Mein Vater, **Horst Eduard Richard Börngen**, geboren 11. März 1900, als 1. Kind von dann sieben Geschwistern, stammt aus Dresden in Sachsen. Noch immer habe ich in den Ohren, daß er darüber lustig und glücklich gesprochen hat, der Herrgott habe es mit ihm gut gemeint, weil er schlecht rechnen könne. Er habe sein Alter einfach mit dem Jahrhundertjahr prompt zur Hand. Von 1907-1909 hat er „schöne Jugendjahre" erlebt im Dorf Ockrilla, wohin die Familie vorübergehend verzogen ist, wie mein Vater in einem Brief an seine Schwester Lotte noch 1954 schwärmt. Von seinen Geschwistern habe ich nur seine Schwester Charlotte Stier (Museumsführerin) aus Plauen, Onkel Herbert (Kaufmann) mit Tante Frieda vom Münchner Platz und Onkel Alexander (Gastwirt vom „Zum Frieden") mit Tante Ilse in Dresden-Löbtau persönlich erlebt. Die Gaststätte lag belegungsmäßig günstig gegenüber vom Neuen Annenfriedhof in Dresden-Löbtau an der Kesselsdorfer Ecke Wernerstraße. Auf diesem Friedhof existiert noch eine bedeutende Grabstätte der Familie Börngen.

Von meinem Vater hatte ich mir als Jugendlicher einmal selbst bruchstückhaft notiert und, dokumentengestützt eigentlich erst 2021, detailliert ergänzen können: Besuch des Wettiner Gymnasiums in Dresden von 1911-1920. Konfirmation 21. März 1915 in der Ev.-luth. Friedenskirche in Dresden Löbtau, Denkspruch Eph 4,3. Studium der Medizin an der Eberhard-Karls-Universität Tübingen Juni 1920 - Februar 1921. Dem Abgangszeugnis ist höchstinteressant zu entnehmen, daß mein Vater neben den üblichen vorklinischen Fächern auch Vorlesungen belegt hat über „Sozialismus und Arbeiterfrage Prof. Dr. Stephinger" und „Allgemeine Aesthetik Prof. Dr. v. Lange". Aus einem Belegbuch geht hervor, daß dann ein Medizinstudium an

der Thüringischen Landesuniversität Jena vom November 1923 – November 1924 erfolgte. Vor der Aufnahme mußten 39.000.000.000 Mark gezahlt werden. Das Thüringische Ministerium für Volksbildung und Justiz hat meinem Vater, nachdem er „am 15.August 1925 die ärztliche Prüfung vor dem Prüfungsausschuß in Jena ... bestanden und den Bestimmungen über das Praktische Jahr mit dem 1.9.1926 entsprochen hat ... die Approbation als Arzt", Weimar, den 17.12.1926, mitgeteilt. Die Universität Frankfurt am Main hat auch am 17.12.1926 „auf Grund der Arbeit ‚Adrenalinspülungen bei Cystitis' nach bestandener Prüfung Titel und Würde eines Doktors der Medizin" erteilt. Tätigkeit 1926 auch in der Inneren Universitätsklinik von Bergmann in Frankfurt/ Main. Vom Direktor der Frauenklinik am Stadtkrankenhaus Friedrichstadt Dresden, Prof. Albert, liegt vom 29.12.1928 folgendes Zeugnis vor: ..."am 1.1.1927 als Volontär auf meiner Abteilung eingetreten; seit März 1927 hat er vertretungsweise die operative, septische und für einige Wochen die geburtshilfliche Station innegehabt ... Er zeigte bei allen seinen Massnahmen die größte Vorsicht und gutes Geschick und hat durch seine guten Kenntnisse auf auch anderen Gebieten seine Kranken auf das beste und gewissenhafteste versorgt."
1928/1929 müssen meine Eltern von Dresden nach Halle umgezogen sein. Als gesichert kann eine erste Tätigkeit als Assistenzarzt im Diakonissenkrankenhaus angesehen werden. Auf einem Bild von den Eltern ist zu erkennen, daß es auf einem häuslichen Balkon im nahen Advokatenweg zu lokalisieren ist. Einer Zeitungsanzeige, die von meinem Vater handschriftlich auf den 17.2.1934 datiert wurde, ist zu entnehmen: „Nach 8jähriger Krankenhaustätigkeit, davon 5 Jahre als Assistent von Sanitätsrat Keil am Diakonissenkrankenhaus, übernehme ich ab Montag die Spezialpraxis meines verstorbenen Chefs in der Wohnung Martinsberg 11. Sprechstunden 11-12 und von 4-5 Uhr." Während ich am 6.8.1937 noch im Martinsberg geboren

wurde, geht aus einer notariellen Ausfertigung vom 2.4.1937 hervor, daß mein Vater offiziell ab 1. Oktober 1937 als Besitzer des Grundstücks Hindenburgstraße 32 angesehen werden muß. Das „seit dem Jahre 1888" bestehende Haus wurde mit einer Grundstücksfläche von etwa 525 qm für 50.000,- RM gekauft und gehörte früher Herrn Louis Huth und ab 1927 Herrn Johannes   Erbss.

Noch im Februar 1934 hat mein Vater einen Antrag auf Zulassung zur Kassen[arzt]praxis gestellt. Das Schiedsamt beim Oberversicherungsamt Merseburg hat am 5.4.1934 diesen Antrag wegen statistischer Überbesetzung abgelehnt. In dieser Zulassungsstreitsache hat auch das Reichsschiedsamt in Berlin am 13.9.1934 eine Revision zurückgewiesen. Schwierigkeiten dieser Art sind auch mir nicht unbekannt. Irgendwann wird eine Zulassung genehmigt worden sein. Aus einem Zeugnis von Prof. Dr. G. Frommolt, Leiter der gebh.-gyn. Abteilung des Evangelischen Diakonissenkrankenhauses Halle/S., vom 3.10.1934 geht hervor: ..."war vom 15.4.-15.9.1934 als Assistent an der von mir geleiteten geburtshilflich-gynäkologischen Abteilung des Diakonissenhauses tätig. Ich habe in Herrn B. bei der Übernahme der Abteilung [kam offensichtlich von der Charité Berlin] einen vollständig ausgebildeten Gynäkologen und Geburtshelfer vorgefunden. Herr B. erwies sich mit der gynäkologischen Diagnostik und Therapie bis in alle Einzelheiten vertraut, er zeigte sich als geschickter Operateur und gewissenhafter Arzt, der das Vertrauen seiner Patientinnen im höchsten Masse besass. Seine ruhige und immer freundliche Arbeitsweise gewährleistete ein tadelloses Zusammenarbeiten mit den Kollegen und Schwestern." ...

Aus einer Anmelde-Bescheinigung des Oberbürgermeisters, Magistrat der Stadt Halle, vom 21.2.1934 geht hervor, daß mein Vater, wohnhaft noch im Mühlweg 50a im Verzeichnis der Gewerbe-Anmeldungen als Gewerbebetrieb, Facharzt für Frauenleiden, Martinsberg 11, eingetragen wurde.

Zur Frauenarztpraxis dann auch in der Hindenburgstraße kam noch eine zusätzliche Tätigkeit, gewissermaßen als Belegarzt, in der gynäkologischen Klinik Dr. Lippmann, nur vier Minuten vom Elternhaus entfernt, in der Kruckenbergstraße. Es dürfte wohl eine besondere Freude und Genugtuung meines Vaters gewesen sein, gynäkologisch und geburtshilflich viele Jahrzehnte operieren zu können. Nach meinem Eindruck über 10-15 Jahre muß ich davon ausgehen, daß mein Vater praktisch von drei Nächten an zwei Nächten gestört wurde und Patientinnen, in der Regel Geburten, versorgt hat. Dies hat ihm offensichtlich gesundheitlich nicht geschadet. Neben einer infektiösen Hepatitis kann ich mich nur erinnern, daß mein Vater einmal im Bad kurz bewußtlos auf dem Boden gelegen hatte, aber ohne auffällige Folgen. Immerhin konnte ich selbst vielleicht in den 70er Jahren bei einer EKG-Überprüfung eindeutig alte Infarktnarben im Herzvorderwandbereich feststellen. Von Herzbeschwerden habe ich nie etwas in Erfahrung gebracht. Zeitlebens kann man ihn als körperlich ordentlich belastbar bezeichnen. Sicher lag ein leichter Altersdiabetes vor. Am 17. Dezember 1990 ist mein Vater nach rund 1-jähriger Bettlägerigkeit, wegen allgemeiner Schwäche und Unfähigkeit, gehen zu können, ohne besondere neurologische Symptomatik mit fast 91 Jahren im halleschen Elternhaus verstorben.

Einige medizinische Sonderdrucke meines Vaters bedürfen besonderer Erwähnung:

Inaugural-Dissertation Universität Frankfurt 1926: Adrenalinspülungen bei Cystitis
Perflatio therapeutica. Die Medizinische Welt. Nr. 29, 1933. Aus der Frauenabteilung des Diakonissenhauses Halle/Saale (Oberarzt: San.-Rat Keil)

Therapeutische Erfahrungen bei Blasenschließmuskelschwäche.
Die Medizinische Welt. Nr. 41, 1937
Über Incontinentia urinae und ihre Therapie. Ärztliche
Korrespondenz. Heft 15/16, 1938
Beckenneuralgie, eine nervöse gynäkologische Erkrankung.
Ärztliche Korrespondenz. Heft 5, 1938
Incontinentia urinae und ihre Therapie. Hippokrates. 1940, 810
Beckenneuralgie, ein gynäkologisches Krankheitsbild bei
neuzeitlicher Ganzheitsbetrachtung. Zeitschrift für ärztliche
Fortbildung, 1944, 84
Weitere Literatur: Nächte am Nil; Eine Josephslegende, 1949;
Blätter aus dem Urlaub, 1950; Quer über die Alpen 1943, 1952.

Eine Schreibmaschinen-Notiz ohne Datum: **„Unsere Schüler-
Bibelkreise in Dresden.** Aus dem Schülerbibelkränzchen wurde
bald mannbar der Bibelkreis. Unvergeßlich bleibt, daß am 25.
Januar 1915 unser BK-Leiter Arthur Scherf aus Colmitz im
Osterzgebirge bei Craonne gefallen ist und im Massengrab
beerdigt wurde. Als ich 1912 von meinem Klassenkameraden
Fritze Mörtzsch in den BK 3 Stockwerk hoch am Neumarkt
gegenüber der Frauenkirche mitgenommen wurde, fand ich hier
bald meine geistliche Heimat. Nach dem Umzug des CVJM in das
große Haus Ammonstraße/Feldgasse, nahe dem Hauptbahnhof,
wurden auch wir BKler daselbst heimisch. Unsere sonntäglichen
Wanderfahrten führten uns in die Sächsische Schweiz und ins
Osterzgebirge. 1914 nahm ich erstmals an einer Ferienfahrt (FF)
zu Pfingsten auf Schloß Mückenberg teil. Alljährlich fanden
unsere FF statt: In die Diakonenanstalt Moritzburg nach Dorfhain,
Hohenstein-Ernsttal, nach Gelenau im Erzgebirge und nach
Rosenthal in der Sächsischen Schweiz. Auch die Kriegszeit
machte davon keine Ausnahme. Besonders attraktiv war dabei
daß wir nicht nur Dresdner beisammen waren, sondern auch
Schüler aus Pirna, von Radeberg und von Leipzig. Besonders

erwähnen möchte ich nur meinen BK-Intimus Max Rublack aus Leipzig, der nach dem 2. Weltkrieg die Leitung des Gymnasiums der Herrnhuter in Königsfeld im Schwarzwald übernahm. Fesselnd waren die Berichte ab und zu von Missionaren von Herrnhut und Leipzig. Namentlich möchte ich noch eine Freizeit in Benneckenstein im Harz anführen für Mitteldeutschland. Dort hatte der ‚Dampfschmidt' aus Kassel ein Jugendheim erstellt sogar mit Duschen. Für jede Lokomotive bekam er eine Prämie zugeteilt. Leider kamen wir dort nicht unter, weil ein Lazarettzug erwartet wurde, auch wenn er dann doch nicht kam. Aber auch in den Holzbaracken haben wir uns wohlgefühlt. Unser Schriftsteller Karl Iderhoff, genannt Udo Degenfeld, gehörte mit zum Leitergremium. Mit Gesang und Klampfenklang stürmten wir zum Brocken (1142m) hinauf, während der Kessel mit Kartoffelsalat es mit der Brockenbahn bequemer hatte. Schon als Student von Würzburg aus war ich als Quartiermacher in 5 Dörfern auf der Reichs-BKler-Tagung auf der Wanderslebener Burgruine eingesetzt mit 1000 Mann Besuchern.

Meine Frau, geb. Rosel Stang aus Frankfurt am Main, dann Marktbreit am Main, wurde vom ersten BK-Leiter konfirmiert, war MBKlerin und leitete später auch einen Mädchen-Bibelkreis in Frankfurt/Main."

Aus einem „**Berechtigungsschein zum einjährig-freiwilligen Dienste.** Der Gymnasiast Ernst Eduard Richard Horst Börngen, geboren am 11.3.1900 zu Dresden … erhält nach Prüfung seiner persönlichen Verhältnisse und seiner wissenschaftlichen Befähigung hiermit die Berechtigung, als Einjährig-Freiwilliger zu dienen … Dresden, am 7.9.1917. Prüfungskommission … Oberregierungsrat Major"

Das Original-Dokument habe ich im März 2021 gefunden. Was kann man heute dazu sagen? Auf jeden Fall dürfte mein Vater dem Anliegen nicht nachgekommen sein.

Bezüglich einiger interessanter und bedeutsamer und geradezu lyrisch-bemerkenswerte Ausführungen meines Vaters möchte ich auf meine Dokumentation: **„Christlich-Sozial gegen braune Überflutung und für den Menschen 1929-1933"**, BoD 2020, verweisen. Es handelt sich um
Unsere bürgerliche Erziehung, am ehesten Herbst 1931, Seite 65
Friedhofs-Erinnerungen, 21.11.1931, Seite 70
Sterbende Birke, nach Juli 1932, Seite 94
Meine Studentenwirtin, 9. August 1932, Seite 110 und ein Kardinalthema der Moderne **„Menschentum mißachtender Kapitalismus"**, Seite 243-255.
Im Buch habe ich auch ausführlich Stellung genommen zu einer Entlassungs-Bescheinigung vom 11.3.1938 aus der SA der NSDAP, Seite 286-289.

Die nachfolgende Publikation meines Vaters habe ich erst im April 2021 an gesonderter Stelle im Nachlaß gefunden. Sie hätte eigentlich an die Stelle BoD 2020 Seite 166 gehört. Wegen ihrer ganz besonderen Bedeutung und Belastung für mich soll sie hier im Original wiedergegeben werden:
Börngen, Horst: Grenzen ärztlicher Vollmacht. Christlicher Volksdienst [für Sachsen], 4. Jahrg., Nr. 27, Beilage, S. 2, **Herrnhut 9.7.1933**
Auf Seite 1 wird vermerkt: „Die Organisation des Christlich-sozialen Volksdienstes ist gefallen. Die Reichsleitung hat den Auflösungsbeschluß der Presse zur Veröffentlichung übergeben. Mit der Auflösung sind wir Volksdienstfreunde aber nicht unseres Dienstes am Volk entbunden".

– Es scheint so, als ob dies die letzte Nummer des Christlichen Volksdienstes, Region Herrnhut, gewesen ist.
„Grenzen ärztlicher Vollmacht. Eugenische Betrachtungen von Dr. med. Börngen, Halle, S. (Siehe auch Drucksatz von Pfarrer Hünlich, Waldheim, über ‚Grundprobleme der Eugenik' in Nr. 18 und 19 unseres Blattes.)

Das **urgewaltige völkische Erwachen** hat für eugenische Fragestellungen in der deutschen Volksgemeinschaft wie Ärzteschaft lebhaftere Anteilnahme ausgelöst. Neben die gesundheitliche Betreuung einzelner Glieder tritt zwingend die Verantwortung dem ganzen Volk in dessen Geschlechterfolge und raschen Erbständen gegenüber. **Negative Auslese, die etwa in der blinden, gedankenlosen Unterstützung des Fortpflanzungswillens schwachsinniger Eltern durch die öffentliche Fürsorge der Allgemeinheit sich zeigt, ist nicht der Sinn sozialer Bemühungen.** Angesichts der Tatsache, daß wir Deutsche ein zahlenmäßig absterbendes Volk geworden sind, kommt allen ärztlichen Maßnahmen unter dem Gesichtspunkt, diesen Niedergang aufzuhalten, schicksalhafte Bedeutung zu. Unserem Volk fehlen heute acht Millionen Kinder, die zunächst lediglich als Verbraucher auf dem Wirtschaftsmarkt in Erscheinung treten würden. Denken wir daran, daß uns ein östlicher Nachbar angrenzt, dessen Frauen doppelt so vielen Kindern das Leben schenken als deutsche Frauen! Durch den freiwilligen Verzicht auf Nachkommenschaft, vor allem auch in der Führerschicht, streichen sich die Völker selbst aus der Weltgeschichte aus. Gewiß hemmt die ernste Wirtschaftskrisis die Ehegründungen und den Kindersegen in unserem Volk. Der Geburtenrückgang ist aber in seinen Anfängen nicht wirtschaftlich, sondern weltanschaulich begründet. Wir Christenleute bekennen dazu, es ist Glaubenssache.

Von den beiden Möglichkeiten eugenischen Einwirkens kann allein der förderlichen positiven Seite durchgreifender Wert

zuerkannt werden; alle lediglich hindernden negativen Maßnahmen treten dahinter zurück. Nicht so sehr die Fortpflanzungsfähigkeit als vielmehr der Fortpflanzungswille bedarf einer Aufmunterung und Stärkung. Zur positiven Eugenik gehört, was die Gesundheit, den Lebenswillen und Fortpflanzungsfreudigkeit zu heben imstande ist. Es muß ein Anliegen des Staates sein, reifen Menschen möglichst frühzeitig nach der wirtschaftlichen Verselbständigung die Wege zur Ehegemeinschaft bahnen zu helfen. In diese Richtung weist schon das jüngst erlassene Gesetz über Ehestandsdarlehen. Wenn Jungakademiker heute früher als vor dem Kriege sich zur ehelichen Bindung entschließen, sollte von Seiten der Behörden, auch der kirchlichen, solchem Wollen zur Einfachheit und Beschränkung Anerkennung will[wider]fahren, statt sich darauf zu versteifen, ledige Bewerber zu berücksichtigen. Die neue Führung im Reich hat erklärt, daß sie für die Bestrebungen der Kinderreichen volles Verständnis aufbringe. Mit allen staatlichen Mitteln muß der Behauptung entgegengetreten werden, daß nur noch die Dummen sich noch Kinder anschaffen und viele Kinder haben. Es darf sich im neuen Reich nicht mehr lohnen, keine Kinder zu haben! Sobald es der Krankenversicherung nur irgend tragbar sein wird, sollte dafür Sorge getragen werden, daß bei Entbindungen in weitgehendem Umfang bei schlechten häuslichen Verhältnissen Aufnahme dazu in ein Krankenhaus mit seinen viel besseren hygienischen und pflegerischen Möglichkeiten gestattet wird. Jungverheiratete treten einer Krankenkasse bei, um sich für Krankenhausfälle zu sichern. Wenn dann in der Ehe die Entbindung die ersten Krankenhauskosten verursacht, treten gegenwärtig bei normalen Entbindungen die Kassen nicht dafür ein. Ein zehntägiger Aufenthalt würde die junge Mutter wie alle Beteiligten sonst bei den wohl lange Zeit hinaus noch bedrängten und beschränkten räumlichen Verhältnissen in unsrer Notzeit vieler Mühen und Erwägungen entheben, durch die der eugenisch wertvolle Wille zur Familiengründung gesunder Menschen beschnitten wird. Der unheimlichen Abtreibungsseuche, dem Kein- und Einkindersystem muß gewehrt werden. Viel schmerzliches sieches Frauentum ist allein dadurch vorhanden. **Durch das deutsche Volk ist mit der nationalsozialistischen Revolution nach Gottes gnädigen Willen ein starkes Erwachen gegangen. Zur dauernden völkischen Erhebung gehört, daß solche vom Erwachen noch unberührt gebliebenen Dämmerzustände überwunden werden. Nichts vermag das sittliche Verantwortungsgefühl für das Volksganze tiefer zu begründen als ein Gottes Geboten aufgeschlossenes Gewissen, wie es durch unsere evangelische Jugendarbeit schon jahrzehntelang in treulicher Vorarbeit geweckt** und gefestigt wurde. Es ist eine sehr erfreuliche Feststellung, daß gerade in unserer bewußt christlicher Akademikerschaft eine Abkehr von den volkzerstörenden Manieren, die von oben herab in unser Volk gedrungen sind, spürbar geworden ist. Negative eugenische Maßnahmen sind leider nicht völlig zu umgehen. Die Sterilisierung (Unfruchtbarmachung) erbuntüchtiger Menschen wie die Kastration sexuell perverser Naturen haben in der Öffentlichkeit viel von sich reden gemacht. Damit wird eine Frage ärztlicher Vollmacht angeschnitten. Schon der Psalmist bekennt, daß der Mensch wenig niedriger denn Gott in seiner Schöpfungsvollmacht gemacht sei (Ps. 8,6). [5. Was ist der Mensch, daß du seiner gedenkst, und des Menschen Kind ... 6. Du hast ihn wenig niedriger gemacht denn Gott, und mit Ehre und Schmuck hast du ihn gekrönt.' – mit Albert Schweitzer würde man heute von besonderer Verantwortung für das Leben im Sinne von ‚Ehrfurcht vor dem Leben' sprechen]. Eine Bestätigung für die weitreichenden Vollmachten gibt dem an Christus gebundenen Gewissen das Herrenwort: Was ihr auf Erden bindet, soll auch im Himmel gebunden sein. Gewiß bezieht sich diese Vollmacht auf seelsorgerlichen Dienst. Jenes Begebnis in der Nacht vor dem Karfreitag, wo der Meister seinem Jünger den Weg zum finsteren Verrat weist, beleuchtet scharf, daß auch vom Geist bevollmächtigtes Handeln kaum eine Grenze kennt, daß jedenfalls auch negative Entscheidungen möglich und als radikale Eingriffe nicht von vorneherein auszuschalten sind.

Der Richter, der ein Menschenleben dem Tod überantwortet, steht vor einer ähnlichen Entscheidung. Der revolutionäre Politiker muß im gleichen Sinne wirksam sein. Der englische Staatsmann Oliver Cromwell zögerte darum als Bibelchrist durchaus nicht, 1649 das Todesurteil über den König Karl Stuart zu unterschreiben. Im Zusammenhang solcher letzter Verantwortungen muß auch **die operative Sterilisierung von erbuntüchtigen volksbelastenden Menschen** betrachtet werden. Bislang war es nur unter Umgehung des § 223 des Strafgesetzbuches möglich, **nun soll durch entsprechende Gesetzesänderung die richterliche Freigabe gewährleistet werden.**

Bei der durch Operation herbeigeführten Entmannung von notorischen Sexualverbrechern steht heute schon der Heilwert eines solchen Eingriffs fest. Durch die Entfernung der Geschlechtsdrüsen erlischt jedes sexuelle Empfinden, auch das abnorme, wofür in der Fachliteratur an Einzelfällen Beweise vorliegen. Aus diesen Berichten geht fast eindeutig hervor, daß tatsächlich die Kastration als Heilmethode zu gelten hat für Patienten, die auf Grund ihres überstarken Trieblebens sich selbst und der Gesellschaft zur Qual werden, sich auch krank fühlen und ohne den Operateur sich nicht mehr zu helfen wissen. Durch die Keimdrüsen können Geisteskrankheiten ausgelöst werden. Beim weiblichen Geschlecht liegen verwickeltere Verhältnisse vor.

Bei der Sterilisierung aus eugenischen Gründen liegt keine rein medizinische Begründung insofern vor, als dem Eingriff der Charakter der Heilbehandlung abgeht. Sachkenner gestehen ein, daß die wirtschaftlichen Sparvorteile für die Allgemeinheit nicht besonders in das Gewicht fallen werden. Der Schutz des keimenden Lebens muß gewahrt bleiben. **Allenfalls müssen solche Kinder mit erbuntüchtigen Aussichten nach der Geschlechtsreife unfruchtbar gemacht werden.** Schon in diesem Zusammenhang fällt auf die Festsetzung der unteren Altersgrenze für die Vornahme des Eingriffs ein besonderes Gewicht. Keineswegs darf es dahin kommen, eine erbtüchtige Frau deswegen zu sterilisieren, weil ihr Mann etwa Trinker ist und verantwortungslos Kind nach Kind erzeugt. Auch die Frage der freiwilligen Sterilisation auf eigenen Antrag spielt eine Rolle. Eingesperrten Menschen mit verminderten geistigen und willensmäßigen Energien diese Frage vorzulegen hat keinen Sinn. **Die Verantwortung muß dem entscheidenden Arztkollegium und dem Vormund zufallen** und von ihnen getragen werden. Ein etwaiger Heilwert der Sterilisierung, wo also nur die Geschlechtswege unter Schonung der Drüsen selbst unterbunden werden, ist heute noch durchaus fraglich."

– Einige von mir fett hervorgehobene Passagen ambivalenter und nicht immer leicht verständlicher Aussagen insbesondere auch fachärztlich-theologischer Art muß ich versuchen, schweren Herzens aus unserer Sicht heute zu interpretieren. Auf jeden Fall wird auf „Grenzen" ärztlichen Handelns in jeder Richtung hingewiesen. Mehr als fremd erscheint mir „das urgewaltige völkische Erwachen" und eine problematische falsch-lehrhafte „nationalsozialistische(n) Revolution nach Gottes gnädigem Willen"! „Unterstützung von Fortpflanzung schwachsinniger Eltern" dürfte auch heute sozial-diakonisch problematisch sein. „Eugenisches Einwirken" ist „allein der förderlichen positiven Seite" vorbehalten, auch wenn unklar bleibt, was dies bedeutet. Ich habe das Gefühl, daß mein Vater vor allen Dingen allein die „positive (lebenserhaltende) Seite der Eugenik" unterstützt und insbesondere „der unheimlichen Abtreibungsseuche" gegenüberstellt. **„Sittliche(s) Verantwortungsgefühl für das**

Volksganze" kann entscheidend ausschließlich nur durch ein an „Gottes Geboten aufgeschlossenes Gewissen" entwickelt und gehandhabt werden! Eine Unfruchtbarmachung von „Kindern mit erbuntüchtigen Aussichten nach der Geschlechtsreife" muß ausschließlich der Verantwortung des „entscheidenden Arztkollegium[s] und dem Vormund" zufallen. 2021 habe ich aus neuerer hallescher Quelle den allgemeinen Hinweis erfahren, daß mein Vater bis 1933 in Halle an Sterilisationen beteiligt gewesen sei. In dem Zeitraum 1928/1929 bis 1934 ist belegt, daß mein Vater als Assistent am Diakonissenkrankenhaus geburtshilflich-gynäkologisch tätig gewesen ist. Aus beruflichen Gründen ist davon auszugehen, daß er als Gynäkologe während seiner gesamten Praxistätigkeit lebenslang überhaupt ständig mit der Problematik einer Sterilisation konfrontiert wurde. Dabei bin ich mir sicher, daß mein Vater Zeit seines Lebens den zum 9.7.1933 formulierten Grundsätzen treu geblieben ist, „Grenzen ärztlicher Vollmacht ... [als ein] sittliche[s] Verantwortungsgefühl ... [durch ein nur in] Gottes Geboten aufgeschlossenes Gewissen". „Verantwortung [in Sachen Sterilisation] muß dem entscheidenden Arztkollegium und dem Vormund zufallen".

Lebenslauf meines Vaters um 1934/1935 (nach mehreren maschinengeschriebenen Vorlagen ohne Datum): Meine Vorfahren väterlicherseits stammen aus Hannover, wo mein Urgroßvater Stabstrompeter und später Kammermusikus gewesen ist. Der Großvater, Goldschmied von Beruf, siedelte nach Dresden über. Als Kaufmannssohn und Ältester von acht Geschwistern wurde ich am 11.März 1900 in Dresden geboren. Nach fünf Jahren Volkschule besuchte ich das Wettiner Gymnasium in Dresden und bestand 1919 die Reifeprüfung. In Tübingen ab 1920 und dann in Würzburg und Jena studierte ich Medizin. **Nach meinem ersten**

Semester gehörte ich in einer studentischen Freiwilligen-Formation sechs Wochen dem 1. Bayrischen Schützenregiment Nr. 41 in Passau an (1920). Nach dem Staatsexamen 1925 arbeitete ich in der Psychiatrischen Universitätsklinik in Jena, in der chirurgischen Klinik am Stadtkrankenhaus Dresden-Friedrichstadt und in der Inneren Universitätsklinik (Prof. von Bergmann) in Frankfurt am Main. An letzterer erlangte ich 1926 auch meine Doktorpromotion.

Nach zweijähriger Volontärassistentenzeit an der Frauenklinik (Prof. Albert) des Stadtkrankenhauses Friedrichstadt in Dresden wurde ich Januar 1929 Assistent an der Frauenabteilung des Diakonissenhauses Halle/Saale. Während der folgenden sechs Jahre war ich zugleich auf der unter der Leitung von Prof. Lehnerdt stehenden Säuglingsabteilung Assistent und erwarb mir dabei eine gute kinderärztliche Ausbildung, sodaß ich während des Urlaubs meines Chefs schon jahrelang die Station von 50 Betten selbständig leiten konnte. Auch auf der Frauenabteilung übernahm ich die Urlaubsvertretungen meines Chefs. Nach dem Tode von Sanitätsrat Keil … leitete ich drei Monate lang dessen Abteilung für Frauenkrankheiten und Geburtshilfe mit 45 Betten, bis das Diakonissenhaus am 19. April den bisherigen 1. Oberarzt der Berliner Universitätsfrauenklinik … zum neuen Leiter berief. Ein halbes Jahr arbeitete ich dann noch mit meinem neuen Chef, Prof. Frommolt, zusammen.

Mitte Februar [1934] übernahm ich die fast 50 Jahre alte Praxis meines verstorbenen Chefs (Sanitätsrat Dr. Keil) und habe … an der Privatklinik (Dr. Lippmann), Krukenbergstraße 27 die Möglichkeit gehabt, klinisch-operativ tätig sein zu können. Die Zulassung zu den Kassen ist jetzt erfolgt [1935?]. Meine Assistentenzeit schloß ich am 1. Oktober ab. Vertretungsweise bin ich noch am Diakonissenhaus tätig.

Für die Einrichtung einer speziell ärztlichen Abteilung für Frauenkrankheiten und Geburtshilfe habe ich bei dem Umbau der

Frauenabteilung am Stadtkrankenhaus Dresden-Friedrichstadt und bei der Neueinrichtung unserer hiesigen Frauenabteilung durch Prof. Frommolt reichliche und wertvolle Erfahrungen gesammelt. 1927 heiratete ich als Volontärassistent. Meine Schwiegereltern sind Erbhofbauern in Franken. Meine Frau war, nach entsprechendem Studium, Lehrerin. Wir haben drei Kinder, die 1928, 1930 und 1932 geboren wurden. Den Nachweis arischer Abstammung musste ich von Berufs wegen erbringen. Ich gehöre mit meiner Familie der evangelischen Kirche an."

Aus zwei **Briefen von Hermann Kolb, bayerischer BK [Bekennende Kirche]-Landeswart**, später Dekan in Kulmbach: „Zwiesel, 22.8.1934: Ihr lieben Rosel und Horst! ... durch das Beisammensein mit unserem Heinrich Kunstmann [Seite 71] und Dora Berger in Bad Boll sind wir viel an Euch erinnert worden ... Das Nein gegen die ‚Nationalsynode' wird hoffentlich auch morgen eindeutig und einmütig auf unserer Landessynode gesprochen ... Da und dort strebt man im Norden anscheinend stark zur Freikirche. In der Führung der Bekenntnisfront ist man noch sehr zuversichtlich ...
Die Erbitterung über den Menschen mit seinen raffinierten Scheußlichkeiten" ...
und "Bad Kissingen, 16.12.1936: ... Die 'Eröffnung des Winterkampfes' durch Streicher und die Durchführung desselben durch Holz mit seinem unglaublichen Schmähfeldzug in Mittelfranken hat eine ungeheure Empörung ausgelöst. Der Erfolg der Kirchenaustrittspropaganda ist vorläufig noch gering. Die deutsche Glaubensbewegung kommt langsam hoch. Unsere Gemeindeglieder schlafen natürlich noch vielfach und wiegen sich in Optimismus ... Ich selbst war zu einer Evangelisation Anfang November in Gera, einer Hochburg der Thüringer DC" ...
– wir sind also mitten im Kirchenkampf der Bekennenden Kirche!

Unmittelbar daneben lag ein Schreiben von Karl Immer, „Wuppertal-Barmen, 19.10.1935: An die Mitglieder und Freunde des Coetus reformierter Prediger! … Bei den Nebelschwaden, die heute die Sicht der Bekennenden Kirche erschweren, ist es nötig, daß wir einander die Hände fassen"… Es wird ein Gutachten beigelegt „über den Aufruf der Kirchenausschüsse … Ich bin der guten Zuversicht, dass reformierte Prediger alsbald den Kurs des Reichskirchenministers – eines neuen Gleichschaltungsversuchs – erkannt haben. Der Aufruf der „staatlichen Kirchenmänner' hat uns wohl allen die letzte Illusion genommen."

Halle, 20. Dezember **1941, An Tante Emma**
… „Als unserer Reisetante muss ich Dir (als Dein ältester Neffe) zu Weihnachten noch etwas von unserer wunderbaren Italienreise erzählen. Sie kommt uns wie ein Traum vor, erlebten wir doch gerade noch die letzten Wochen ohne Marken und Punkte in Italien. Von unseren anstrengenden Tagen im Ortlergebiet schrieb ich Dir schon zum Geburtstag. Schön war es auch am Gardasee. Du kennst ihn gewiss noch von Deinen Studien aus den Reiseführern. Riva liegt an der Nordspitze. Am felsigen Ufer sind wie am Vierwaldstättersee, nur noch viel großartiger, Felsenstrassen angelegt aber gleich zwei übereinander. Das Kraftwerk am Ausgang des Ortes haben die Italiener famos getarnt durch häuserhohe Vorhänge, die kleine Wohnhäuser und Grünanlagen darstellen. Wir sind über den ganzen See von Norden nach Süden gefahren. Zur Linken zieht sich ein mächtiger Höhenzug, der Monte Baldo, hin. Die Ortschaften machen einen altertümlichen Eindruck mit ihren Hafenanlagen, mit ihren kleinen Kastellen, mit den Zypressen nahe den Friedhöfen und den roten Segelboten auf dem Wasser. An den Hängen ziehen sich umfangreiche Olivenhaine hin. Merkwürdig sehen die Zitronen-pflanzungen aus; da die Zitronenbäume im Winter überdacht

werden, sieht man entsprechende Einrichtungen dazu. Ein feudaler Kurort ist Gardone mit wundervollen Villen, wie wir sie sonst noch nicht gesehen haben. Palmen und südliche Blumenpracht, smaragdgrüne Grotten mit Wasseranlagen, marmorne Terrassen und Treppenaufgänge. Eidechsen huschen über den Weg weg, wie wir es in der Südschweiz gesehen haben. Am Strandbad wurde Iris von den kleinen Italienern und Italienerinnen bewundert. Einen unvergeßlichen Abend erlebten wir von der Höhe der Kirche mit dem Blick auf den See und die malerische Insel im Vordergrund. In allen Farben und Tönungen zeigte sich der See und der Himmel. Erst als die Fledermäuse schwirrten, verließen wir den Aussichtspunkt. Weißt Du noch, wie wir im Berner Oberland Alpenglühen für kurze Momente bewundern konnten? Im Norden liegt der Gardasee noch im Gebirge, während das Südufer bereits flach sich in die oberitalienische Ebene hinein erstreckt. Von dort fuhren wir nach Verona und Venedig. Wenn ich Dich besuchen komme, will ich Dir auch Ansichten von unserer Reise vorführen. Wie gesagt, zehren wir noch immer und sicherlich noch lange von dieser Auslandsreise.

Wenn der Krieg erst vorüber ist und wir ihn gut überstanden haben, wollen wir uns noch mehr von Gottes schöner Welt anschauen. Als Reisen noch nicht so volkstümlich war, wie es jetzt geworden ist, hast Du bereits die Schönheit und den Wert solcher Reisen entdeckt und uns Lust dazu gemacht, indem Du uns mitgenommen hast. Denk an unsere Spreewaldfahrt, unsere Riesengebirgsreise, unsere Fahrten nach Tirol und in die Schweiz! Schöne Erinnerungen! Unsere Kinder haben ihrerseits nun schon mancherlei gesehen. Selbst Ulrich mit seinen vier Jahren hat allerlei Bergtouren am Achensee mitgemacht, wo sonst kaum Sommerfrischler hingekommen sind. Es ist erstaunlich, was er dabei geleistet hat. Dass die Familie dabei zehn Edelweiß pflücken konnte, schrieb ich Dir schon" …

Juli **1942, Brief von Missionar Werner Hauffe** an meine
Eltern, aus Ebersdorf, Schleizer Seenplatte (auf Heimaturlaub).
Er ist bedeutsam für mich, u.a., da ich ab Mai 1944 bis
24.12.1944 aus Halle privat zur Familie Hauffe nach Ebersdorf
verschickt wurde. Dies erfolgte letztlich im Rahmen einer von
der Schule bzw. der Stadt wegen drohender Luftangriffe
geforderten Evakuierung von Kindern.
…"Erstensmal ist mein Grundsatz, das zu tun, was befohlen wird.
Ob die Anordnung richtig ist, würde sich ja dann herausstellen. 2.
hätte ein Einspruch gegen die Versetzung nach Russland [aus
gesundheitlichen Gründen] etwas eigenartig ausgesehen. Zu
schnell hätte es dann heissen können: Der Missionar will sich vor
Rußland drücken. – So fuhr ich lieber mit meinen
Kameraden zusammen nach Russland. 4 Wochen dauerte die
Reise bis zur Front … Wenn diese lange Fahrt auch keine
Freude war, so war sie doch sehr interessant. Gerade in den
grösseren Städten hatten wir, auf Anschluß wartend, oft
tagelange Aufenthalte. So konnten wir uns die russischen
Städte, um die im Sommer erbitterte Kämpfe stattgefunden
hatten, in Ruhe ansehen. Der Schnee hatte über das Grauen eine
weiße Decke gelegt, sodaß das Unheimliche der eingestürzten
Häuser, der meistens nur noch stehenden Häuserfassaden
mit ihren leeren Fensterbögen und Türöffnungen gemildert
wurde. Ganze Stadtviertel waren nur noch Trümmer. Tote
Städte, in denen einstmals Leben pulsierte! – Ich war
erstaunt, zu sehen, wie doch die Städte einstmals schön
gewesen sein müssen. Breite Strassen, hohe, schöne
Bürgerhäuser, wie selbst die stehengebliebenen Fassaden noch
zeigen, erzählten uns von der einstigen Schönheit der Städte.
Freilich stammt diese Schönheit noch aus der Zarenzeit
Russlands, wo es ein Bürgertum gab, das all diese jetzt
zertrümmerte Schönheit und diesen vergangenen Reichtum
schuf. Alya Rachmanowa's plastische Romantiken leben vor
mir auf und liessen mich für Augenblicke diese toten,
zerschossenen Städte voller Leben und Treiben,

Lieben und Leiden erschauen ... Die kleineren Ortschaften und Dörfer, die manchmal noch ganz unversehrt waren, machten einen unschönen und verwahrlosten Eindruck. Von Ferne sahen sie ganz niedlich aus mit ihren schneebedeckten Dächern und Türmchen. Sah man dann aber näher zu, dann fand man traurige, schmutzige Lehmhütten. Die Bevölkerung, arm und abgerissen, seit vielen Jahren gab es keine Textilwaren mehr zu kaufen, blickte uns meistens stumpf und unbeteiligt an. Selten fand man Aufgeschlossenheit und Entgegenkommen. Dass Stalins Macht zertrümmert wurde, begrüssten sie. Ihr Urteil lautete oft: „Lenin war gut. Stalin ist schlecht." Unter Lenin gab es noch etwas Eigentum. Sie konnten auch kaufen und verkaufen. Seit Stalins Herrschaft aber konnten sie nur noch das Allernotwendigste in den Kollektivgeschäften kaufen. Manchen Abend sass ich, als ich vorn bei meiner Truppe war mit meinen russischen Hausleuten, mit denen ich in einem Zimmer wohnte und schlief, zusammen und wir unterhielten uns mit Hilfe eines russischen Dolmetschers, der fliessend Deutsch konnte, Lehrer in Moskau war und von unserer Truppe in einem Gefecht gefangengenommen wurde. Wir waren zusammen bei der Russenfamilie einquartiert. Auch der ungefähr 10jährige Sohn meiner Quartiergeber, ein heller hilfsbereiter Bub, konnte schon einige Brocken Deutsch, da sie in der Schule Deutschunterricht hatten. – Ich musste immer wieder staunen, wie einfach und unsauber sie zu leben gewohnt waren. Läuse und Wanzen waren für sie nicht ungewohntes, während mich diese lieben Tierchen reichlich quälten.

So, wie auch in den anderen Russenhäusern, stand in unserem Zimmer in einer Ecke ein Heiligenbild. Als die Russen meine Bibel liegen sahen, brachte die alte Mutter meiner Quartiergeber eine ganz vergilbte russische Bibel und fragte, ob es auch so ein Buch wie meines sei. Doch lasen die nicht in der Bibel ... Erstaunt waren die Russen, als sie beobachteten, dass man jeden Tag in der Bibel lesen könne. Doch ist dies Erstaunen nichts ungewöhnliches.

Das ist ja hier in der Heimat sehr oft auch zu finden. Ebenso wunderten sich oft die deutschen Kameraden darüber, wenn sie es auch nicht sagten.

Das kameradschaftliche Zusammenleben vorn an der Front und dann auch in den Lazaretten war fein, während es in der Heimat doch viel zu wünschen übrig liess. Die gleiche Not, die gleichen Beschwerlichkeiten, das gleiche Denken an die Heimat und die Lieben, das gleiche Kämpfen liess uns vorn zusammenstehen und verband uns. Freilich jubelnde Missionsberichte lassen sich nicht schreiben. Das wäre verfehlt. Wir müssen da ganz nüchtern sein. Ich glaube nicht, dass der Krieg und die Not da wirklich eine tiefgehende Änderung bringt ... Aus Kameradschaft hören sie Dich an, so wie sie aus Kameradschaft auch den anderen reden lassen, der vielleicht das Gegenteil sagt. Du kannst jetzt mit einem reden, ihm von Dir, Deinem Erleben, von Gott, von Jesus sagen und dann geht er hin und tut im nächsten Augenblick etwas Dir Unverständliches. –

Ich glaube nicht, dass wir für das Wirken in die Breite gerufen sind. Wir stehen oft einsam, ganz einsam auf Posten, um uns Wüste und Öde. Wir dürfen aber nicht vergessen, dass wir auf Posten stehen und jederzeit bereit, wach und offen sein müssen, für einen Ruf und Befehl. Ganz einzelnen werden wir dienen können ... Stelle Jesus in die Mitte einer Kaserne. Einige werden sich stolz und überheblich abwenden. Zu was Jesus? Wir sind ‚gottgläubig'. Einige werden spotten und höhnen. Die breite Masse wird gleichgültig schlafen, dösen oder ans Essen denken. Ein Teil wird aus Höflichkeit und Kameradschaft zuschauen. Einzelne nur werden begierig und dankbar hören und ihn aufnehmen. – Stelle dagegen eine Frau in die Mitte einer Kaserne. Von den niedrigsten Mannschaften bis zu den Offizieren wirst Du nur wenige finden, die nicht gierigen Blickes die Frau anstarren. – Ja, Frauen, das ist das Hauptthema des Soldaten. Von ihnen handeln die meisten seiner Lieder. Um sie kreist sein Denken, Sinnen und Wünschen.

Es widert einen an, wenn man 2o Jahre junge Burschen oder auch Familienväter von 4o Jahren sich über dieses ihr Lieblingsthema unterhalten hört. Dann ist es oft schwer, in diesem Kreis auszuhalten, Kamerad zu bleiben. Dann erscheint einem das ganze Soldatentum so innerlich faul und hohl. Schier könnte man meinen, dass die Freiheit und das Recht des Soldaten dieses Ausleben und Austoben sei. Und doch ist es nicht an dem. Im Glutofen des Kampfes fallen dann diese Schlacken ab und sie stehen ihren Mann und sind tapfere Soldaten, deren Freiheit und Recht es ist, ihre Pflicht zu tun. So wie Freiherr von Stein sagt: ‚Unser Recht ist, unsere Pflicht zu tun!‘ – Ich glaube, ganz besonders für uns, die wir xten sein wollen, gilt dieses Wort. Unser Kindesrecht ist es, da unsere Pflicht zu tun und zu dienen, wo uns unser himmlischer Vater hinstellt. Gott hat uns in unser Volk gestellt und da wollen wir nun dienen, ganz gleich wo wir auch stehen, ob in der Heimat oder an der Front." ...

29.5.1943, Brief von Alwin Rau, einer offensichtlich wichtigen Person für meinen Vater, von einer „Kompanie in Frankreich".
... „Was Sie in Ihrem lieben Ostergruß über den Wert der christlichen Feste schreiben, ist mir aus der Seele geschrieben. Hier stimme ich mit Ihnen wieder völlig überein. Aber ist es nicht merkwürdig, je höher das christliche Fest in seiner Bedeutung steigt, um so weniger wird es verstanden ... Ach, leider wissen mit dem Pfingstfest auch sehr viele nichts anzufangen, die sonntäglich Gottes Wort hören, ja auch Gottes Wort von Herzen lieb haben. Ist das nicht traurig? ... Für Sie, lieber Bruder Dr. Börngen, war ja der Konfirmationstag [meiner Schwester Iris, 1943] insofern noch ein ganz besonderer Freudentag, als Sie Ihren Herrn Bruder wiedersehen durften, welcher zur 6. Armee gehörte und in Stalingrad mit dabei war. Das war freilich Grund genug zum Danken, da Gott Ihren Herrn Bruder so wunderbar bewahrt hat. Er ist ja wie ein Wunder aus dem Feuer gerettet worden.

Nun wütet der Krieg schon bald vier Jahre und das Ende desselben ist noch nicht abzusehen. Ob es zu großen Offensivhandlungen in diesem Jahre kommen wird, möchte ich bezweifeln. Ich wundere mich immer über den Optimismus der Leute, die da meinen, wir würden den Russen in diesem Jahre besiegen. Ich glaube nicht, daß wir nach den Aderlässen dieses Jahres, bei Stalingrad und in Tunis, die doch auch materialmäßig eine schwere Einbuße brachten, zu Großangriffen in der Lage sind. Es kommt vielmehr darauf an, uns unter Schonung von Kräften überall so stark zu machen, daß wir den Angriffen der Russen und eventuellen Landungsversuchen der Engländer und Amerikaner … standhalten können. Meine Erwartungen, die ich auf das Wirken der U-Bootwaffe gesetzt hatte, sind leider nicht in Erfüllung gegangen … Was wird noch alles kommen? Wie wird das Ende sein? Das sind die Fragen, die heute einen jeden Deutschen beschäftigen. Aber keiner ist da, der diese Fragen beantworten könnte. Wir Christen aber wissen: Gott sitzt im Regiment und ER spricht das letzte Wort. Wir dürfen unsere Blicke zum Herrn erheben und uns dessen freuen, daß wir als Christen eine herrliche Zukunft haben. Was wird es sein, wenn wir einmal frei sind von den Nöten dieses irdischen Lebens. Gottlob, ich empfange, dank der treuen Fürbitte meiner Lieben daheim, viel Kraft und Gnade, damit ich mich auch im Soldatenrock mutig zeigen und meinen Mann stellen kann" …
Aber auch **Ostern 1943,** aus Döberitz/Elsgrund, Berlin:
„Die Wehrmachtspfarrer, die ich in Frankreich hörte, kamen alle aus dem Osten und wußten ergreifend zu berichten vom seligen Sterben der Kameraden." [!]
Und er nimmt Bezug auf ein Schreiben meines Vaters, daß im November 1942 eine „neue Hilfe im Haushalt" in Halle aufgenommen wurde, „eine Ukrainerin, mit Namen Katja".
– Ich kann mich noch gut an sie erinnern, sie hat viel und kräftig gesungen, wurde auf jeden Fall wie eine deutsche Hilfe behandelt. Sie dürfte vielleicht 8-10 Monate bei uns gewesen sein. Und,

Alwin Rau bedauert, daß im Elternhaus „schöne Hausabende verboten" worden seien!

Handschriftlicher Brief, **Halle, 7.7.1944,** von **Professor Julius Schniewind**:
„Sehr verehrter, lieber Herr Doktor! Danke für die Sendung Ihrer wissenschaftlichen Arbeit. Wie schön ist es, daß Sie neben der Praxis noch zum wissenschaftlichen Produzieren kommen, und diese Arbeit weist ja auf manches Finden zurück. Besonders danke ich Ihnen für den Gruß von Joh. Müller. Ich verehre ihn sehr, freue mich von Ihnen zu hören, daß er eine angemessene Kriegsarbeit hat. An allem, was er früher durchlebte, gab er nur einmal Anteil. ... Die Gersfelder Konferenz ist mir eine einzigartige Erinnerung, ich habe weder vorher noch nachher einen ansprechenderen Auftrag gehabt. Mit herzlichem und sehr ergebenem Gruß Ihr Julius Schniewind"
– Julius Schniewind (1883-1948), war deutscher evangelischer Theologe der Bekennenden Kirche, setzte sich ab 1933 für die BK in Ostpreußen ein und machte die Theologische Fakultät in Königsberg zu einem Zentrum für die BK-Theologen-Ausbildung. Wurde 1935 an die Theologische Fakultät Halle berufen, wurde von den Nazis verfolgt und war ab 1946 evangelischer Probst in Halle-Merseburg. Grabstätte auf dem Laurentiusfriedhof in Halle.

Aus einer Feldpost am **13./14. Februar 1945** als **Konfirmationsbrief** an meinen Bruder Freimut in Halle vom Hauptlazarett Meißen:
..."Unsere ernste Kriegszeit wird auch Dir die ganze Verantwortlichkeit zum Bewußtsein bringen. Wie schnell wirst auch Du zum öffentlichen Einsatz herangezogen werden können und vielleicht gar zum Dienst im bunten Soldatenrock! Damit gewinnt man rasch die volle Lebensreife auch als noch junger

Mensch, dem möglichweise kein langes Leben mehr zur Verfügung steht."... [!?]
..."Gestern war Fastnacht. Wir haben von Meißen aus gesehen, wie Dresden durch Bombenteppiche mit vielen Christbäumen zwei Mal angegriffen worden ist. Die Ministerien, der Theaterplatz mit dem Schloß und Zwinger, der Hauptbahnhof und die Gegend um den Albertplatz und nach Blasewitz zu wurden besonders getroffen. Heute Abend nach zwei weiteren Angriffen ist der Himmel noch brennend rot. Es tut mir leid um meine Vaterstadt. Gegen Abend haben wir einen Motorschlepper mit Ausgebombten auf der Elbe entladen. Wie die Kohlentrimmer sahen die Menschen aus ... Am Sonntag habe ich einmal mit Onkel Herbert gesprochen, um ihn auf die heikle Lage von der Ostfront her aufmerksam zu machen." „Nach Fastnacht beginnt heute mit dem Aschermittwoch die Passionszeit. Ich schrieb es bereits, daß auch für unser ganzes Volk Passionszeit angebrochen ist. Auch damit verfolgt Gott seine Ziele mit uns. Einen herzlichen Gruss an Mutti und Iris, an Michael und Ulrich von mir ... Gott behüte Dich und segne Dich! Dein Vati"

Sanitätsabteilung Dresden   Az.: 49e/Bef./45 (C) ,   **Dresden den 16.3.1945**
Z.Zt. Res. Laz. I Dresden, Marienallee 13, Dr. Poe/W/Pi.
Betr.: Beförderung des San. Uffz. (d.R.) Dr. Horst Börngen, geb. 11.3.1900, WBK Halle/Saale   Mit Wirkung vom 1.3.45 wird zum San. Feldwebel (d.R.) befördert: San. Uffz. (d.R.) Dr. Horst Börngen
Die Beförderung ist dienstlich bekanntzugeben und im Soldbuch einzutragen.
6. Sanitätsstaffel Meißen Standartarzt Oberfeldarzt

Ein Leben im 20. Jahrhundert – SR. Dr. Horst Börngen, Halle.
Ohne Datum, aber schon als „SR"!, also sicher nach 1963. Nach

dem Inhalt hier eingeordnet: ... „Die Eltern und alle Verwandten gehörten der evangelische Kirche an, besuchten aber niemals einen Gottesdienst, nur bei der Konfirmation von uns acht Kindern, in der Friedenskirche in Dresden-Löbtau. Bei der Beerdigung unseres Pfarrer Kretzschmars bewegte sich ein riesiger Trauerzug zum nahen Friedhof, [vorneweg] die Vereine mit ihren Fahnen. Im Konfirmationsunterricht mußten wir viele Sprüche lernen. Ich wurde zusammen mit meiner Schwester Lotte 1915 konfirmiert und [wir] gingen zwischen dem langen Zug von Jungens und dem langen von Mädchen vom Pfarrhaus zum Gotteshaus. Die Friedenskirche wurde beim Bombenangriff zerstört; in die Grundmauern hinein wurde eine Interrimskirche gesetzt. Der Kirchturm blieb erhalten zum Eingang. Entscheidend für meine innere Entwicklung war ein Bibelkreis, von denen es mehrere in der Stadt gab. BK=Bibelkreis. 3 Stock hoch am Neumarkt gegenüber der Frauenkirche in den Räumen des CVJM kamen wir am Sonnabend zusammen. Oft belauschten wir gemeinsam am Sonntag einen Gottesdienst, hernach öfter die herrliche Kirchenmusik in der Katholischen Hofkirche. Später erwarb der CVJM ein eigenes größeres Grundstück in der Nähe vom Hauptbahnhof in der Ammonstraße, auch mit einem Eingang auf der Seite zur Feldgasse. Ein größeres Hospiz mit Turnhalle schloß sich an. Daneben wohnte der sächsische Bischof D. Ihmels. Einmal hat er gesagt: Ich wohne Ammonstraße 4, Vers 1. Unser Leiter des Schülerbibelkreises war Bürovorsteher Arthur Scherf, aus Colmnitz im Osterzgebirge stammend. Am 25. Januar 1915 fiel er beim Sturm auf Craonne und wurde mit 28 anderen Kameraden im Massengrab beigesetzt. Konfirmation bedeutet Annahme des Glaubens nach der üblichen Kindtaufe. Was damit verbunden ist, hatte ich bereits im BK erfahren. Jesus ließ sich auch im Jordan taufen. Sonntags wanderten wir durch unsere engere Heimat, zumal auch in der nahen Sächsischen Schweiz. Von Bedeutung für uns junge Christenmenschen waren die

Pfingstferienfahrten, etwas, was es sonst noch nicht so gegeben hat. Im Kriege versorgten wir Jüngeren unsere Freunde im Felde mit Briefen und Karten durch die Feldpost. beim letzten Heimaturlaub schenkte mir unser ‚Stohkarl' zum Abschied eine Blume. In Galizien ist er dann gefallen. Ein anderer Freund, Heinz Jentzsch, büßte ein Auge in Galizien ein, Jahrzehnte später auch sein anderes."

Zeit „nach 1945"

Aus einem Mitgliedsausweis der CDU Deutschlands, Nr. 0823972, vom 6.5.1971, kann entnommen werden: Mein Vater: Mitglied seit **22.7.1945** Bezirksverband Halle, Ortgruppe Leipziger Turm, **Gründungsmitglied 1945 [unter Nr. VIII],** **Mitglied des Pro-Parlaments.**

Einem Brief, Halle, am 31. Juli 1945, stellt mein Vater den [zu] ausführlichen Text aus Hiob 34, 7-30 voran:
Darum hört mich an, ihr einsichtsvollen Männer! Fern bleibe der Vorwurf von Gott, dass Er Frevel verübe, und vom Allmächtigen, dass Er Unrecht tue! Nein, was der Mensch tut, das vergilt Er ihm und lässt es jedem nach seinem Wandel gehen. Ja wahrlich, Gott handelt nicht unrecht und der Allmächtige beugt nicht das Recht. Wer hat die Erde Seiner Obhut anvertraut? Wer den ganzen Erdkreis gegründet? …
„Gleicht nicht das Ende des dritten Reiches mit dessen Führung einem eindrücklichen und gewissenschärfenden Kommentar zu diesen alttestamentlichen Worten? **Die nationalsozialistische Irrlehre und Gewaltpolitik glaubte als Kind einer liberalen Zeit, ohne die 10 Gebote, die doch die unumstössliche Grundlage alles Volkslebens abgeben, auskommen zu können.** Punkt 24 vom Parteiprogramm wurde verraten. Aber irret euch nicht, Gott lässt sich nicht spotten! Wo Lüge, Gewalttätigkeit und

Überheblichkeit in solchem Ausmass triumphierten, mussten schliesslich die Waffen unseren Händen entfallen. Ein Niederbruch folgte, der knapp am Untergang vorübergegangen ist. Politisch sind wir auf 1648 zurückgeworfen worden und wirtschaftlich lebten wir wochenlang noch weiter zurück. Jeglicher Verkehr mit Taxe, Strassenbahn, Schiff, Eisenbahn und Flugzeug war unterbunden. Telephon, Post- und Bankwesen lag still. Wasser, Gas, Licht versagte an vielen Stellen der Stadt. Eine zentrale Regierung existiert nicht mehr in Deutschland, das in 6 grosse Teile zerstückelt ist. Am Ende des 1.Weltkriegs brach ohnmächtig die Regierung unserer Fürsten und Adligen zusammen, im Niederbruch des 3. Reichs am Ende des 2. Weltkriegs vernichtete sich selbst dessen aus der breiten Masse des Volkes stammende Führerschicht. ‚Er stürzte sie über Nacht'. Eine unbewaffnete Polizei wahrte wenigstens äusserlich die Ordnung. Gott sei Dank, dass nun im Frieden die Gefahr der Tod und Zerstörung herabbringenden Luftwaffen gebannt ist, und auf Gottes Erdboden das Massensterben aufgehört hat. Wieviele unserer Besten und Fähigsten haben ihr hoffungsvolles Leben unserem Volke geweiht! Dass nicht mehr verdunkelt zu werden braucht, ist eine willkommene Annehmlichkeit. Die 15 Millionen Ausländer in der Heimat haben zwar allerlei angestellt, aber es hätte noch eine ganz andere Bedrohung daraus entstehen können. Die amerikanische Besatzung machte sich in zunehmendem Ausmass in der Stadt breit und beschlagnahmte die Villen und besseren Viertel. Ein dunkles Kapitel bleibt, wie sich deutsche Mädchen und Frauen den Amerikanern an den Hals geworfen haben, während unsere Soldaten als Gefangene bei mangelhafter Verpflegung und ohne Unterbringung in den Lagern untergebracht sind. Anfang Juli berührten sich Asien und Amerika in den Strassen unserer Stadt, indem die Amerikaner mit ihrer Vollmotorisierung gen Westen abzogen und dafür die Russen mit Panjewagen und zerschlissenen Uniformen einrückten. Was die

Amerikaner nicht beansprucht und mitgenommen hatten, beschlagnahmten deren Verbündete. Insofern wirkt sich schon ein solcher Wechsel nachteilig aus. Wie in Leipzig und Jena verfrachteten die Amerikaner unsere Universitätsprofessoren mit Familien sowie Leuna- und Buna-Ingenieure als Intelligenzgruppen nach ihrem Westen. Die angeordnete Begrüßung mit roten Flaggen beim Einzug der Armee Stalins fiel durch die deutschen Kommunisten recht spärlich aus. Dafür suchen die Roten jetzt umsomehr Einfluss zu gewinnen. Gewalttaten und Vergewaltigungen treten jetzt häufiger auf. Räder und Autos werden von der Strasse weg beschlagnahmt. Die Universität wurde unter russischer Anwesenheit mit hochoffizieller Eröffnungsfeier freigegeben. Als aber vor wenigen Tagen die Vorlesungen beginnen sollten, sie hätten kein Interesse daran. Am vorletzten Mittwoch hielt Martin Fischer, Berlin, die Semestereröffnungsbibelstunde über Matth. 24 in der Studentengemeinde. Das kirchliche Leben nahm einen erfreulichen Anlauf durch regeren Besuch der Gottesdienste, ohne dass jedoch breiteres Neuland gewonnen werden konnte. Die BK [Bekennende Kirche] sammelte sich zu zwei Dankgottesdiensten für die Errettung Martin Niemöllers aus dem KZ im Dom und in der Stephanuskirche. **Noch fehlt uns in der Kirche die Mitarbeit und Hilfe der jungen Pfarrergeneration, die im Felde stand und wegen ihrer im Zusammenhang mit dem Kirchenkampf stehenden Illegalität abseits stehen musste, was noch einer ausgleichenden Korrektur dringend bedarf.**
Ich möchte Euch doch hier ein paar Sätze aus einem vor dem Pfarrkonvent gehaltenen **Referats Martin Fischers über Kirchenleitung** [KL] wiedergeben. Kirchenleitung übt ihr Amt aus als ‚evangelistische Visitation'. Keine Kirchenleitung kann ihre Pfarrer und Gemeinden reicher machen als sie sind. Denn sie haben alles: Den Herrn in Wort und Sakrament. KL bleibt mit der Gemeinde gebeugt in das Geheimnis des lebendigen Christus. Ihm

dient sie an den Gemeinden. Gemeinde, Pfarrer und Kirchenleitung erinnern sich gegenseitig an ihren Herrn, dem sie ihr Leben danken und dem sie Verantwortung schulden. Visitation muss so gut wie Leitung der Gemeinde durch den Pfarrer Dienst mit dem Worte Gottes sein. Nicht nur, weil sich damit die KL ausweist über das innere Recht ihrer Arbeit und weil sie damit das Vertrauen erwirbt, das der haben muss, der sich dienen lässt, sondern weil die, die das Amt, das die Versöhnung predigt, wahrnehmen, selbst Hörer des Wortes sein müssen und zu sein begehren. Im Wortgottesdienst vollzieht sich die Machtergreifung Gottes, wird der Bann gebrochen, erleidet der Teufel also Schaden. Das rechte erlösende Wort ist Gebetserhörung. **Nicht die Institution ist zu erhalten, sondern lebendige Menschen** sollen der ‚Kranz' (1. Thess. 2,19) sein. **Was nicht lebendigen Menschen dient, dient auch nicht dem Willen Gottes und auch nicht der Kirche.** Nur so findet KL die fälligen Parolen und dafür Gehör. Von der Frage, ob wir rechte geistliche Leitung bekommen, hängt ab, ob und wieviel privatisierende Arbeiten die Kirche haben wird. Evangelistische Visitation hält einmütiger Gemeinsamkeit in der Vielfalt der Dienste, der Gaben und also der Mitarbeiter. Bei Kirchenneubau sind nicht zuerst grosse Kirchen zu bauen, sondern etwa für je 4.000 in Grossstädten ein Saal mit Kapelle. Mitarbeit von Gemeindegliedern wird damit notwendig. Solche kleinen Gemeindeeinheiten würden auf Überwindung der Freikirchen und Gemeinschaften bzw. deren lebendige Gewinnung hinführen. – Nur ein paar Sätze aus einem vier Seiten langen Schriftstück, das zu zahlreichen Einzelfragen der Praxis auch Stellung nimmt.

Am 22. Juli fand in Halle die Gründungsversammlung der ‚Christlichen Union' statt, in der sich katholische und evangelische Christen gemeinsam zu politischen Diensten zusammenfinden sollen, nachdem dies bereits in Berlin in Gang gekommen sein soll. ‚Ziehet nicht am fremden Joch!'

Daheim ist alles wohlauf. Rosel hat eine Praktikantin zu ihrer Unterstützung. Von Zwangseinquartierung und Requisitation blieben wir bislang verschont. Unsere Ernährung ergänzten wir durch Fahrten auf das Land zu uns bekannten Bauern. Aller 2 Wochen kommt der MBK bei uns um Frau Prof. Dernehl zusammen. Freimut sucht einen Schülerkreis von Prof. Kayser auf. Michaels Gesundheit erlaubt ihm jetzt längeres Aufsein. Mit den Grossen sucht Ulrich den Stadtsingechor auf und ist begeistert, wie Kantor Döll es betreibt. Die Russen befahlen, dass alle Erwachsenen sich auf Geschlechtskrankheiten untersuchen lassen sollen, was einen nicht zu bewältigenden Andrang in der Praxis hervorgerufen hat."

Halle, zum Reformationsfest am 31.Oktober 1945
Und des Herrn Hand kam über mich. Er führte mich hinaus im Geist des Herrn und stellte mich auf ein weites Feld voller Totengebeine. Und Er führte mich allenthalben dadurch. Und siehe, des Gebeins lag sehr viel auf dem Feld, und siehe, sie waren sehr verdorrt. Und ER sprach zu mir: Du Menschenkind, meinst du auch, dass diese Gebeine wieder lebendig werden? Und ich sprach: Herr, Herr, das weisst Du wohl … Hesekiel 37,1-6
„Verwandte und Freunde nah und fern, inzwischen ist aus Frühling, Sommer und Herbst das erste Friedensjahr geworden. Der Winter steht vor der Tür in unserem Vaterland. Der Waffenlärm ist seit 6 Monaten verhallt. Aber trotz aller menschlicher Anstrengungen, Erneuerungsversuche und Aufbaubestrebungen lähmt weithin Totenfeldgeruch die wirkliche Wiederbelebung. Der Herr des Lebens schenkt Leben allein.
Nicht von ungefähr soll diese 3. Brieftaube ein politisches Wort bringen. Als Assistenzarzt war ich vor dem Zwischenreich Hitler Landesverbandsvorsitzender des Christlich-Sozialen Volksdienstes. Mit meinen politischen Freunden stiess ich nun zur Christlich-Demokratischen Union, zur christlichen Partei in der

antifaschistischen Front der 4 politischen Parteien, der Kommune, der Sozialisten, Liberalen und Christen. **Es ist nicht von ungefähr, dass Kommunisten und Christen zusammenstehen.** In Deutschland gibt es nur Arme, ganz Arme und solche, die garnichts haben. Das sind die Kommunisten. Es ist christliches Vorrecht allezeit, sich zu den Ärmsten zu halten. Auf der politischen Drehbühne trifft dies momentan nicht ganz zu. Denn die Kommune, die die Allerärmsten vertritt, ist politisch am mächtigsten. Sie hat für ihre Tageszeitung die größte Rotationsmaschine, einen ganzen Wagenpark von Fahrzeugen und obendrein die allerbesten Beziehungen zur russischen Administration. Dagegen sind wir Christen in der CDU tatsächlich die Habenichtse. Wohl haben wir glaubensmässig eine ganz andere Bindung untereinander und sind darum nicht ausschliesslich auf den Parteiapparat angewiesen. Aber dennoch gilt es für uns Christenleute, unser politisches Feld zu behaupten. Denn **das Heil beruht nicht auf einfacher Rückkehr zum Alten.** Die Entwicklung und Anwendung von christlichen Grundsätzen und deren Überleitung in Fleisch und Blut unseres Volkes ist eine Sache von längerer Dauer und intensiver Bemühung. **Nur allzuleicht schaut es so aus, als ob die Türme unserer Kirchen eine Schlafmütze aufgesetzt hätten.** Was zusammengehört, muss sich vereinigen. Die überwundene Totalität des Staates intensiviert im demokratischen Staat die Bedeutung der Familie, der Schule, der Kirche, des Berufsstandes und der Partei. Wir Christen legen den Fingerzeig darauf, dass Sonntagsheiligung ein gewichtiges Gebot darstellt, dem sich auch und gerade trotz der Vernichtungskatastrophe niemand entziehen kann, wenn Gottes Segen nicht von uns weichen soll. Vor aller Not und allem Notstand gebührt dem Herrn Anbetung und Anrufung. Die Kommunisten wollen ohne Gebet auskommen oder fangen das Vaterunser mit der 4. Bitte an. Finden wir hier die rechte Abstufung und Ausrichtung, dann fällt es uns nicht schwer, das 5.

Gebot vom Schutz des Lebens überhaupt zu beachten und auch eine junge Schwangerschaft nicht als unübersteigbares wirtschaftliches Problem zu betrachten. In Deutschland und in Russland bleibt darum mit Recht die Vernichtung keimenden Lebens verboten.

Wir Christen bejahen die Bodenreform, denn wer zween Röcke trägt, gebe dem einen, der keinen besitzt. Allerdings lehrt der Meister auch, dass jeder seinen Rock behalten darf und nicht fast nackend von Haus und Hof davonziehen soll. Setzt sich ein Volk über die 10 Gebote hinweg, setzt sich Gott bald über dieses Volk hinweg. Haben wir es nicht eindrücklich erfahren? Die Obrigkeit ist zur Wächterin darüber bestellt. Politik verdirbt nicht den Charakter. Charakterlose Menschen üben vielmehr eine verderbenbringende Politik aus. Luther sagt: Wo es dich und das Deine angeht, so verhältst du dich nach dem Evangelium und leidest als ein rechter Christ für deine eigene Person. **Wo es den andern und das Seine geht, da verhaltest du dich nach der Liebe und leidest Unrecht für deinen Nächsten.** …

Darüber, daß in der CDU Katholiken und Evangelische Schulter an Schulter zusammenstehen, [bedarf] schließlich noch ein klärendes und erklärendes Wort. Auf der Weltmissionskonferenz in Tambaram hätten wir evangelische Christen es gern gesehen, dass auch die katholische Kirche zugegen gewesen wäre. Sie blieb aber fern. Jetzt geschieht die christliche politische Aktion zweifellos auf Geheiss des Episkopats. **Zur stereotypen Frage der Gestapo gehörte es, nach unserer Stellung zur Una Sancta zu fragen.** Die vorreformatorische Kirche bleibt für uns Evangelische unsere alte Kirche. Ein frommer Katholik steht uns innerlich näher als ein verwaschener Protestant. Dabei denken wir nicht daran, die konfessionelle Aufgliederung anzuheben, weil Gold auch nur in geprägter Form sich praktisch verwerten lässt. Wir lehnen es heute apologetisch ab, ein schlechtes katholisches Christsein mit einem imaginären guten evangelischen zu vergleichen. Widerchristlichen Mächten gegenüber stehen wir Christen alle zusammen. Das wurde während des Nationalsozialismus deutlich und hatte praktische Konsequenzen. Im überaus gnädig bewahrt gebliebenem Halle haben sich künstlerische und besonders musikalische Veranstaltungen überboten. Die Freilichtbühne des Stadttheaters bot in Giebichenstein beste Eindrücke. Die Thomaner der Nachbarstadt sangen in der Stephanuskirche im höheren Chor. Der Stadtsingechor unserer Marktgemeinde ist wiedererstanden. – Eine Erleichterung brachte das Wiederaufkommen der Briefmarken. Unsere Rautenkrone fusst auf geschichtlicher Reminiszenz. Der **Schulbeginn vor 4 Wochen nach 9 Monaten Pause** ist eine hochherzige Geste russischer Administration, wobei sie sogar bei der Durchführung des Religionsunterrichtes grosszügiger als die kommunistische verfuhr und ihn in schulischen Räumen und durch Schullehrer genehmigte. Mit besonderer Anteilnahme empfingen wir in Halle die aus dem Osten zurückkehrenden Kriegsgefangenen. Es ist verwunderlich, wie ein so großes und reiches und siegreiches Weltreich sie so zurückschickt, während wir als Geschlagene sie doch anders zurückgeben konnten. Russinnen lassen sich gern von deutschen Ärzten behandeln und machen oft einen gediegenen Eindruck. **Auf lange Sicht gesehen liegt unsere deutsche Zukunft durchaus im Osten**, wie es Bismarck geschaut hat. Hier begegnen wir auch einem Wunsch der Russen. Es wird dabei nicht ausbleiben, dass es zu einer Begegnung zwischen dem abendländischen Christentum mit dem sowjetischen Stern aus dem Osten kommt. Schickt euch in die Zeit! Wer glaubt, flieht nicht!   In herzlicher Verbundenheit grüßt" …

Losung vom Monat **Dezember 1945**: „ Es soll nicht dunkel bleiben über denen, so in Angst sind.

Lotte, liebe Schwester! In der 10. Stunde traf heute Dein gestern 14 h 30 aufgegebenes Telegramm vom Heimgang Erichs bei uns ein. Sicherlich wird in den nächsten Tagen noch Ausführlicheres brieflich folgen. Mitten in der seligen Adventszeit hast Du nun Deinen Mann verloren. Wir können verstehen, wie die grosse Nichtigkeit unseres irdischen Lebens Dich insonderheit erfassen wird. In diesem Jahr hast Du und Erich Euer behagliches und bequemes Heim, an dem Ihr in besonderer Weise gehangen habt, durch den Bombenangriff hergeben müssen. Nicht genug damit. Nun bist Du überraschend schnell schon Witwe geworden und stehst am Totenbett Deines Mannes, in dessen Ehe Dein Leben seine Erfüllung in Eurer Ehezeit finden sollte. Wenn wir unser Leben nur als einen Endlickkeitswert fassen, so stehst Du jetzt vor dem Nichts. Aber wir dürfen als Christenleute spüren und aus dem geoffenbarten Gotteswort die Gewissheit schöpfen, dass unser Leben von Gott her seinen bleibenden Sinn findet. Abgesehen vom Los Wolfgangs und Siegfrieds [beide Brüder im 2. Weltkrieg geblieben] ist Erichs Hinscheiden nun die erste Lücke in unserer Generation. Gott, der Herr, der im Advent Sein Kommen zu uns armen Menschenkindern bezeugt hat, wie es sich dann in der Heiligen Nacht in der Geburt Christi erfüllt hat, hat Deinen Mann zu Sich gerufen. Er ruht in Gottes Frieden von allen Mühseligkeiten des Lebens aus. Derselbe Herr wird nun auch in Deiner Einsamkeit mit Dir sein und Dir den rechten Weg in die Zukunft weisen. In meinen Gebeten habe ich so oft Eurer gedacht, dass mich die Gewissheit nicht verlässt, Du wirst nach den diesjährigen schweren Schickungen doch auch erneut es erleben dürfen, dass hinter den schweren Wolken am Himmel doch Gottes freundliche Sonne wärmend und beseligend leuchtet. So nimm denn diese Worte als Trost von Deinem ältesten Bruder und seiner ganzen Familie entgegen. Ich weiß nicht, ob ich zur Trauerfeier nach Plauen reisen kann. Uns würde es aber freuen, wenn Du uns zum Christfest besuchen kommen würdest, nachdem

Du Erich das letzte Geleit gegeben hast. Bei uns ist schon noch Raum da. Hier kannst Du in Ruhe Gewissheit über Deinen ferneren Lebensweg gewinnen. Die Meinen freuen sich ebenfalls über einen Besuch von Dir. Dann bist Du Weihnachten nicht einsam und allein. Komme ich nicht persönlich zur Trauerfeier, so bestelle denen, die etwa kommen und uns kennen, einen herzlichen Gruss von uns Hallensern. In alter und herzlicher Verbundenheit befehle ich Dich, Lotte, in unseres Gottes Hand und Schutz Dein Bruder Horst und Familie"

24.12.1945, ein **Schreiben von „Bekennende Kirche der Provinz Sachsen, Bezirk Halle/S.**, Der Obmann, W. Gabriel, Pastor an der St. Laurentius-Kirche."
„An den Obmann der Bekennenden Gemeinde St. Marien, Herrn Dr. med. Börngen, … Hiermit bestätige ich den Bruderrat der Bekennenden Kirche zu St. Marien, Halle/S., der sich am 19.12.1945 gebildet hat. Er besteht aus: Dr. med. Börngen, Hindenburgstr. 32 (Obmann) und" … [3 weitere Personen].

Dezember 1945 Monatsgruß für die Mitglieder und Freunde der Bekennenden Marktgemeinde St. Marien in Halle
Trachtet am ersten nach dem Reich Gottes und seiner Gerechtigkeit, so wird euch solches alles zufallen. Matth. 6,33
„Liebe Mitglieder, liebe Freunde! Zu Neujahr 1946 grüsst der Bruderrat der Bekennenden Gemeinde zu St. Marien erstmalig alle seine Mitglieder, die in den vergangenen Jahren trotz mannigfacher Anfeindung unserer B.K.Sache treu geblieben sind, und alle neue Freunde auf das herzlichste.
Wir wünschen Ihnen mit Ihren lieben Familien ein gesegnetes Neues Jahr. Gott der Herr aber sei mit Ihnen, unserer Gemeinde und ihren Pfarrern, dass sie Gottes Wort möchten lebendig hineintragen in die Gemeinde, damit ein Feuer sich entzünden möchte.

Mit diesem Gruss treten wir erstmalig über die Schwelle Eurer Häuser in Eure Wohnungen. ER grüsst die Treuen, geht den Kranken und Vielbeschäftigten nach und will die Lauen ermuntern. Kommt zu Eurem Gotteshaus in die Gemeinde. Seht, wie ist unsere Kirche mit ihren Gemeindehäusern auf wunderbare Weise uns allen erhalten geblieben! Kommt! Kultiviert nicht nur ein vornehm zurückgezogenes Privatchristentum, das allmählich, aber unaufhaltsam der Vereisung anheimfällt. Eine einzelne Kohle erlischt sehr schnell.

Wir aber als Bekennende Gemeinde haben uns nun fest zusammen geschlossen, wie in den anderen Gemeinden es schon seit Jahren der Fall ist. Denn wir wissen, dass zu einem kirchlichen Neuaufbau wir die äusseren Organisationen brauchen, wenn wir auch um die Schwächen, Fehlern alles menschlichen Tuns wissen. Nun ergeht an Sie Aufforderung, uns mitzuteilen, ob Sie weiter zur B.K. gehören wollen oder ob Sie ihr beitreten möchten. An die B.K.Glieder, die sich im Laufe der Jahre zu anderen Gemeinden gehalten haben, ergeht die Aufforderung: kehrt zurück zu Eurer Marktgemeinde. Jetzt ist auch hier ein B.K.Kreis. An die Gemeindeglieder, die schon seit Jahren Mitglied sind, ergeht die Bitte, nochmals eine Mitgliedskarte auszufüllen. Denn unsere Karteikarte ist uns von der Gestapo beschlagnahmt worden. Also, es heisst für uns, wir müssen von vorn anfangen. Diejenigen aber, die die Freudigkeit haben zur Mitarbeit, mögen uns dieses sagen. Wir sind für jede Mithilfe herzlich dankbar.

Wir können Ihnen schon jetzt sagen, dass am 27.1. eine Versammlung sein wird, an der zu uns Herr Sup. Stämmler, der nach 3 ½-jähriger Gefangenschaft in Halle eingetroffen ist, sprechen wird. Ferner haben wir Ihnen noch zu sagen, dass die Kassenverwaltung dankenswerterweise Herr Kaufmann Heuer … welcher schon seit zehn Jahren zur B.K.Paulus gehört und nun nach der Marktgemeinde zurückgekehrt ist, übernommen hat. Ausserdem hat sich ein kleiner Helferkreis … gebildet. … Wir grüssen Sie mit der Jahreslosung der Ev. Kirche Deutschlands: Ich bin der Weg und die Wahrheit und das Leben niemand kommt zum Vater denn durch mich. Joh.14,6   Der Bruderrat der Marktgemeinde Dr. med. Börngen Obmann"

2.1.1946, ein Brief vom Pfarrer und Vorsitzenden des Gemeindekirchenrates U.L.Frauen, Halle, **an meinen Vater.** Offensichtlich hat sich mein Vater dafür eingesetzt, neben dem offiziellen Gemeindekirchenrat zusätzlich oder alternativ eine B.K.Gruppe zu gründen, also eine „Bekennende Kirche-Gruppe". „Sie werden ja mit Herrn Pfarrer Gabriel gesprochen und von ihm erfahren haben, wie meine Einstellung ist. Jedenfalls habe ich zunächst als Vorsitzender des Gemeindekirchenrates U.L. Frauen ihm von der Gründung der B.K.Gruppe zu berichten und würde es sehr gern sehen, wenn durch eine persönliche Fühlungnahme und Aussprache jedes Missverstehen und jede Spannung ausgeschaltet würde. Es lässt sich ja nicht vermeiden, dass die Meinungen verschieden sind, aber der Wille zum Dienst an der Gemeinde und die Liebe zum Herrn der Gemeinde muss unsere Haltung bestimmen. Herzlich bitte ich Sie, sehr geehrter Herr Doktor, dass wir – wie die Dinge auch laufen – in dieser Liebe Gemeinschaft halten."

Dann liegt ein Brief vom **15.4.1946** vom Gemeindekirchenrat U.L.Frauen Halle, Pfarrer Hasse, an Oberkonsistorialrat Hein, Evangelisches Kirchenamt Halle, vor. „Der Vorsitzende des Gemeindekirchenrates [habe] … sich mit dem **Vorsteher der BK St. Marien, Dr. Börngen,** geeinigt auf nachstehende Persönlichkeiten, die wir vorschlagen … Wir Pfarrer möchten die älteren Herren, die sich um die Gemeinde sehr verdient gemacht haben, in mehr als 25jähriger ehrenamtlicher Tätigkeit – auch in schwieriger Zeit – von uns aus nicht entfernen".

– Bemerkenswert, daß sich der eher konservative Pfarrer Hasse für die BK-Vertreter bei der Kirchenleitung eingesetzt hat.

Ein Beitrag, gesichert aus der Zeit **Mai/Juni 1946, über „Kommunismus und Christentum".** Seine Veröffentlichung, siehe unten, wurde abgelehnt:

„Fast unbemerkt ist durch das soeben gefeierte historische Ereignis der Wiederverschmelzung der beiden deutschen Arbeiterparteien in der SED die kommunistische Partei vom Forum der Oeffentlichkeit verschwunden, um in der Einheitspartei zwar ein Fortleben, dies jedoch ohne eigene Namensnennung zu finden. Wie das alte Zentrum gehört sie nun der Geschichte mit ihrer Vergänglichkeit an. Trotzdem ist es angebracht, in einer politischen Studie sich über das Verhältnis zwischen Kommunismus und Christentum Gedanken zu machen. Grundsätzlich vertritt der Christ die Ueberzeugung, dass Seele und Geist über die begrenzte Körperlichkeit entscheidet und einmal triumphieren wird, ohne dabei Körperlichkeit in all ihren Auswirkungen in einer falsch verstandenen Askese abzulehnen. Es sind immer auch schlechte Christen, die sich in Haltung und Kleidung vernachlässigen. Von Ostern her weiss der Christ sogar um eine neue Körperlichkeit. So singt der christliche Dichter und die christliche Jugend: Nicht nur ein Fremdling, nicht nur ein Gast, Erde und Himmel sind mein! Der materialistische Kommunismus sucht die materialistischen Lebensgrundlagen zu bessern und zu verbessern und erhofft dadurch einen Wiederaufbau. Erst Brot, dann Gebet Es geht auch ohne Gebet. Erst die 4. Bitte um das tägliche Brot, dann vielleicht zur abschliessenden Krönung die ersten Bitten von der Gottesheiligung und vom Gottesreich! Der Christ weiss, letztlich kommt es nie auf das System in erster Linie an. **Eine Volksbewegung mit Führern aus der Mitte des Volkes wie die Giftblüte des Nationalsozialismus konnte ebenso versagen wie erlauchte Dynastien in Jahrhunderten zuvor.**

Auch eine Kommune bleibt vor Entartungen nicht gefeit. Es kommt immer auf die Menschen darauf an, die mittun. Der Mensch bleibt auch in der gefallenen Schöpfung deren Krone. Diese Erkenntnis vermittelt christlichem Handeln eine Vorurteilslosigkeit und Unvoreingenommenheit und Objektivität, die wir heute nicht entbehren können. **Christen sind durchaus keine Antikommunisten. Es stünde sogar besser in der Welt, wenn die Christen etwas mehr Kommunisten wären und die Kommunisten sich christlichen Anliegen öffneten.** In der urchristlichen Gemeinde vor fast 2000 Jahren bestand ein praktischer Lebenskommunismus, indem in den zahlenmässig kleinen Gemeinden von Hafenarbeitern, Sklaven und Frauen Gütergemeinschaft gepflegt wurde. Der Herr der Gemeinde hatte ihnen gesagt: **Alles, was ihr von den Leuten erwartet, das tut auch ihr ihnen ebenso.** Das ist noch etwas anderes als unser Landesübliche: Was du nicht willst, was man dir tu, das füg auch keinem andern zu. Letzteres ist es nur das blasse und bescheidene Negativ des vollen Herrenwortes. **In der Freiwilligkeit ihres Kommunismus lag die Würde und Kraft urchristlichen Kommunismus.** An Umfang und Intensität weit bedeutsamer als damals am Anfang wirkte sich Kommunismus in den umfassenden christlichen Klostergründungen unserer alten Kirche bis in die Gegenwart aus. Auch jedes evangelische Diakonissenhaus praktiziert durchaus einen christlichen Kommunismus, indem alle dieselbe Kleidung tragen, auf entsprechende Entlohnung ihrer Verdienstlichkeit verzichten und im Mutterhaus für kranke und alte Tage Versorgung finden. Dienst und Freizeit bringen die Diakonissen in christlicher Gemeinsamkeit zu. Nach dem ersten Weltkrieg kristallisierte sich christliche Jugendbewegung um ein paar christlich-kommunistische Siedlungen in der Rhön. Im Zusammenbruch unseres Volkes stellt sich der Christ zuversichtlich und getrost unter die eingeschränkten

Lebensbedingungen, bei denen wir um Jahrzehnte zurückgeworfen worden sind.

Weltlicher Kommunismus hat seine ureigenste Pflegstätte bei den Enterbten, bei den Allerärmsten, bei den Verkommenen, bei allen denen, die auf die Schattenseite des Lebens geworfen worden sind. Jeder Flüchtling, der als Neubauer eine neue Heimstatt und damit neue Lebensgrundlagen gewonnen hat, ist damit wieder selbständig, bejaht sein Privateigentum und entfernt sich mit innerer Notwendigkeit kommunistischen Ideologien. Das ist allgemein menschliche Haltung. Weltlicher Kommunismus muss sich darum immer wieder überflüssig zu machen suchen, wie ein Arzt es etwa in seinem Berufe vor sich sieht, wenn nicht Gaunerei und Profitmacherei bei ihm Platz greifen soll. So wünscht auch der Arzt zum Jahreswechsel seiner Umwelt ein gesundes Neujahr, weiss aber genau, dass er nur von den Krankheiten und Kranken leben wird. Es wäre kommunistische Vermessenheit, gleichsam immer im Trüben fischen zu wollen und dazu künstlich das entsprechende Milieu zu erhalten. Kommunismus hat es nicht nötig, von den Wünschen und Hoffnungen und Zukunftsplänen deren zu zehren, die jeweils am Boden liegen und verschuldet oder unverschuldet daselbst gestrandet sind. Hat es nicht seinen tieferen Sinn, wenn der politische Kommunismus der Vergangenheit heute sein Erbe abgegeben hat und verkleidet und gekleidet und besitzend untergekommen ist?"

Zu diesem Papier liegt von Heinrich Hübenthal folgendes **Antwortschreiben, von einem CDU-Publikationsorgan, vom 11.6.1946** vor:

… „Die Veröffentlichung Ihrer Gedanken „Kommunismus und Christentum" halte ich im Augenblick nicht für zweckmäßig. Um solche Probleme jetzt schon in der Presse erörtern zu können, halte ich die Zeit für zu jung und das seelische Gleichgewicht der Menschen ist noch nicht genügend fundamentiert, um zu solchen Problemen aus einer gewissen Respektive heraus Stellung nehmen zu können. Ich habe Ihnen bereits in einer mündlichen Aussprache mitgeteilt, daß wir vom Standpunkt der CDU die Verschmelzung der beiden Arbeiterparteien nicht gut heißen und auch nicht öffentlich unterstützen können." ... [!]

6. Juni 1946, Schreiben von der **CDU Deutschlands, Landesverband Provinz Sachsen, an alle Ausschuß-Mitglieder:** „Einladung zur Sitzung des Großen-Politischen Ausschusses, zum 12.6.1946, Thema: Der Zonenparteitag in Berlin. Bitte ein Referat von 5 Minuten vorbereiten. **Der Vorstand behält sich die Zustimmung zu den jeweiligen Forderungen und Anregungen zu den am Zonenparteitag zu behandelnden wichtigen Fragen vor ... Wir werden dort mit genau festgelegter Marschroute erscheinen."**

„**Offener Brief"** meines Vaters am **29.3.1947** an Rektor Gottscholl, Landesparteitag der CDU:
„Als Gründungsmitglied und Mitglied des Grossen Politischen Ausschusses habe ich bis zur Stunde keine Einladung in die Hand bekommen. Es bleibt dahingestellt, ob dies ein organisatorischer Mangel ist oder ob eine besondere Absicht dahinter steckt.
Vor Beginn der politischen Arbeit unseres bisherigen 2. Vorsitzenden und Landtagsfraktionsführers Prof. Fascher habe ich eine zusagende Erklärung im Grossen Politischen Ausschuss abgegeben, dass wir in diesem Manne den richtigen herausstellen werden. Wir sind darin nicht enttäuscht worden. Aus diesem Grunde fühle ich mich jedoch verantwortlich, zu dem nunmehr erfolgten unfreiwilligen Rücktritt von Prof. Fascher Stellung zu nehmen.
Die Indizien beweisen sehr stark, dass Prof. Fascher aus unseren eigenen Reihen heraus zur Strecke gebracht werden sollte. Die Urheber sitzen im Winkel der ehemaligen Zentrumsanhänger um Rektor Gottscholl herum.

Eine gedeihliche politische Zusammenarbeit sehen wir Evangelischen, die wir nach wie vor unvoreingenommen mit allen katholischen Mitchristen zusammenstehen wollen, nur nach Klärung der vorliegenden Umstände gegeben. Ich ersuche Rektor Gottscholl darum, sich einer Ehrengerichtsentscheidung zu stellen. Dr. Börngen"
– Nach allem dürfte es zu der Ehrengerichtsentscheidung offensichtlich nicht gekommen sein. Es liegen keine Unterlagen vor, daß sich mein Vater weiterhin parteipolitisch in Sachen CDU engagiert hat.

Allgemeiner Einschub: Mein Vater war Zeit seines Lebens ein großer Anhänger der **Herrnhuter Brüdergemeine**. So war es selbstverständlich, daß für uns z.B. die Herrnhuter Losungen eine große Rolle gespielt haben. Von ihnen kam auch unser Adventsstern, in rot oder gelb, der uns Zeit unseres Lebens vorweihnachtlich an exponierter Stelle im elterlichen Haus „heimleuchtete". Die Herrnhuter waren von Zinsendorf her streng lutherisch geprägt. Insofern folgten sie Luthers sogenannter **2-Reiche-Lehre**, nämlich eines getrennt zu sehenden Reich-Gottes und einem weltlichen Reich. Diese biblisch begründete Differenzierung (Eph 6,5 und 1Kor 7) führte zu einer vielfach verhängnisvollen apolitischen Haltung, die letztlich das bestehende System weitgehend unkritisch stützte. Insgesamt hatte ich freilich den Eindruck, daß mein Vater verschiedentlich auch in der Lage war, wie März 1947, punktuell sich nicht von einem falsch verstandenen Dienersinn oder Untertanengeist einvernehmen zu lassen.
Hier eingefügt, **CDU Deutschlands, Berlin, den 26. Juni 1970**
URKUNDE „In Würdigung langjähriger Parteiverbundenheit wird Unionsfreund Dr. Horst Börngen Die Ehrengabe des Hauptvorstandes ‚Für 25 Jahre treue Mitarbeit' überreicht. Götting Vorsitzender"

Einem Schreiben vom **Stadtsuperintendent, Halle/S., vom 1. Juli 1946 an meinen Vater** ist zu entnehmen: „Hierdurch beehre ich mich, Ihnen im Namen der Vorläufigen Kirchenleitung der Kirchenprovinz Sachsen mitzuteilen, daß Sie auf Grund des § 2 der Verordnung über die vorläufige Neubildung der Kreissynodalvorstände und Gemeindekirchenräte vom 7.8.1945 **zum stellvertret. Beisitzer des Kreissynodalvorstandes berufen sind.** ... I.V. Oberkonsistorialrat Heim"

Am 4.10.1946 wurden von der Bekennenden Kirche Halle (S) die Gemeinde-Kirchenräte des Kirchenkreises Halle-Stadt zu einer nächsten Zusammenkunft am 13.12.1946 in die Stadtmission am Weidenplan eingeladen. Unter Bezugnahme auf ein Schreiben vom 2.10.1945 wurde erneut eingeladen zu einem seit dieser Zeit bestehenden Bibelarbeitskreis „unter der Leitung unseres Probstes Prof. D. Schniewind". Angestrebt wird „eine bewusste Aus- und Zurüstung in Gotteswort ... [damit jeder Gotteswort] auf dem Platz, wo er hingestellt ist, weitergeben kann." Beigefügt wurde auch „ein Heft über den Kirchenkampf von Pf. W. Niemöller".

Zum Advent 1946 liegt eine Einladung zu einer Gemeindeversammlung vor von Pfr. Hasse und Pfr. Schellbach, vom Kirchenrat von U.L.Frauen bzw. Bruderrat Marktgemeinde U.L.Frauen: Studentenpfarrer Gerhard Brennecke, Berlin, spricht über „Wegbereitende Bekennende Kirche".
Auf der Rückseite findet sich die Einladung zu einer Gemeindeversammlung am **29.4.[1947]**. Frauenarzt Dr. Horst Börngen hält einen sexualpädagogischen Vortrag über „Christlicher Arzt und sexuelle Not der Gegenwart".

Ein Bericht meines Vaters über **„Wegbereitende Bekennende Kirche" um 1946:** Joh 14,6: **„Warum noch Bekennende**

Kirche? Schon im ersten Jüngerkreis nahmen Johannes, Petrus und Jakobus eine Sonderstellung ein. Johannes, wohl der jüngste unter den Zwölfen, war der Lieblingsjünger. Petrus bekam die Schlüsselgewalt. Der Spätling Paulus war am fruchtbarsten beim Aufbau von Gemeindegründungen in Asien und Europa. Noch heute bleibt es dabei, die Kirche stirbt an ihren toten Gemeinden oder lebt mit ihren lebenden Gemeinden. Erst in der Gemeinde verlebendigen sich die Geistesgaben der Kirche und garantieren deren Unüberwindlichkeit.

Vor 12 Jahren brach **in den Gemeinden der Bekennenden Kirche ein unüberwindlicher Widerstand gegen die Politisierung der Kirche auf.** Es handelte sich um Gemeindeäusserungen. Gemeinden wurden aktiv, damit erhielten sie für unsere Kirche die Schlüsselgewalt. Bildlich gesprochen setzte die BK den langen, schleppenden Zug unserer Kirche in neue Fahrt, was am besten von der Zuglokomotive aus geschehen kann, mitunter sind aber auch Druckmaschinen hinten zum Schieben erforderlich. **Es gibt liebe Mitchristen, die der BK diese Vollmacht, die neue Legalität nach dem Niederbruch des traditionellen Rechts bedeutet, abstreitig machen wollen** und von irgendeinem Bremserhäuschen aus verantwortlich – wir hoffen nie unverantwortlich – abzubremsen suchen. Diese Bewegung in der Kirche Luthers muss etwa mit ähnlichen wie den Herrnhutern, der Gemeinschaftsbewegung, der Inneren Mission oder der christlichen Jugendbewegung seit 70 Jahren in Beziehung gebracht werden, um sie recht verstehen und würdigen zu können. **Immer hat es dabei ... kirchliche Kreise gegeben, die nur mit Kritik, mit Entrüstung und Ablehnung solchen Lebensäusserungen begegneten,** statt sich daran zu freuen und sie als Ansporn zu nehmen.

Als vor etwa 50 Jahren in meiner Vaterstadt Dresden die christliche Schülerbewegung der Bibelkreise entstand, meinten Religionslehrer, ihr Unterricht, meinten Pfarrer, ihre Jugendarbeit dürfte vollauf genügen. Was mussten sich Schüler noch am Sonnabend freiwillig um die Bibel zusammensetzen? Ohne diese christliche Jugendbewegung und bündische Jugend wäre der Widerstand unserer Kirche [durch die BK] nicht in dem Ausmass denkbar gewesen. Gott schenkte zu diesem Kampf in jahrzehntelanger Vorbereitung die Männer, Pfarrer und Laien. Vollmacht bedeute dabei neu gesetzte Legalität. Vollmacht ist, um einen Vergleich aus der Chemie zu nehmen, Legalität in statu nascendi. Sie ist darum optimale Legalität. Anders gedeutet, ist Vollmacht loofältige Frucht und nie und nimmer ein Produkt von Verdienstlichkeit. **Charakteristisch für den Aufbruch der Bekennenden Kirche** bleibt weiterhin die Tatsache, dass sie im Gegensatz zu manchen anderen geistlichen Bewegungen **keine Lostrennung von der Gesamtkirche anstrebte, sondern deren Durchdringung.**

Während unser Vaterland politisch und wirtschaftlich mit dem Zusammenbruch in Zonen auseinandergefallen ist, kam sogar kirchlich eine bis dahin noch nicht dagewesene Einigung zu einer deutschen Gesamtkirche unter Mitarbeit der Bekennenden Kirche in Treysa zuwege. Die Zeit der christlichen Vereine des vorigen Jahrhunderts ist vorüber. **Wir stehen vor der Neuentdeckung der Gemeinde als der Lebensträgerin in unserer Kirche.** Die Stelle des Generalsuperintendenten nimmt der Bischof ein. Mein Freund und Kollege August Knorr, der bekannte pommersche Leiter von Laienkonventen möchte das ‚pastorenkirchliche Einmannsystem‘ durch Mitverantwortung und Mitarbeit der Gemeinde ersetzt wissen, wie es Martin Luther schon vorgeschwebt hat, ihm jedoch die Trägerschaft dazu mangelte. Das Problem der Männerarbeit ist nach Knorrs Ueberzeugung dies, dass aus einem Dienst an den Männern ein Dienst der Männer werde. Lebendige Gemeinde beschränkt sich nie auf ein Zuhörerpublikum unter der Kanzel am Sonntagmorgen. **Laienmitarbeit rückt in den Gesichtsbereich. Hier will die Bekennende Kirche mitbauen helfen,** nachdem die

Kampfzeit gegen Bedrohungen von aussen mit Gottes Hilfe abgeschlossen worden ist. Zwar war der Kampf unumgänglich. Es ging aber dabei um die Fassade der Kirche, die in Uebereinstimmung mit ihrem Wesen zu bringen war. Mindestens ebenso wichtig aber bleibt die innere Erneuerung. Menschlich gesprochen rettete die Bekennende Kirche mit ihrem Einsatz unsere evangelische Kirche vor dem Untergang. Denn ohne ihr Eintreten wäre unsere Kirche vom Reichsbischof Müller mit dessen DC-Bischöfen total überfahren worden und stünde nunmehr im Rahmen der Entnazifizierung vor der Liquidation. Um die kirchliche Mitte der Beharrenden und Beharrlichen wäre es damit auch geschehen.

In diesem geistlichen Ringen sammelten sich in unserer Stadt in den Parochien Laurentius/Stephanus, Paulus und Johannes lebendige BK-Gemeinden. Im Stadtzentrum war unsere Martinsberg-Gemeinde um Pfarrer Jänicke von der Ulrichsgemeinde und später um Pfarrer Naucke ein lebendiger, in Segen stehender Kreis mit eigener Jugendarbeit, bis die Gestapo alles verbot und die einzelnen Gemeindeglieder sich über alle Gemeinden der Stadt zerstreuten. Mit dankerfülltem Herzen ist aber diese schöne Arbeit in unser aller Erinnerung geblieben. Allen Gliedern unserer früheren Martinsberg-Gemeinde gilt darum ein ganz besonderer Gruss mit diesen Zeilen. Besonders angeregt wurde unser Kreis durch unsere drei jungen Theologiestudenten Hünerbein, Steinhoff und Brennecke sowie deren Bräuten und nunmehrigen Pfarrfrauen. Ein besonderes Ereignis verdient festgehalten zu werden. Wir hatten die besondere Freude, dass unser Gerhard Brennecke als jüngster deutscher Teilnehmer an der Weltmissionskonferenz in Tambaram [1938!] in Indien teilnehmen durfte.

In unserer Marktgemeinde hat jetzt wieder eine Sammlung um unseren Bruderrat eingesetzt. Wir hoffen auf noch festeren Zusammenschluss in der Mitte unserer Stadt. Mit und neben den

Personalgemeinden unserer verehrten Pfarrer, unserer Orgelfeierstundengemeinde sowie allen sonstigen Arbeiten und Werken wollen wir einmütig stehen und arbeiten.
Der Heiland kommt, und nahe schon ist Er zu uns gekommen. Bald hat der Siegesposaune Ton die ganze Welt vernommen. Bleibet treu, weicht nicht zurück, lasst bis zum letzten Augenblick in Reih und Glied euch finden."

Von Pastor W. Gabriel, Halle/Saale, mit dem mein Vater sehr verbunden war, stammt folgendes Papier, **etwa 1947:**
„In den Kirchenkämpfen der letzten Jahre sind in vielen Gemeinden die Bekenntnisgemeinden entstanden. Sie bildeten den Gemeindekern, der sich um den Herrn Christus als ‚alleinigen' Herrn der Kirche scharte und dafür kämpfte, dass ‚Kirche Kirche bliebe' und nicht ‚fremden Mächten' ausgeliefert würde. So kam es zu dem Barmer Bekenntnis und, als selbst die offizielle Kirchenleitung dem Einfluss der kirchenfremden Gewalten sich beugte, ja, deren nur allzu williges Werkzeug wurde, zu den Beschlüssen von Dahlem und der Bildung einer Vorläufigen Kirchenleitung und der Geistlichen Leitung durch die Bruderräte im Gegensatz zu den Kirchenbehörden. Die Bedrohung von dieser Seite ist zur Zeit vorüber, aber in diesen Kämpfen ist offenbar geworden, wie weithin die **Substanz und Ordnung unserer Kirche bereits vor dem Kirchenkampf zerstört war, wie widerstandsunfähig daher die Gemeinden im grossen und ganzen, und wie sehr daher die ganze evangelische Kirche einer Erneuerung bedarf.**
So entsteht heute die Frage, wie und nach welchem Gesichtspunkt hat diese Erneuerung und Neuordnung zu geschehen? **Die Losung kann nach wie vor nur die sein, jetzt,** wo die Möglichkeit dazu vorhanden ist, nachzuholen, **was längst vor dem Kirchenkampf hätte geschehen müssen** und wofür die Bekennende Kirche nur infolge des akuten Angriffes in den Riss getreten war, nämlich: **die**

Sammlung des verlässlichen und zur Verantwortung bereiten und fähigen Gemeindekerns. ‚Res venit ad triarios! Unter diesem Gesichtspunkt bitte ich den folgenden Entwurf zu betrachten und zu prüfen.

1.) Er unterscheidet sich von der ‚Roten Karte' der Bekennenden Kirche dadurch, dass er zur gemeinschaftsbildenden Grundlage nicht die Heilige Schrift des Alten und Neuen Testaments und die Reformatorischen Bekenntnisseim im allgemeinen, sondern ganz speziell und persönlich die subjektive, allerdings im objektiven Heil gründende Heilsgewissheit nennt, also bewusst das Seelsorgerliche betont. Erfahrungsgemäss ist ja weithin, bis in die Pfarrerkreise auch der Bekennenden Kirche hinein, diese fundamentale, reformatorische Erkenntnis, wie sie sich in der Erklärung Luthers zum 2. Artikel [Der Glaube] unübertrefflich und für jeden Laien fassbar ausgeprägt hat, verloren gegangen. Und hierin, also **im Verlust des eigentlich ‚Reformatorischen' und damit des Evangeliums selbst, liegt der Krebsschaden unserer evangelischen Kirche.**

2.) ist mir wichtig, die, wenn auch noch so vorsichtige, aber unbedingt notwendige organisatorische Zusammenfassung des Gemeindekerns am besten im Anschluss an die jährliche Bibel-woche, die im besonderen als die Werbeaktion für diesen Ge-meindekern benutzt werden sollte. Die Gemeinde muss unbedingt mit der bischöflichen Linie zusammen beim Neuaufbau der Kirche miteingesetzt werden. Verantwortlich aber kann nicht die zu missionierende Gesamtgemeinde, sondern nur der Kreis derer gemacht werden, die von dem Erlebnis des 2. Artikels aus den Herrn kennen. Denn geistliche Dinge müssen geistlich gerichtet werden. Dieser Kreis ist der der aktiv und passiv Wahlberechtigten und sollte aus seiner Mitte die kirchlichen Körperschaften und die Vertreter zu der synodalen Selbstverwaltung der Kirche wählen. Ihn gilt es also verfassungsmässig zwischen Bischof, Pfarramt und Synode einzubauen.

Auf diese Weise käme a) die Stimme der wirklichen Gemeinde zu Wort, b) wäre auch am besten die Kirche vor irgendwelcher Vergewaltigung durch die Masse der in der Kirche durch die Taufe zwar Befindlichen, aber doch von der Kirche sich Fernhaltenden geschützt.

3.) Da dieser Kreis sich aber für das Ganze der Gemeinde verantwortlich weiss, so kann so auch der Gefahr pharisäerhafter und sektiererischer Absonderung der lebendigen Glieder der Gemeinde am leichtesten begegnet werden."

Zwei offiziellen Delegationsausweis-Papieren, in deutsch, englisch und russisch, ist zu entnehmen:

„Frauenarzt Dr. med. Horst Börngen ... besucht als offizieller Vertreter die August-Konferenz für christliche Akademiker in Heidelberg am Neckar.

Dr. Börngen ist **Synodalmitglied der Landessynode von Sachsen-Anhalt**. ... und Frau Rosel Börngen ... besucht als offizielle Vertreterin die August-Konferenz für christliche Akademiker in Heidelberg am Neckar.

Frau Börngen ist Mitglied des Bundes Christlicher Akademikerinnen. ...

Halle, am 30. Juli 1947 sg. Der Superintendent Kirchenkreis Halle-Stadt"

„Christlicher Akademikertag in Heidelberg vom 6.-10. August 1947

Im Zusammenhang mit dem Kirchenkampf entwickelte sich unsere DCSV hin zur Evangelischen Studentengemeinde und hat an allen Hochschulen schöne, lebendige Gemeinden gebildet. In Heidelberg wurde die Altfreundeschaft der DCSV in die Altfreundeschaft der Studentengemeinde umgemodelt, der Rahmen darüber hinaus [ist] jedoch ganz weit gesteckt, sodass wir auch das Gespräch mit den Altherrenschaften der christlichen

Verbindungen aufnahmen, um sie dafür zu gewinnen. So nahm ich an einer Sonderbesprechung mit 40 Wingolfern teil. Sie überlegten sich, ob sie einzeln und in corpore mitmachen sollten oder nicht, ob sie ihr Ausleseprinzip fallen lassen sollten zu Gunsten des Missionsprinzips oder nicht, ob unsere CSV-Frömmigkeit zu wenig männlich wäre, u.a. Ich hörte nebenbei ein Gespräch, ob nicht auch die Burschenschaften mit ihrer früheren christlichen Tradition daraufhin angesprochen werden sollten, ob sie sich anschliessen möchten.

Das unversehrte Heidelberg im grünen Neckartal war schon allein ein idealer Tagungsort trotz des Grossstadtbetriebs durch das amerikanische Hauptquartier mit der Unzahl grosser amerikanischer Wagen. Mit Bischof Wurm, Bender von Baden, Dibelius aus Berlin sowie unserem Hanns Lilje waren 4 Bischöfe zugegen. Bischof Bender ist ebenfalls CSV-Altfreund. 5-600 auswärtige Teilnehmer wurden noch ergänzt durch die Einheimischen, sodass Versammlungen bis zu 1000 Menschen umfassten. 8 Leutchen waren aus dem Osten gekommen. Alte, liebe Freunde tauchten auf, 3 Paten unserer Kinder, der bayrische BK-Landeswart Hermann Kolb mit Frau, der kürzlich Dekan von Kulmbach geworden war, Marianne Orthlieb, eine Böblinger Aerztin, die Patentante unserer Iris, und Meta Holland aus Wupertal-Barmen, Michaels Patentante. Neben uns in der Provinzialkirche entdeckten wir den Dresdner Willi Schaberg, der als Herrnhuter Missionssuperintendent in Südafrika gearbeitet hat. Von Berlin war der Führer der ganz gross organisierten BK-Sache anwesend, Zahnarzt Strache, vom MBK war Alexandrine Schmidt zugegen. 40 Aerzte und Aerztinnen fanden sich einmal um Prof. Bender und Prof. Olpp zusammen. Der alte Dresdner BKler Werner Natzschka war als Mitarbeiter der Kirchlichen Hochschule in Berlin-Zehlendorf da, Oberbaurat von Beruf und bislang Direktor des Wasserbauamts in Dresden. In der Aula der alten Universität wurde die Altfreundschaft offiziell von uns begründet. Hanns Lilje sprach dabei davon, dass er am gleichen Pult, an dem Hegel gestanden hat, schon einmal einen theologischen Vortrag über unsere CSV zu halten gehabt habe, wobei die CSV als Beispiel moderner Sektenbildung [!] zu Worte kommen sollte. Diesmal trat in ihm gewissermassen die Kirche offiziell in Erscheinung. An der Decke der Aula sind 4 grössere Allegorien zu den 4 Fakultäten vorhanden. Nun kamen wir im christlichen Geiste in dieser dargestellten universitas zusammen. Die tägliche Bibelarbeit von Hanns Lilje über Römer 9-11 gab der Tagung das eigentliche Schwergewicht. Wenigstens einige für Lilje charakteristische Sentenzen sollen aus dem Zusammenhang gerissen wiedergegeben werden: Echte kirchliche Verkündigung bleibt dieselbe im 2. und 20.Jahrhundert der Kirche, auch wenn jetzt der ganze Apparat kritischer Theologie eingeschaltet wird. – Für **das jüdische Volk liess sich der Realismus der Erlösung auf der Landkarte ablesen.** [!?, August 1947, UN-Teilungsplan für Palästina erfolgte erst am 29.11.1947 (Resolution 181)] – Der Glaube schliesst das Wissen niemals aus, sondern ein, ist darum nicht geistiger Selbstmord. – Unser Volk lebt nicht in Indien und kann nicht so tun, als ob es das Evangelium nicht gehört hätte. Es ist keine Winkelsache in der deutschen Geschichte geblieben. – Die Majestät Gottes in der Gnade ist ebenso mächtig wie im Gericht; das ist ein grosser Trost. – Nur der Gehorsam begreift die Geheimnisse Gottes. Bei Gott passiert immer das Unerwartete. Darum gibt es keine wissenschaftliche Morphologie, nach der sich Sein Handeln ableiten liesse. – An den feinen Leuten liegt es Ihm nicht, auch mit den Harmlosen handelt Er. – Adam bekam nur ein einziges Gebot und das übertrat er. – Paulus bewegte sich innerhalb der Ölbaumgrenze. – Wir können uns den Glauben nicht erwerben, wohl ihn aber verlieren. – Gott hat Macht, die harte Schale unseres Volkes zu sprengen. Wir dürfen darum keinen Menschen aufgeben. – Gottes Verheißungen sind die größte Beruhigung der Weltgeschichte. Je grösser die Schau, desto ruhiger können wir bleiben. – Bei der Prädestination ist der Hinweis richtig, dass der, der dich erwählt hat, dich auch erhalten wird.

Lilje kam von Lund, der lutherischen Weltkonferenz. Unter 160 Teilnehmern 60 Deutsche ganz offen und brüderlich beisammen. Auch nicht wie ein reicher Onkel neben armen Verwandten zeigten die Amerikaner wahrhafte Noblesse. Sie müssen ja immer alles bezahlen. Er habe auch erfahren, dass nicht allein die deutsche Theologie Tiefsinn habe. – Wenn Hanns Lilje nach der Mensa mit dem Pfeifchen im Munde unter uns stand, war er ganz der Unsrige.

Der Amerikaner Prof. Bodensieck erzählte am ‚ökumenischen Tag' von den amerikanischen Kirchen. Auch dort gibt es Einigungsbestrebungen. Aber aus drei Kirchen, die sich zusammenschliessen wollen, entstehen mitunter deren vier. Im Flüsterton sagte er allerdings, dass es dort drüben 266 Denominationen gäbe, hingegen bei uns in Deutschland 900 bestünden. Dort 22 Methodistenkirchen, 18 Mennoniten, 15 lutherische. 3 typische amerikanische Sekten wären die Mormonen, die Christian Science und die Zeugen Jehovahs, die aller 3 Jahre eine andere Bezeichnung annähmen. Wir Deutschen lernten jetzt eine Lektion für alle Kirchen der Welt: per aspera ad astra. Das Kreuz solle uns lehren, die Scheiternden siegen.

Leider bekam Reinold von Thadden, der ständige Vertreter Niemöllers in Genf, nicht rechtzeitig die schweizerische Ausreisegenehmigung zur Leitung unserer ganzen Tagung, sodass Eberhard Müller, Bad Boll, ihn vertrat. Wir hoffen, dass mit der Akademikertagung die Akademiker in unserem Volk christlich angesprochen werden können. 1948 soll die Tagung wiederum in Heidelberg stattfinden. **Ich persönlich hätte mir ein stärkeres Hervortreten der Nichttheologen gewünscht.** Mit einer Abendmahlsfeier von Bischof Bender schloss der Sonntag ab, an dem Lilje über den 23. Psalm gepredigt hatte. Allemal traten 30 im

grossen Kreis an den Altar heran, um Brot und Wein zu empfangen. In unserer Runde standen auch der ehrwürdige Bischof Wurm und Gerhard Jasper aus Bethel.
... Die Vikarin Christine Bourbeck, Berlin, bot ein ausgezeichnetes Referat ‚Vom Gespräch der Kirche mit der Welt'. Studentenpfarrer Heinrich Giessen berichtete über die Gefangenenseelsorge in den Lagern. Die Studenten sollen am ersten Tag recht lebendig über ihre Arbeit berichtet haben, so auch Frl. Hadlich aus Göttingen." Horst Börngen

14.8.1948: In einem Schreiben von **„Der Propst der Propstei zu Nordhausen (Harz)"** wird meinem Vater mitgeteilt, daß er im Rahmen der Nordhäuser Evangelischen Vortragswoche im Oktober 1948 einen Vortrag übernehmen könne mit dem Titel „Adam, Christus und wir Menschen des Atomzeitalters".

Einem persönlichen Schreiben von der **Evang.-luth. Friedenskirche Kötzschenbroda in Radebeul vom 27.8.1948**, Pfr. Gerhard Richter, ist zu entnehmen, daß ein Vortrag über „Adam und Christus im atomzeitgenössischen Profil" bei den Michaelistagen der Evangelischen Woche am 25.9. sehr gelegen käme. „Uns liegt naturgemäß an Aktualität. Darum ist mir der Zusatz ‚im atomzeitgenössischen Profil' besonders wertvoll."

Beitrag von meinem Vater **über „Christlicher Sozialismus", 27.8.1948**:
„Die moderne medizinische Forschung, insbesondere die Psychiatrie, ist zu einer höchst aufschlussreichen Feststellung gekommen, die allerdings noch nicht Allgemeingut geworden ist. Zum Verständnis des Menschen und alles Menschlichen gehörte bislang die Anschauung, dass sich der Mensch dank seiner gewundenen Grosshirnoberfläche und seines dort lokalisierten Verstandes zu seiner prominenten Bedeutung in der gesamten

Schöpfung erhebt. Der Mensch sei eine Verstandesgrösse. Die höchste Blüte des Verstandes gipfelt in der Wissenschaft. Vor dem Forum der Wissenschaft fallen darum die letzten und grossen Entscheidungen. Wir kennen alle die wissenschaftlichen Fehlentscheidungen der vorletzten Vergangenheit. Drum ahnt auch ein wissenschaftlicher Laie aus gesunden Empfindungen heraus, dass hier möglicherweise ein Kurzschluss zustandegekommen ist. Fürwahr, dieses **Gefühl, das sich oft besonders unsere Frauen dank ihrer grösseren Lebensnähe bewahrt haben**, hat in der wissenschaftlichen Medizin nunmehr ihre prägnante Stütze gefunden. Die medizinische Forschung lehrt, dass nicht der Verstand das eigentlich menschliche am Menschen ausmacht. Sie hat erkannt, dass nicht die Gehirnoberfläche mit ihrer Verstandeslokalisation, sondern die tieferen Schichten des Gehirnstammes mit dessen grossen Kernen erst die menschliche Persönlichkeit garantiert. Dort also fallen die letzten menschlichen Entscheidungen. **Nicht grosser Verstand allein, sondern edler Charakter und gediegene Persönlichkeit verleihen dem Menschen seine wahre Menschlichkeit im Zusammenleben.** Sozialismus ist die Lehre, die das Zusammenleben der Menschen auf menschenwürdigste Form erforscht und verwirklicht. Verstehen es unsere marxistischen Sozialisten, die ihrem Sozialismus gern den Mantel besonderer Wissenschaftlichkeit umhängen, dass sie damit gewissermassen ihr politisches Rüstzeug einer überholten Epoche entlehnen? Auch unsere Wissenschaft muss sich vor Höherem verantworten und ist nicht mehr letzte Instanz. Hier tun sich nun die Wurzeln eines christlichen Sozialismus auf. Vielleicht ist es mehr eine theologische, denn eine medizinische Erkenntnis der Gegenwart, dass alle menschlichen Disziplinen, sei es nun Wissenschaft oder Kunst, Politik oder Religion, in unheimlicher Weise Dämonien ausgeliefert sein können. Menschlichkeit kann ohne weiteres bei vorhandenem Gefälle zur Unmenschlichkeit und Bestialität abrutschen. Hier stehen wir erst vor allerletzten Konsequenzen, wie sie unser christlicher Sozialismus wahrzunehmen bestrebt ist. Damit ist ihm aber jede pharisäische Überheblichkeit über den marxistischen Bruder verwehrt. Aber die Anhänger eines christlichen Sozialismus brauchen sich auch vor dem Wissenschaftlichen nicht zu verstecken. **Unser Sozialismus zeigt uns, dass nicht irgendeine Wirtschaftsform an sich allein seligmachenden Charakter innewohnt. Es kommt immer wieder zuerst auf den Menschen an, was er daraus macht.** Hier liegt die Zukunftshoffnung unseres christlichen Sozialismus keimhaft verborgen. Soviel ist jedoch erkenntlich, dass schliesslich eine Gottesfrage an uns gestellt wird. **Sie läuft nicht auf Anerkennung eines Systems hinaus, sondern müht sich um den Menschen schlecht hin."**

Ein Papier meines Vaters vom **1.2.1949** über „**Christlicher Kommunismus**":

„Ein Offizier unserer russischen Besatzungszone hatte mit einer deutschen Diakonisse folgendes Gespräch. Er fragte: ‚Wo haben Sie Ihre Kleidung her? – Vom Diakonissenhaus – Wo haben Sie Ihre Schuhe her? – Vom Diakonissenhaus – Wer sorgt für Sie, wenn Sie krank sind? – Das Diakonissenhaus – Und wenn Sie alt sind? – Auch unser Mutterhaus'. **Da tippte der russische Offizier mit dem Finger an seine Stirn und meinte dazu: ‚Ah, Kommunismus'.** [Bei der Diakonisse handelt es sich ganz sicher um die Hausfreundin der Familie Börngen, Gertrud Huyke] – Seite, z.B. Seite 124.

Mit dieser kleinen Begebenheit rollen wir die aktuelle Frage auf, ob es überhaupt einen christlichen Kommunismus gebe. Unter Kommunismus verstehen wir dabei, dass das Eigentum nicht privaten und individuellen Charakter annimmt, sondern einer Gemeinschaft von Menschen gehört. Es ist allgemein bekannt, dass beim Eintritt der ersten Christengemeinden in den geschichtlichen Raum vor 1.999 Jahren deren geistliche Schwungkraft so immens sich auswirkte, dass sie beständig beieinander waren und alle Dinge gemeinsam hielten. Der Arzt Lukas berichtete dazu, dass sie ihre Güter und Habe verkauften und unter alle austeilten in der Gemeinde, nachdem jedermann not war. Einmütig waren sie im Tempel beieinander. Charakteristisch war an diesem Kommunismus der Urgemeinde, dass er auf Freiwilligkeit der Gemeindeglieder fusste. Nicht so bekannt dürfte die merkwürdige Geschichte von Ananias und seiner Saphira sein, die uns in nämlichen Zusammenhang überliefert worden ist. Indem dieses Ehepaar sich gleichfalls an der kommunistischen Aktion der Güterabgabe beteiligt, reservierten sie heimlich jedoch einen Teil des Erlöses für sich. Beim Ruchbarwerden dieser Unlauterkeit wurden sie beide nacheinander vom Tode hinweggerafft. Diese höchst seltsame Begebenheit dokumentiert eindrücklich, wie allein völlige Reinheit der Gesinnung imstande ist, solchen christlichen Kommunismus zu realisieren.

Die Klösterbildungen unserer alten Kirche in Mönchs- und Nonnenorden haben durchaus in wirtschaftlicher Hinsicht eine kommunistische Gemeinschaftsform mit einer ganz beachtlichen Leistung, die gemeinhin zumeist unterbewertet wird. Unsere evangelische Kirche praktiziert dasselbe in den Diakonissenhäusern. Vor der Nazizeit existierten in der Rhön derartige Bauernhöfe, die dann in Südamerika ein neues Wirkungsfeld sich suchen mussten. **Es ist sehr zu bedauern, dass bei der 1945 in Angriff genommenen Bodenreform es nicht möglich gewesen ist, geschlossene christliche Gemeinschaftssiedlungen solcher Art zuwege zu bringen**, um damit kundzutun, wie wahrer christlicher Brudersinn ein eminent wichtiger Faktor sein und praktische Bedeutung gewinnen kann. Auch in der Brüdergemeine Zinsendorffs lassen sich ganz ähnliche Tendenzen nachweisen, indem aus brüderlichem Geist heraus die

Gehälter beispielsweise nicht diese Unterschiede haben, wie es im Wirtschaftsleben sonst üblich ist.

Eine jüngste Siedlung der Brüdergemeine ist in den letzten Jahren in Neu-Gnadenfeld im Emsmoor entstanden. ,Da können sogar die wilden Kaninchen nur auf Karten leben', sagten die Ersten, als sie hörten, wo gesiedelt werden sollte. Herrnhuter Flüchtlinge fanden sich zusammen, frei und gleich unter Gleichen fingen sie an, statt abhängig, neidisch, träge werdend und von Erinnerungen gelähmt langsam zu verkommen. 4 ½ qm Wohnraum wurden pro Kopf zugeteilt. Zunächst stand bei den meisten nichts drin. Auch heute noch spielen Obstkisten als Liegen, Kommoden und Hocker eine Rolle. Zwei Korbflechter von der Weichsel fanden geeignete Ruten für Körbe und Truhen. Den ersten Sessel bekam der alte, 70jährige Pastor. 100 weisslackierte Betten wurden gegen Torf kompensiert. Ausländische Brüdergemeinden spendeten Badewannen und Nähmaschinen, Decken und Medikamente. ,Allein hätte es keiner von uns soweit gebracht!' Heute leben 800 Menschen in 16 Baracken. 10 Geburten, 6 Sterbefälle trug der Standesbeamte ein. 183 Kinder gehen zur Schule, nachdem Ostern 1946 die erste Schulklasse mit 25 Kindern eröffnet wurde. Ein strassenbreiter Weg wurde in freiwilliger Gemeinschaftsarbeit geschippt mitten im Moor. Eine Torplattenfabrik, Vollbauernhöfe und Gärtnereien entstanden. 10 Kühe werden in den Strassengräben gehütet. 6 Wochen spann eine Frau für ein Ferkel. Der Stundenverdienst beträgt für alle 53 Pfennige. So haben es 1722 die Herrnhuter auch gemacht. Demnächst kommt der eigene Poststempel. Horst Börngen. **[Noch immer, 1949!] Der Bruderrat der Bekennenden Marktgemeinde U.L.Frauen zu Halle/Saale."**

Wenn mein Vater einen russischen Offizier zitiert, soll hier die Frau eines gehobenen russischen Militärs erwähnt werden. Ende der 40er Jahre mußten überraschend in unmittelbarer

Nachbarschaft unseres Hauses, bei der Hallischen Feuerwehr, einige Straßenzüge für höherrangige Russen in ganz kurzer Zeit geräumt werden. Es durfte nur das Nötigste mitgenommen werden. Ich kann mich noch gut daran erinnern. Irgendwie muß mein Vater über eine russische Patientin in der Praxis mitbekommen haben, daß sie ausgerechnet in der Villa eines uns bekannten Ordinarius der gegenüber liegenden Unikliniken einquartiert wurden. Auf jeden Fall hat die Offiziersfrau auf Intervention meines Vaters, für die ganze Familie von uns schon ungewöhnlich, bei Konsultationen namensgraviertes Silberbesteck zur Weitergabe an den ursprünglichen Besitzer überreicht. Der Uni-Kollege mußte es zwangsweise zurücklassen.

Beitrag meines Vaters zu Kirchenwahlen in Halle 1951 für eine politisch-religiöse Tageszeitung, am ehesten für den „Neuen Weg" der CDU.

„Bei einer analytischen Betrachtung der bevorstehenden Kirchenwahlen lassen sich für Nichtchristen wie Christen in unserem Volk gleich bemerkenswerte Tatsachen herausstellen. Hervorzuheben ist einmal, dass Kirchenwahlen nicht ohne weiteres mit politischen Wahlen im staatlichen Raum gleichgesetzt werden können. Während die Kirche früher gern ihre Benennungen aus dem politischen Leben entlehnte, zeigt sich jetzt darin eine gesunde Eigenständigkeit. Statt Generalsynode, Generalsuperintendent und Kirchenverfassung sind entsprechend Landessynode, Propst und Kirchenordnung getreten. **Höchst fesselnd ist darüber hinaus die Anwendung des demokratischen Prinzips im kirchlichen Raum.** Das System der arithmetischen Demokratie, wie sie in der Weimarer Republik getätigt wurde, ist in der Kirche nicht zur Anwendung gekommen. Dort wurde einfach Stimme zu Stimme addiert. Aber auch das Prinzip der potentiellen Demokratie, wie es in der DDR praktiziert wird, hat in den Kirchengemeinden keinen Eingang gefunden. Hier kommen bekanntlich zu den einzelnen Parteien die Massenorganisationen unter vorangehendem Führungsanspruch der stärksten Partei zum Zuge politischen Einsatzes. Was in der Kirche zum Ausdruck gelangt, läßt sich am besten als integrale Demokratie kennzeichnen, indem ein besonders integrierender Faktor dabei zur Geltung gelangt. Dieser Faktor läßt sich mit dem Begriff der Berufung erläutern. Bei den demnächst stattfindenden Kirchenwahlen in unseren Christengemeinden liegt nämlich der Schwerpunkt darauf, daß Menschen – Männer und Frauen – von ihrem im Glauben geschenkt bekommenen inneren Vollmacht Gebrauch machen, wen sie aus ihren Reihen zur aktiven Mitarbeit im kirchlichen Leben bestimmen. Die Kirche wählt am besten, die dabei dem Gottesgeist, der seit 1900 Jahren über alle Konfessionen hinweg am Werke gewesen ist, am weitesten Raum gibt. Dieser Sachverhalt läßt sich dadurch illustrieren, daß in den Urgemeinden zu dem Wahlzettel gegriffen wurde, wenn keine deutliche Leitung des Geistes erkennbar war. Es ist also so, daß in der Kirche das demokratische Wahlprinzip durch ein anderes, das des Berufenseins vollgültig durchbrochen wird. Von hier aus erfährt auch jeglicher Schematismus eine Absage. Der einzelne Wähler sollte nur die Vertreter wählen und ankreuzen, die ihm bekannt sind. Im Vordergrund steht immer die Einheit der einzelnen Kirchengemeinde in ihren sich verantwortlich fühlenden Gliedern. Von hier aus ist es auch zu begrüßen, daß keine Gruppenbildungen mehr Wahlvorschläge einreichen, daß es keine Orthodoxen und Liberale neben der ‚Mitte' gibt, wie es früher der Fall gewesen ist. Selbst die Bekennende Kirche macht hiervon keinen Gebrauch. Darum ist es verständlich, daß die neue Grundordnung unserer evangelischen Landeskirche nirgends irgendwelche Reservate der Bekennenden Kirche einräumt, wenn auch der ganze Geist der Grundordnung zweifellos stillschweigend Wesenszüge aufweist, die aus dem Ringen der BK um rechte schriftgemäße Kirche hervorgegangen sind und so ihren Niederschlag gefunden haben.

Bereits in der alttestamentlichen Gottesgemeinde existierten neben dem geordneten Priestertum von Gott besonders berufene und beauftragte Persönlichkeiten, die als Propheten besondere Aufträge zu erledigen hatten. Es liegt beinahe greifbar nahe, daß in einem Manne wie Martin Niemöller Gott auch der Kirche unserer Tag wieder solche Vollmacht zuerkennt und so nun eine über Prinzipiengrenzen hinwegreichende Berufung sich auszuwirken vermag. Bei dieser Perspektive leuchtet es schließlich ohne weiteres ein, daß auch die ganze Wahlhandlung in einem gottesdienstlichen Rahmen sich vollziehen soll.

Wenn diese kirchlichen Darlegungen in einem politischen Tagesblatt hiermit wiedergegeben werden, soll schließlich freimütig bekundet werden, daß auch die Kirche allen redlichen Bemühungen um Erhaltung des Friedens mit ungeteiltem Herzen folgt [folgen sollte]; denn nur in einem wahrhaft umfriedeten Land kann die Kirche Jesu Christi den ihr zukommenden Auftrag recht erfüllen."

März 1957: „Zur Eröffnung der Provinzialsynode – Kirchenluft um die Leuna-Atmosphäre. Die ganze Brigade hoher, schon von weitem lange sichtbaren Fabrikschlote genügt nicht, um die chemische Atmosphäre im Bereich dieses gewaltigen Industriewerks Mitteldeutschlands in den Äther abzuleiten. Dies hat jedoch die Provinzialsynode nicht abgehalten, gerade hier in diesem Bereich der Arbeit in der kommenden Woche unter der Leitung von Präses Dr. iur. Kreyssig in der Leuna-Siedlung zusammenzutreten. Wenn in humorvoller Weise unser Landesjugendpfarrer Waldmann aus Naumburg die Frage ventilierte, ob nach der Synode nicht eine Entlüftungskonferenz anberaumt werden sollte, so kennzeichnet dies doch die Situation in Leuna. Was aber unseren Leuna-Arbeitern und -Angestellten zugemutet wird, werden auch die

Synodalen aus der sauerstoffreichen Luft des Harzes und Thüringer Waldes bereitwillig hinnehmen.

In dem Eröffnungsgottesdienst ... in der Friedenskirche wird Propst Werther, Halle, die Festpredigt übernehmen. Die für die Öffentlichkeit zugängigen Vollsitzungen finden im großen Saal des Gemeindehauses statt. Neben dem fälligen Bericht von Bischof D. Jänicke am Anfang, der immer besonderes Interesse erweckt, werden diesmal Kirchensteuerfragen und das ganze Finanzgebaren der Kirche einen wichtigen Punkt der Tagesordnung einnehmen. Auch eine armgewordene Kirche darf sich dessen getrösten, daß ihr Herr selbst ohne Mittel gewirkt hat.

Für jeden modernen Menschen und sonderlich auch für die ganz nüchtern und sachlich arbeitenden Arbeiter, Ingenieure und Chemiker beginnt wohl die Tatsache Aufmerksamkeit zu erregen, daß die **asiatischen Hochreligionen in eminenter Weise im Aufbruch sich befinden.** [1957!] Während man annehmen konnte, daß sie im politischen Umbruch der Gegenwart als lebensuntüchtig daneben stehen würden, vernehmen wir, daß sie in Indien und China weitgehend einer Reformation gegenüberstehen. Allgemeiner bekannt ist, daß auch der ebenfalls im asiatischen Schoß erwachsene Islam in Asien und Afrika an Boden gewinnt und sich sogar politisch manifestiert. **Stellen wir einmal auch unseren christlichen Glauben an den Sohn Gottes, der ja nicht minder gleichfalls auf asiatischem Boden seine historischen Anfänge erlebte, in diesen Zusammenhang aller Weltreligionen hinein, so läßt sich konstatieren, daß alle Weltreligionen nicht nur eine durch die Jahrtausende reichende Bedeutung aufweisen, sondern auch zukunftsträchtig sind.** Manchmal mag es freilich erscheinen, als ob sie schliefen, als ob Gott der Herr selbst schliefe, bis urplötzlich wieder neues Leben entsteht. Die Weltreligionen haben zudem einen Tiefgang, daß es mitunter scheinen möchte, als wenn sie an den politischen, wirtschaftlichen, kulturellen und sozialen Tagesfragen vorübergingen. **Gleichwohl dürfen wir festhalten, daß beispielsweise die meisten gesellschaftlichen Probleme im alten Europa irgendwie von christlichen Maximen her geprägt worden sind.** Allein die Stellung der Frau in der Öffentlichkeit soll in diesem Zusammenhang erwähnt werden. Von jeher haben Kirchenkonzile, große Kirchenkonferenzen und Synoden das Gesicht der christlichen Kirche gestaltet. Das erste Pfingstfest in Jerusalem ist zweifelsohne ein solches Geschehen auf gemeindlicher Grundlage gewesen. Der dort mit Kraft und Vollmacht wirkende Gottesdienst ist das eigentlich konstituierende Element in der Kirche. **Gottes Geist aber ist nicht gebunden.** Auch durch einen Paulus, durch einen Augustin oder Luther hat er Einfluß auf die Gestaltung der Kirche genommen, wenn die Stunde reif dazu gewesen ist. Auch für die Synode in Leuna gilt darum der alte Gebetsruf: veni creator spiritus! Komm heiliger Geist! Dr.Bö."

-- Ein Datum liegt nicht vor. Nach Recherchen aktuell über die EKM in Magdeburg dürfte es sich zeitlich um den März 1957 handeln! Hochinteressant – aus unserer heutigen Sicht, Beginn des 21. Jahrhundert – was für Aussagen und in welcher Form sie hier gemacht werden, schon **1957** zu den asiatischen Hochreligionen und dem Islam, zu den Weltreligionen, und zum Christentum „im alten Europa".

Vom **26.6.1959** und vom **16.1.1963** liegen zwei Briefe von Prof. Dr. med. **Heinrich Kunstmann, Hamburg**, an meinen Vater mit etwas merkwürdigen, stark parteipolitisch fixierten Vorstellungen vor. Er war auch Vorsitzender der rechtsextremen Deutschen Reichspartei im Sinne der äußerst problematischen „Harzburger Front" von 1931, die mein Vater schon 1932 als „politisches Schaumgebilde" abgelehnt hat. Sie müssen sich aus der

Studentenzeit gekannt haben. 1931, Seite 88, hat er im Elternhaus übernachtet. Radikale Kritik an Adenauer und dem Rheinischen CDU-Katholizismus kann noch nachvollzogen werden, sie deckt sich mit Erfahrungen z.b. über H. Kohl. Aus einer historischen Quelle (1983 geht hervor, daß er „Nationalsozialist [gewesen sei] … engagierte sich in der Bekennenden Kirche und war bis 1941 Vorsitzender des Landesbruderrats der Bekennenden Kirche in Württemberg." Immerhin waren mir bei meinem Besuch in Hamburg 1955 im Hause Kunstmann schon auffallend ambivalente und ungewohnte Tendenzen aufgefallen. Ich kann nicht erkennen, daß mein Vater auf derart problematische Ausführungen jemals Bezug genommen hat.

Vierländerfahrt 1961 – aus der Sicht meines Vaters
„Gerade ein paar Tage vor der Errichtung der **Chinesischen Mauer** quer durch Berlin konnten wir am 7.8.1961 noch unser österreichisches Visum in West-Berlin und daneben das tschechische in Ost-Berlin abholen, um dann am 8.8. auf Fahrt zu gehen. Nachdem wir dem Vormittagsverkehr in und außerhalb Halle entronnen waren, ging es zügig auf der Autobahn zur Grenzstation Juchhöh. Bald war das erste Ziel Münchberg erreicht, wo wir Muttis Jugendfreunde aus Marktbreit aufsuchten, just am 60. Geburtstag des Oberstudiendirektors Ernst Schneider, der dabei trotz Sommerferien von einer Fülle prächtiger Blumen von den Honorationen der Stadt, angefangen beim Bürgermeister, eingedeckt wurde. Von unseren Fenstern aus konnten wir hinüber zum Waldsteingebirge sehen, in dessen Gründen unsere Saale entspringt. Abends kehrten wir sodann bei unseren alten Freunden Dekan Hermann und Erna Kolb in Kulmbach ein. Unser aufgetanktes Ostbenzin an der Grenze reichte beinahe bis nach Memmingen. Dort überraschte uns im lieben „Fuchsbau" Iris, die ein paar Stunden vor uns nach der Überfahrt auf dem italienischen Hochseedampfer Agustus über Barcelona und Genua [nach Jahren

in den USA] einpassiert war. Gemeinsam bummelten wir durch die ehemalige Reichsstadt mit dem ,Mau', besichtigten einen herrlichen Schloßpark jenseits der Iller in Stein, sahen uns die Klosterkirche in Ottobeuren an und stießen nach dem Norden hin bis Ulm mit seinem Münster vor, mit dessen 161 m hohen Turm und sogar einer August Hermann Franke-Statue an einer Säule im Schiff. Die Stadtbefestigungen an der Donau luden zur Promenade ein. ... Mutter Fuchs verführte uns sogar in ein Kaffee, dessen Chef in Halle Lehrzeit zugebracht hatte.

In unserem Wartburg starteten wir dann am 14. August mit fünf Personen fünf Koffern und noch manchen anderen Utensilien und [Pudel] Akko nach Pfronten-Steinach in unsere vorbestellte Sommerfrische inmitten der grünen Wiesen und von dunklem Nadelwald bekränzten Hügeln vom Allgäu mit dem Blick auf die bayrischen Berge. Ein gemütlicher, ehemaliger Bauernhof mit Glasveranda, die die beiden Zimmer im ersten Stock verbanden, war unsere Bleibe. Allein Iris war bei unserem Milchlieferanten in der Nähe untergebracht, wo der Blick auf die Wettersteinkette noch unbehinderter schweifen konnte. Nach unserer Manier haben wir dann fleissig alles aufgesucht und waren 3mal um 2.000m hoch, so auf der Ostlerhütte, deren Beleuchtung abends von unserem Haus erkennbar war, auf der Schlicke und sogar auf dem Säuling im Hintergrund von Füssen mit seinen Königsschlössern. Hier ging die Route mehrmals an Stahlseilen entlang und über eine Leiter. Manchmal sah man garnicht, wie es weitergehen würde beim Anstieg und dann beim Abstieg zur österreichischen Säulinghütte hoch über Reutte und dem mehrarmigen Lech. Und ganz köstlich war es jedesmal, daß uns herrliche Fernsichten beschieden waren bis zur Kanisfluh und auf den Widderstein im Westen sowie das Karwendel im Osten, wo wir im Vorjahr weilten. Gemsen und Murmeltiere und noch viele Margeriten gab es zu schauen.

Eine Vier-Pässe-Fahrt brachte uns das Lechtal hinauf bis in den Rücken des Widdersteins, auf dem Gisela und Ulrich ein paar Wochen zuvor vom Walsertal aus aufgestiegen waren [und den die Eltern in jungen Jahren auch schon bestiegen haben sollen], nach Schröcken, zum Flexenpass, mit seinen in Fels gehauenen Galerien, zum Arlbergpaß mit den dazwischen liegenden mondänen Wintersportplätzen Lech und Zürs, und dann zurück durch das Inntal an Landeck vorüber mit der Passeierspitze und schließlich zum Fernpaß bei Reutte. Bei der Mittagsrast mit Blick auf den Tschirgant im Inntal ließ ich meine Brille [im Gras] liegen, schrieb darauf dem Kaplan von Schönwies, der sie an der skizzierten Stelle fand und nach Wien nachschickte. Trotzdem Ulrich im Staatsexamen sich befand, konnte er die Pfrontener Zeit mit uns verbringen, wo wir auch im Hopfensee und Weißensee vor Füssen dem nassen Element unseren Tribut beipflichteten. Über Nacht war einmal Neuschnee bis 2.000m herab gefallen. Einmalig war auch die Besichtigung von Neuschwanstein mit seinen Prunkgemächern! Am Falkenstein imponierte uns eine Mariengrotte, garnicht kitschig illuminiert. Der sonntägliche Gottesdienst in der Diaspora war überfüllt. – Während Ulrich unsere beiden Memminger wieder auf seinem Wege nach Freiburg zurückbrachte, starteten wir am 28. August zur Fahrt durch Österreich nach Wien in Begleitung von Iris.

Unter der Martinswand vorbei erreichten wir Innsbruck noch einmal in unserem Leben und hielten uns eine Stunde in seinen Mauern und baulichen Kostbarkeiten auf. Bei Jenbach verließen wir das Inntal, um in die Alpenroute von 1943 einzubiegen und das Zillertal als Anfahrt zum Gerlospaß zu benutzen. Wir waren doch ziemlich erstaunt, was für eine weite Strecke wir damals per pedes zurückgelegt hatten. Auch heutzutage waren die Straßenverhältnisse über die Gerlos reichlich primitiv im Vergleich zu den sonst guten Straßen überall. Unterhalb von Hollersbach, Zell am See gegenüber, das wir im Hintergrund wahrnahmen, schlugen wir in Bruck an der Salzach mit Erwartung die Großglockner-Hochalpenstraße ein. Eingangs galt es die Paßgebühr von 80 Schilling zu entrichten. Nach ein paar Dutzend Kehren gewannen wir zunehmend Höhe und waren mit der Leistung unseres Wartburg zufrieden. Gegenüber der Edelweißspitze hielten wir dann am Fuschertörl, 2.455m, um vor allen Dingen den Großglocknerblick in uns aufzunehmen, wenn sich auch der Gipfel etwas in Wolken verbarg. Bis hierher waren wir einst zu Pfingsten schon mit unserem Opel [wohl vor 1939] gekommen. Dazumal war die Weiterfahrt wegen der Schneeverhältnisse unmöglich. Jetzt durchfuhren wir bei der Talfahrt die beiden Tunnel in Richtung Heiligenblut, wobei es allerdings über die Bremsbeläge bei der anhaltenden Abfahrt ging, sodaß wir hinter Heiligenblut in Döllach neue Belege auflegen lassen mußten. Das kostete uns einen Tag mit zwei Übernachtungen, ermöglichte jedoch ein nochmaliges Aufsuchen von Heiligenblut mit seiner weltbekannten Bergkirche, dem Friedhof drumherum, sonderlich auch für die Opfer der Berge, und den Ausblick auf das Großglocknermassiv, diesmal ganz ohne Wolken im Abendsonnenschein. Links [?] neben der Spitze, 3.798m, die gewaltige Glocknerwand, rechts davon die Adlersruhe, mit den gigantischen Eisgletscherzungen hinter der Franz-Josefs-Höhe. Ein sauberes Quartier bei einer betagten, freundlichen Wirtin in der Nähe des trutzigen Schlosses ließ uns den Aufenthalt in Döllach im Mölltal gut überstehen. Sogar eine in solchem Ausmaß noch nie gesehene Grotte des tosenden Gebirgsbachs mit seinen Wasserfällen kam uns auf diese Weise zu Gesicht. Dann ging es stracks weiter gen Süden – nur etwas hin war ein [Rad]Kraftfahrer tödlich verunglückt – , durch das lange Mölltal in Richtung Kärntner Seen. Längst waren die Eisriesen der Hohen Tauern verschwunden. Lieblichere grüne Berge rahmten das Tal ein. In Millstädt studierten wir das Badeleben und besichtigten den Klosterbau mit dem Kreuzgang. Am reizenden

Wörthersee stiefelten wir bei Sonnenglut auf der Halbinsel Maria-Wörth zu den beiden idyllisch gelegenen Kirchen, lagerten dann oberhalb der Seestraße auf einem Wiesenhang, verfolgten die Wasserski-Reiter, ehe wir kurz vor Klagenfurth unser Nachtquartier bezogen. Den Sonnenuntergang über dem See und die ganze Abendstimmung nahmen wir noch mit, bis die Dämmerung hereinbrach. Nach der Stadtbesichtigung am anderen Morgen, wo uns besonders der Klagenfurter Lindwurm auf dem Marktplatz imponierte, auf dem ohne Furcht die Tauben saßen, fuhren wir nahe der jugoslawischen Grenze entlang über St. Andrae (mit einer Kolossalfigur des Apostels Andreas in der Kirche) und dem Pack-Paß, von dessen Existenz wir noch nie etwas vernommen hatten, nach der Steiermark hinein und schließlich nach Graz.

Wer Graz gesehen hat, der könnte sich beinahe Wien schenken, so verlockend bietet sich diese uralte Handelsmetropole an der Mur zwischen Italien und dem Norden und dem Balkan. Bei unserer Hermine Schantl fanden wir gastliche Aufnahme, stiegen zusammen auf den wunderschönen Schloßberg, wo die Liesl ihre eherne Stimme erdröhnen läßt und der bekannte schmucke Uhrturm in malerischen Blumenbeeten den Blick auf sich lenkt. Ein schöner gelber Lampenschirm auf unserem Tisch erinnert uns immer wieder an die Freigiebigkeit unserer früheren Haustochter. An einem Samstagmorgen verließen wir die reizvolle Hauptstadt der Steiermark, deren ansehnliche Kaufmannshausfronten mit den immens langen Höfen von vergangenem Reichtum zeugten, und fuhren das Murtal hinauf bis Bruck, dann links in das Mürztal in Richtung Semmering. Ganz nahe Peter Roseggers Waldheimatdörfchens tankten wir in dem breiten Tal mit den niedrigen Höhen der Eisenerzer Alpen zur Rechten, der Cetischen Alpen zur Linken. Wie fremd muten einem schon diese Namen an. Mit 980m wird sodann die Paßhöhe am Semmering erreicht. Luxuriöse Prachthotels rahmen die Paßstraße ein. …

Wiener Neustadt war erreicht, dann näherten wir uns Wien selbst. Auffallend die eingeschossige Bauweise in den grünen Vororten. Mit Erwartung kreuzten wir dann in der Metropole an der Donau auf, die uns gleich in den ungeheuerlichen Strudel ihres Straßenverkehrs hineinzog. Trotzdem fanden wir uns dank Muttis Kartenkenntnis immer ganz gut zurecht. ‚Wien, Wien, du allein!‘ Solche Begeisterung konnten wir bald verstehen. Der Steffel war eingerüstet. An einem Abend hörten wir uns eine Orgelfeierstunde im abgedunkelten Dom an. Auch Inderinnen in ihrer einheimischen Tracht vom Weltkongreß der Gynäkologen fanden sich dazu ein. … [Zu Wien erwähnt mein Vater insbesondere Rathaus, Parlamentsgebäude, Burgtheater, Votivkirche, Schönbrunn, die Hofburg, wo die FIGO tagte, und die Donau]. Eine Wendeltreppe stieg ich empor bis zu den Räumen, in denen Beethoven gewohnt hat. Vom Kahleberg schauten wir noch einmal herab auf das Häusermeer der Weltstadt, der zuletzt Reinhold Schneider in ‚Winter in Wien‘ ein von Wehmut getragenes Denkmal gesetzt hat. Von da oben auf dem Kahleberg setzte am 10. September 1683 nach einem Gottesdienst die erfolgreiche Entsetzung der Festung von den Türken durch Deutsche und Polen ein.

Eine prachtvolle Autostraße – ‚Nur für Kraftwagen‘ – führte uns hinaus, wo unten das glitzernde Breitband der Donau dem entzückenden Klosterstädtchen Neuburg zustrebt. Auf der Autobahn ging es rasch vorwärts bis zum oft schon erträumten Stift Melk an einem Donaunebenarm mit seiner Riesenfront über 200m über dem Ort und Fluß. Das Innere der Stiftskirche ganz in gedämpften Braun und Gold gehalten, ganz anders wie das Blau und Weiß und Gold von Vierzehnheiligen am Main. Aber auch schön. Endlich Linz am Abend, wo die Lichter an der Donaubrücke aufflammten und die Verengung des bis dahin weiten Tales noch gerade erkannt werden konnte. Am frühen Morgen schlug die Abschiedsstunde von unserer Iris, mit der wir unseren ganzen Urlaub teilen durften und die nun Eichen am Vogelsberg mit dem Frankfurter Express zustrebte.

Wir beide traten die Heimfahrt durch die CSSR an, was wir früher einmal vergeblich angestrebt hatten, und verließen hinter Freistadt das gastliche Österreich. Menschenleer und ärmlich mutete uns das alte Böhmen an, allein Prag machte davon eine Ausnahme. Am belebten Wenzelplatz parkten wir und setzten unser letztes in Berlin empfangenes tschechisches Zehrgeld um. Eine Stippvisite galt dem malerischen Moldauufer mit der Karlsbrücke und dem Hradschin als Krönung. Noch heute trägt das Museum oberhalb vom Wenzeldenkmal die goldenen Lettern: Museum regni Bohemiae. Das Böhmische Mittelgebirge mit seinen malerischen Kuppen bis hin zum Elbstrand mußte gerade noch vor Einbruch der Dunkelheit durchmessen werden. Es war Nacht, als wir in Zinnwald wieder DDR-Boden neben dem Stacheldraht erreichten. Im Dachstübchen von Altenberg heulte der Sturm auf dem Erzgebirgskamm, während uns beinahe 5 Wochen schönes Spätsommerwetter in einem Jahr mit sonst zumeist regnerischem Urlaubswetter umfangen hatte. Die Besichtigung des Freiburger Doms inmitten meiner sächsischen Heimat bildete den Abschluß vor der Rückfahrt über Karl-Marx-Stadt und Leipzig. 3.000km hatten wir zurückgelegt, gewiß nicht viel für diese lange Zeitspanne. Abwerbern waren wir nicht in die Hände gefallen.

Ein großer Dank im Herzen für diese Vier-Länder-Fahrt wird uns zeitlebens begleiten. Unsrer Rückkehr läßt sich auch so motivieren: Wer glaubt, flieht nicht. In unserer geschichtsträchtigen Gegenwart, wo wir es erlebt haben, wie die Weltmacht England von der USA abgelöst wurde, wie Deutschland vergeblich in zwei Weltkriegen nach den Sternen zu greifen suchte, und sich die UdSSR an die Spitze gesetzt hat.

Im Frieden kehrten wir heim. So soll es bleiben.

Dr. med. Börngen, Halle (Saale)"

Am 8.12.1963 hat die Regierung der DDR meinem Vater „in Anerkennung langjähriger Verdienste und hervorragender Leistungen bei der ambulanten gesundheitlichen Betreuung der Bevölkerung" den Titel **„Sanitätsrat"** verliehen. Dies wurde ihm … vom Bezirksbürgermeister „im Auftrage der Stadtbezirksversammlung und des Rates des Stadtbezirkes Halle-Ost" mit herzlichen Glückwünschen übermittelt. Dieser Würdigung hat sich mit Schreiben vom 9.12 1963 der Kreisvorstand FDGB Halle und die Gewerkschaft Gesundheitswesen zum „Tag des Gesundheitswesen" angeschlossen.

1975: Für meinen Vater war die **Hallesche Missionskonferenz** lebenslang ein sehr wichtiges Anliegen. Nach einer Gästebuch-Eintragung dürfte mein Vater mindestens seit 1938 Laienmitglied gewesen sein.

Aus einem **Protokoll über die Sitzung des Vorstandes der Halleschen Missionskonferenz am 24.9.1975** im Marthahaus in Halle:

Anwesend: Prof. Dr. Lehmann, Probst, Dr. Münker, Pfr.i.R., W. Gabriel, **Dr. med. Börngen**, Pfr. Orland, Schreiner, Strümpfel (Anhalt), Wilding.

Ein Gast (Sehmsdorf) „geht von der Notwendigkeit aus, als Provinzialpfarrer eine Tagung für Mission und Ökumene in unserer Kirchenprovinz haben zu müssen … Die Zeiten einer erwecklichen Intention der Konferenz seien vorbei." **„Mehrere Mitglieder wollen die Gemeinden als Basis der Konferenz gewahrt wissen, wie die Konferenz ursprünglich gedacht war. Erhebliche Bedenken werden laut, daß durch das Personalprogramm die Konferenz einen zu kirchenamtlichen Charakter erhält und die beabsichtigten neuen Impulse an die Gemeinden in der ‚kirchenamtlichen Mühle' stecken bleiben."**

Lehmann stellt den Antrag: der bisherige Vorstand wird mit Dank verabschiedet ... 5. Der alte Vorstand tritt mit dem heutigen Tage zurück.

1982, vermutlich doch etwas später, hat mir mein Vater nachfolgendes für mich wertvolles und hochinteressantes Papier über den christlich-jüdischen Dialog UND Zusammenleben mit Muslimen im Zusammenhang mit Ökumene aus Halle zukommen lassen:

Aus einer offiziellen Schrift **Ökumene:**
„Evangelische Kirche der Kirchenprovinz Sachsen 3010 Magdeburg ...
Brief Dokumente der Ökumene - 5 - Februar 1982 Christliches Leben und Zeugnis im Zusammenleben mit Muslimen
Nachdem wir in unserer Reihe ‚Dokumente der Ökumene' im November 1981 als DDR-Erstveröffentlichung die ‚Leitlinien für den christlich-jüdischen Dialog' publizierten, veröffentlichen wir in dieser Ausgabe (ebenfalls erstmalig in der DDR) ein entsprechendes Dokument zum Dialog mit dem Islam. Unmittelbarer Anlaß für diese Publikation ist die Tagung der Halleschen Missionskonferenz, die sich vom 12.-14. März 1982 unter dem Thema ‚**Christliche Kirchen und Islam in der Begegnung'** „ traf.
– Kaum zu glauben, mitteldeutsche Aussagen von 1982, also weit vor Heinz Zahrnt, 1994! Und bei der Trägheit im Südwesten und auch WCRP – also alles unter der Vision „Ökumene" der Weltreligionen, der ich versucht habe, z.B. 2007 mit „Gemeinsam unterwegs zu einer Ökumene der Weltreligionen" einen spirituellen Beitrag zu leisten.

Aus einer ausführlichen Reportage ein „Porträt des Hallenser Sanitätsrates Dr. Horst Börngen" in der Evangelischen Monatsschrift „Standpunkt" vom Januar 1984, S. 26, kann zusammenfassend entnommen werden:
Am „Anfang stand ... weniger die verfaßte Amtskirche ... [sondern] die Jugendbewegung" ... 1914 erstmals Schülerferienfahrt nach Schloß Mückenberg. Schon in der Schulzeit Kontakte zur Herrnhuter Brüdergemeine, z.B. zu Werner Hauffe, der als Missionar in Isoko (im heutigen Tansania) arbeitete. **In studentischen DCSV-Urlaubskreisen „Kontakt zu Willi und Elfriede Schaberg, die von Kapstadt aus missionarisch tätig" waren im Rahmen der Herrnhuter Mission. Hier soll „der ‚Rassenbereinigung' der burischen Machthaber ... stets mit härtester Konsequenz" der Rassentrennung entgegengetreten worden sein.** Als junger Assistenzarzt Mitgliedschaft und Vorsitzender im Christlich-Sozialen Volksdienst im Bezirk Halle. Nach Auflösung durch die Nazis diverse Vorladungen von der Gestapo. Am 22. Juli 1945 Gründungsmitglied (Nr. 8) von der CDU in der damaligen Provinz Sachsen. „Nachdem der Theologieprofessor Dr. Heinzelmann durch den Tod ausgeschieden war ... als Nachfolger ... in der provinzialsächsischen Synode ... unter dem Vorsitz Präses Dr. jur. Lothar Kreyssig".

Zu unseren Vorfahren hieß **väterlicherseits** der **Großvater Friedrich Eduard Richard Börngen,** geb. 11.1.1874 in Dresden, getauft am 8.2.1874 in der Kreuzkirche, ev.-luth.. Er war Kaufmann/Gastwirt („Restaurateur") und soll am 15.12.1937 an einem Herzschlag in Dresden, Kesselsdorfer Straße 34, gestorben sein. Er hatte am 9.4.1899 in der Annenkirche in Dresden Laura Martha Thomas geheiratet, ev.-luth.. Die Großmutter war am 21.8.1874 in Dresden geboren, wurde am 13.9.1874 in der Annenkirche getauft und ist am 12.8.1937 in Dresden gestorben. Beide konnte ich somit nicht erleben.

Der Urgroßvater in Dresden hieß väterlicherseits August Eduard Börngen, geb. 6.3.1848 im niedersächsischen Verden an der Aller, südöstlich von Bremen. Er war Goldschmied in Verden bzw. in Dresden. Seine Frau hieß Anna Marie Hientzsch, sie war am 23.1.1852 in Wurzen an der Mulde, östlich von Leipzig, geboren und verstorben am 13.4.1941 in Radebeul. Sie hatten am 14.9.1873 in Wurzen in der Stiftskirche geheiratet. Es heißt, daß der Urgroßvater die Krone des amtierenden sächsischen Königs einmal im Jahr überholen mußte. Dazu wurde am Altmarkt in Dresden an diesem Tag die Straße gesperrt.

Der Urgroßvater mütterlicherseits hieß Ernst Wilhelm Thomas, geb. 24.8.1835 im sächsischen Schickenhäuser, westlich von Dresden, ev.-luth.. Er war Böttchermeister und ist am 22.1.1911 in Dresden gestorben. Seine Frau, die Urgroßmutter, hieß Christine Henriette Binning und war am 28.10.1845 in Zetta bei Nossen/Meißen geboren. Sie soll am 30.3.1905 in Dresden an einem Magenleiden gestorben sein. Beide haben am 8.10.1871 in Raußlitz bei Nossen geheiratet.

Von den Ururgroßeltern ist väterlicherseits nur ein Johann Friedrich Börngen, Kammermusikus in Hannover, Trompeter bei Gardehusaren, bekannt, der eine Auguste Pauline Börngen, geb. Eichhorn, geheiratet hat.

Väterlicherseits hieß der Vater der Anna Marie Börngen als Ururgroßvater Johann Friedrich Gottlieb Hientzsch. Er war Tapetendrucker in Wurzen. Die Eltern der Christine Henriette Thomas waren als Ururgroßeltern Johann Gotthelf Binning, geb. 17.5.1817 in Krögis, von Beruf Schuhmacher, ev.-luth., gestorben 8.4.1880 in Zetta. Die dazugehörige Ururgroßmutter hieß Johanna Christiana Binning, geb. Lotze, geb. am 23.4.1820 in Deutschenbora/Nossen, gestorben am 15.6.1881 in Zetta.

Mein Vater und seine Eltern sowie seine Großeltern fühlten sich offensichtlich evangelisch-lutherisch. Geographisch-regional kamen die väterlichen Vorfahren vor allem aus dem sächsischen Raum Dresden und westlich bis Nossen sowie Wurzen östlich von Leipzig und aus dem niedersächsischen Hannover bis Verden an der Aller.

Mein Vater hat meine Mutter, Lehrerin Susanna Maria Rosina Stang, am 3.12.1927 standesamtlich in Dresden bzw. am 6.12.1927 kirchlich in Marktbreit am Main geheiratet.

Meine Mutter hieß **Susanna Maria Rosina Stang** und wurde am 4. März 1899 in der elterlichen Wohnung in Frankfurt am Main, Bergerstr. 281, als erstes von dann drei weiteren Geschwistern geboren. Von ihren Geschwistern habe ich ihren Bruder, Dr. med. dent. Jacob Stang mit Ehefrau Hanna, in der Zahnarztpraxis in der Eschersheimer Landstraße in Frankfurt/Main nach dem Krieg und während meiner Marburger Zeit persönlicher kennengelernt. In einem Brief vom 13.11.1934 schreiben beide: „Eure Stellungnahme gegen die Reichskirche kommt uns aus Eurer früheren Volksdiensteinstellung heraus garnicht überraschend und die Art Eurer Begründung stimmt damit voll überein … [ich gebe] Euch in vielen Fällen recht". In einem Brief schon vom 14.12.1926 aus Marktbreit an „Horst Börngen, Jena, Psychiatr. Klinik" freut sich Jacob, in meinem Vater als „zukünftigen Schwager … zwischen Dir und Rosel einerseits und meinen Eltern und Geschwistern andererseits die Brücke zu bilden." In Marktbreit habe ich mit dem Bruder, Lehrer, Onkel Christian und Tante Babette nur flüchtig Kontakt gehabt. Von Marburg aus fühlte ich mich jahrelang mit der Schwester meiner Mutter, Tante Maria und Onkel Fritz, eng verbunden. Sie hatten in Eichen an der Nidder bei Frankfurt/Main eine Tankstelle und ein Baugeschäft.

Nicht selten habe ich meine Mutter etwas „hochgenommen", sie würde ja „aus dem letzten Jahrhundert stammen"! Bezüglich ihrer Ausbildung und erster Berufstätigkeit habe ich erst Anfang 2021 konkrete Unterlagen im Nachlaß entdeckt. Es liegt ein Schulzeugnis von der Bethmann-Mittelschule zu Frankfurt a. M. für die II. Klasse im Winterhalbjahr 1912 vom 30.3.1912 vor. Leistungen in 13 Fächern wurden beurteilt, unter anderem auch Französisch, Englisch, Handarbeit und Turnen. Einem sehr guten Entlassungszeugnis vom 26.3.1914 von der Städtischen Handelslehranstalt in Frankfurt/Main, Abteilung: Einjährige Handelsschule für Mädchen, ist ein Besuch 1913-1914 zu entnehmen. Benotet wurde u.a. Französisch, kaufmännisches Rechnen, deutscher Handelsbriefwechsel, einfache und doppelte Buchhaltung, Wirtschaftsgeographie, Stenographie und Maschinenschreiben. In einem Abgangszeugnis von der Herderschule, Städtisches Lyzeum Frankfurt am Main, wird am 4.4.1917 ein Besuch vom Januar 1916 bis Ostern 1917 bestätigt. Interessant, daß ich im elterlichen Nachlaß u.a. „Kant-Aussprüche" (Herausgeber R. Richter) aus dem Inselverlag Leipzig von 1913 und O. Külpe „Immanuel Kant" von Teubner Leipzig von 1917 mit ihrem Anschaffungsdatum von meiner Mutter 1917 vorfand. Nach einem Zeugnis vom 13.12.1918 hat meine Mutter im Schuljahr 1918 in der Nürnberger Frauenarbeits- und Kochschule, Haushaltungsschule, mit sehr gutem Erfolg Einmachen, Kochen, Stricken, Bügeln und Frisieren gelernt. Aus einem Zeugnis der Lehrbefähigung für Lyzeen vom Städtischen Oberlyzeum Frankfurt a.M. vom 28.2.1923 geht hervor, daß sie die Reifeprüfung des Oberlyzeums laut Zeugnis vom 14.3.1922 bestanden und von Ostern 1922 an die Seminarklasse des städtischen Oberlyzeums zu Frankfurt a.M. besucht hat. Sie erhielt die **Lehrbefähigung für Lyzeen an höheren Mädchenschulen und Mittelschulen einschließlich Volksschulen.** Vom 4.11.1927 datiert ein

Staatsangehörigkeitsausweis im Auftrage des Preußischen Regierungspräsidenten in Wiesbaden für die **Lehrerin** Susanna, Maria, Rosina Stang. Sie besitzt die Staatsangehörigkeit in Preußen. Einem Entlaßschein vom Bezirksschulamt zu Schwarzenberg vom 25.11.1927 ist zu entnehmen, daß meine Mutter von Ostern 1923 bis Ostern 1925 in Würzburg und Frankfurt a.M. studiert hat. Ohne Zweifel war dies Anfang des 20. Jahrhundert schon etwas ungewöhnlich. Sie war vom 17.1.1927 bis zum 31.3.1927 als Lehrervertreterin in Chemnitz tätig und ist seit dem 1.5.1927 in gleicher Eigenschaft an der Volksschule in Schönheide angestellt. Am 30.11.1927 scheidet sie zwecks Verheiratung freiwillig aus dem sächsischen Schuldienst aus.

In Rothenburg ob der Tauber sprach meine Mutter einmal von einer Tätigkeit in der dortigen Apotheke. Einem Flugblatt über „Evangelische Frauentage in Halle/Saale vom 23.-25. Januar 1937" in der Halleschen Stadtmission ist als Thema: „Gottes Ruf in unserer Zeit an die evangelische Frau" zu entnehmen. Es werden u.a. aufgeführt verantwortlich „Für die evangelischen Frauentage: Pastor Hans Asmussen, Berlin … Superintendent Wolfgang Staemmler, Berlin … Frau Dr. Börngen, Halle". „Anmeldungen: Möglichst umgehend, spätestens bis 1. Januar 1937 an Ruth Karge bei Frau Dr. Börngen, Halle, Martinsberg 11".
– Familienbilder, z.B. von einer Bergwanderung am Achensee 1941, Seite 131, in einem interessant gelungenen Papieralbum wurden von meiner Mutter mit bemerkenswerten Texten versehen. Auf jeden Fall hatte sie die Befähigung, nach dem Krieg Hauswirtschaftsaspirantinnen im Haushalt auszubilden.

Ich habe meine Mutter nie ernstlich krank erlebt. Später muß mit einer Bluthochdruck-Erkrankung gerechnet werden. Relativ früh verstarb sie am 14. April 1970 in Halle/Saale in der II. Medizinischen Universitätsklinik, gegenüber vom halleschen Elternhaus. Sicher war es eine Gehirndurchblutungsstörung mit initialer starker Übelkeit, sodaß passager an eine

Gallenblasenerkrankung gedacht wurde, hatte dann über 2-3 Tage eine Bewußtlosigkeit.

Mein Großvater mütterlicherseits hieß August Wilhelm Stang und war am 2.6.1865 in Marktbreit/Main, Bezirksamt Kitzingen, geboren. Er wurde am 11.6.1865 evangelisch in Marktbreit getauft. Er war Metzger (laut Geburtsurkunde meiner Mutter) in Bornheim/Frankfurt, sonst Landwirt und galt als Erbhofbauer. Gestorben ist er am 6.7.1944 in Hohenwald im Taunus. Ich kann mich noch gut erinnern, daß der Großvater wohl 1943/1944 bettlägrig einige Zeit im sog. Jungszimmer in Halle versorgt werden konnte. Wir haben ihn noch mit dem Auto begleitet, um uns auf den Höhen westlich von Halle mit Blick auf den Süßen See zu verabschieden – in den Taunus. Er hatte am 27.2.1898 in Seckbach/Frankfurt am Main die Großmutter Catharine Emmel geheiratet. Sie war am 4.8.1870 in Seckbach bei Frankfurt geboren und am 7.8.1870 in der evangelisch-unierten Mariengemeinde in Frankfurt/Main getauft worden. Am 30.11.1938 ist sie in Marktbreit gestorben. Von diesen Großeltern liegt ein z.T. nicht einwandfrei lesbarer Brief aus Marktbreit vom 9.10.1934 vor. „Gott zum Gruß, dem Herrn Jesum Christum, zum Troste! Ihr Lieben in Halle! ... „wir in einer schweren Zeit leben, Kirche und Gottes Wort wird angetroffen von Menschen, die den braunen Gott garnicht kennen [sogar zweimal unterstrichen!]. Schon Jeremia klagt J 2-13. Unser Landesbischof Meiser bereist ganz Bayern und predigt ... Seid Gott befohlen und herzlich gegrüßt von Euren Eltern – Stang"

Mütterlicherseits hieß auf der väterlichen Linie der Urgroßvater Christian August Stang und war am 29.7.1812 im unterfränkischen Enheim/Kitzingen geboren. Er war Ökonom und starb am 27.7.1871 an „Schlagfluß" „auf freiem Feld" bei Marktbreit. Demgegenüber hieß es auch, daß er auf dem Felde vom Blitz erschlagen worden sei. Am 17.11.1863 hatte er in Gnötzheim/Mainfranken Johanna, Sabine Rosina Bullmer geheiratet. Sie war am 23.7.1837 in Gnötzheim geboren.

Mütterlicherseits hieß auf der mütterlichen Linie der Urgroßvater Jacob Emmel V. Er war geboren am 12.7.1838 in Frankfurt/Seckbach und wurde getauft evangelisch-uniert in der Marien-Gemeinde in Frankfurt/Seckbach. Er war Gärtner und Kirchenältester in Seckbach und starb dort am 26.2.1900. Er hatte am 29.6.1862 in Frankfurt/Main die Urgroßmutter Christine Schäfer geheiratet. Sie war geboren am 11.12.1827 in Seckbach und wurde evangelisch-uniert getauft. Sie starb am 5.8.1870 in Seckbach einen Tag, nachdem sie Zwillinge geboren hatte. Jakob Emmel V dürfte später dann noch Susanna, geborene Wenzel, geheiratet haben. Die Eltern von Jakob Emmel V hießen Wilhelm Emmel II in Seckbach, der Eva Diehl, und ein Philipp Schaefer, der Eva Zeul geheiratet hat.

Von den Ururgroßeltern mütterlicherseits ist von einem Johann Georg Stang zu Enheim zu erfahren, der Anna Margaretha Stang von Mainbernheim geheiratet hat, und von einem Jacob Bullemer, der Anna Margaretha Rüttinger aus Gnötzheim geheiratet hat

Somit kommen meine mütterlichen Vorfahren herkunftsmäßig aus dem Raum Südhessen, Frankfurt und nordbayrisch Würzburg, insbesondere Unterfranken. Interessanterweise finden sich auch unierte Frankfurter Kirchenzugehörigkeiten.

An Hand eines Gästebuches meiner Eltern soll aus dem Zeitraum 24. Dezember 1927 bis 1955 bzw. 17. Dezember 1990 an wesentlichen und interessanten Eintragungen nachfolgendes dokumentiert werden. Es handelt sich insbesondere um Namen und Vorgänge, die ich oft gehört habe und die mir bis heute in Erinnerung geblieben sind. Dabei wurde in der Regel nur die erste Besuchseintragung berücksichtigt:

1931: Heinrich (Kunstmann), Hamburg; Theophil Roy
1932: Willi Severin, Würzburg; … Gott befohlen! Euer Vater
Stang
26.7.1933: Herbert Börngen und Frieda Wulf
1934: Dora (Berger); **Dr. Eberhardt Müller, Sekretär des DCSV**
2.1.1935: … Seid alle Gott befohlen, Eure Mutter Stang
30./31.5.1935: Eine fröhliche Stip-Visite anläßlich des **1.**
Jahresfest-Gottesdienstes und Kirchentages der Bekennenden
Kirche zu Halle/S. und Umgebung. Mit Dank scheidet von Euch
Theophil Roy
1935: **Ruth Karge, Mitteldeutsche Gausekretärin des MBK**
7/1936: … scheidet von dem lieben Hause am Martinsberg Tante
Christl Knorr aus Würzburg
1936: Bei einem Besuch der hallenser DCSV … Dr. Eberhard
Müller
1937: Werner Hauffe
26.5.32 (!?), wohl 1937: In schönen, reichen Tagen zu Gast beim
Sekretärsbesuch bei DCSV = BKStudenten … Hier war … Ruhe
für einen müden Reisenden, **Martin Fischer**, Berlin
1937: Juni und Dezember: Jürgen Pfotenhauer
10.10.1937: **August und Herta Knorr,** mit Didi und Uta
16.2.**1938: … anläßlich der Hallenser Missionskonferenz 1938,**
Magdalena und Bernhard Schiele, Mbabane
9.4.1938: … DCSV-Besuch **Horst Bannach**
26.-28.4.1938: DCSV-Besuch … Dr. Eberhard Müller
25.5.1939: … August Gremmel
23./24.1.**1940: Aus Anlaß der 62. Hallischen**
Missionskonferenz: Ursula v. Reiswitz, Missionarin der
Hotschuanmission
1942: Hermann Oertel
1943: Dora Berger; … August Gremmel
3.7.1945: Martin Fischer

23./24.1.1946: Mit herzlichem Dank und freudigen Gedenken an unseren lieben August Knorr, **Lothar Kreyssig**, Bruderhof, Hohen-Ferchesar

Januar und April 1946: **Gerhard und Ursula Brennecke**

Pfingsten 1947: 3 Kruzianer

26./27.7.1947: Zusammenlegung der Volkssolidarität [?] … Hans von Freiberg

12.10.1947: Es soll neu beginnen mit der „Altfreundeschaft der Evangelischen Studentengemeinde". Dazu kam ich aus Berlin herüber. … Martin Fischer…

19./22.6.1948: … auf der diesjährigen Halleschen Missionskonferenz … bei der ich auch zum erstenmal in meiner Heimatkirche predigen durfte und … [wo ich] zu unserer großen Freude unseren Bruder Jänicke auf der Kanzel der Marktkirche sah. Gerhard Brennecke, Berlin

19.7.1948: Hanna Bergmann

23.8.1948: **Gertrud Huyke**. Dazu folgender eingeklebter Zeitungsartikel:

„Mutige Rettungstat einer Diakonissin

Mit Entschlossenheit sprang in Bruckdorf die Diakonissin G.H. einem in den Schacht gerutschten zweijährigen Kinde nach und rettete es vor dem Ertrinken. Wegen der Abschüssigkeit des Randes konnte sie selbst erst durch herbeieilende Russen mittels einer Leiter aus bedrohlicher Lage geborgen werden. Schon früher hatte sie zwei Kindern das Leben retten können."

18.-21.6.1949: **G. Weth, Miss.-Insp. Wuppertal-Barmen**

4.-11.7.1949: … Nun geht's leider weiter fort, kann nicht bleiben hier am Ort. Neue Arbeit wartet meiner; Soll dort vielen Mutter sein, Leiterin von großem Haus, kenn mich dort nicht ein noch aus. Eins aber macht mir Mut: Gott ist bei mir, das ist gut. … An den Händen halt uns Gott. Trudel [Huyke, auf dem Weg nach Schleusingen/Thüringer Wald]

6.9.1949: Max Rublack, Niesky

19.9.1949: Emil Wagenzink ... Apotheker in Sülzhayn/Südharz
20./21.2.**1950: Gerhard Brennecke**. Dazu folgender eingeklebter
Zeitungsartikel von meinem Vater: Missionsdirektor Pfr.
Brennecke ... „schickt sich Missionsdirektor Pfr. Gerhard
Brennecke, Berlin, an, im März zu einem einjährigen Besuch der
südafrikanischen Missionsfelder unserer Berliner Mission
auszureisen. Als gebürtiger Hallenser ist es ihm ein Anliegen, sich
von der hallischen Missionsgemeinde persönlich zu verabschieden.
Am Montag, dem 20. Februar, 20 Uhr, wird er dann im Rahmen
eines **Gottesdienstes über das Thema: ‚Vor den Toren
Südafrikas‘ in der Marktkirche sprechen. Seine Reise hat den
Zweck, die deutschen Missionarsfamilien mit ihren schwarzen
Christengemeinden aufzusuchen. Zudem harren schwierige
Rassenprobleme einer christlichen Lösung. Dr. B.“**
1950: Herbert Bergmann; ... Hildegard Bollmus; ... Werner
Hauffe
13./14.11.1950: Aus Anlaß zweier Vorträge vor der
Studentengemeinde, Martin Fischer, Berlin
1951: Aus einem eingeklebten Zeitungsartikel:
„Spannungsreiches Südafrika ... bezeugte Pfr. Brennecke die
**Verbundenheit unserer heimischen Christengemeinden mit
der jungen Missionskirche** draußen. Er schloß mit dem Hinweis,
daß die Parolen unserer Kirchentage von Essen und Berlin auch
auf dem Missionsfeld verpflichtend mahnen: Rettet den
Menschen! – wir sind doch Brüder! Dr. B.“
1.-15.8.1951: Wir sind so fröhlich beisammen gewesen – vor, in
und nach Drübeck; wie war das schön! ... Eure Trudel
29.-30.3.1952: Nach einem ganz milden Winter ist mitten hinein in
das erste Aufblühen von Kätzchen ... ein kalter und schneereicher
... Sonntag gekommen. Er vereinte uns zu unseres Ulrichs
Konfirmation von Pfarrer Schellbach in der Marktkirche zu froher
Feier zusammen mit lieben Verwandten aus Dresden und Plauen,
mit der Patentante Almfriede aus Ballenstedt sowie unserer lieben

Elisabeth Dorn aus dem Hessenland jenseits der Zonengrenze, mit Tante Lotte aus Plauen, Tante Friedel und Gabriele

19.-22.10.1952: Hanna und Annegret Bergmann aus Markneukirchen

13./14.7.1954: Als Nachklang zu dem Gnadengeschenk des Leipziger Kirchentages noch ein Tag in diesem „Missionshaus".
... **Elisabeth Herzfeld, Dr. med., Ev. Mission für Oberägypten**

29.7.1954: ... wir Dresdner in Halle ... Gabriele, Barbara, Volkmar Börngen

8.10.1954: **Fritjof Glöckner, Diakonissenmutterhaus Aue/Sachsen**

Wohl November 1954: ... „der Gast aus Göttingen ... Die Semestereröffnungsfreizeit der Studentengemeinde über Bonhoeffer gab zwar manch harte Nuß zu knacken – war aber schön. **Walter Hartmann"**

14.-16.2. 1955: ... Hallesche Missionskonferenz ... Dr. Martin Müller aus Dessau

Februar 1955: ... als ich die Studentengemeinde in Halle besuchte ... Willy Dammerboer, stud. theol. aus Essen

29.10.-2.11.1955: Inge Dammerboer und Helena Dammerboer

Juni 1966: „Danksagung Beim **Heimgang unseres Michael, des Kinderarztes Dr. med. Börngen, [17. Juni 1966]**, und besonders bei dessen Beisetzung am 22. Juni auf dem Laurentiusfriedhof ist uns so vielseitige Anteilnahme bekundet worden, daß wir auf diesem Wege unseren herzlichen Dank bekunden. Neben dem tröstenden Wort der Kirche war es die Teilnahme der Oberin mit ihren Schwestern vom Barbara-Krankenhaus, die Beteiligung von ärztlichen Kollegen aus Gransee und Halle, die Vertretungen von staatlichen und städtischen Behörden aus dem Sektor Gesundheitswesen sowie hallischer Freunde des Schwimmsports, die hervorgehoben werden sollen. Zahlreiche uns nahestehende Freunde, Bekannte und Nachbarn haben durch Zuspruch, durch herrliche Blumen und Kranzgebinde dem Entschlafenen ihre Achtung und Zuneigung bekundet. Die Familien Dr. med. Börngen und Hopfe"

Zum 70. Geburtstag vom Vater   11. März 1970

… mittags suchte uns Pastor Hans Kiehne, nachmittags Vertreter des Männerkreises, Pfarrer Zeim mit Bruder Winkler, auf. Nachdem Pfarrer Hasse die Zeitungsnotiz gelesen hatte, ließ er es sich nicht nehmen, ebenfalls persönlich zu gratulieren. Altbischof D. Jänicke sandte ein Telegramm, ebenfalls Ministerpräsident Gerald Götting, Berlin. Jedenfalls waren wir überrascht und erfreut, wie auch der Bezirksvorstand und der Kreisvorstand der CDU sich meldeten und in beredter Weise ihre Segenswünsche zum Ausdruck brachten – Frau Fischer mit einem Primeltöpfchen. Wohl alle Verwandten meldeten sich: Friedel mit Bärbel und Alex in Dresden, Paula mit Familie aus Großhartmannsdorf, Rose Benckert aus Rostock, Iris und Ulrich mit Familie …

11.3.1970: Zeitungsnotiz im „Neuen Weg", Halle: „Im Dienst am Nächsten   Zum 70. Geburtstag von Unionsfreund SR. Dr. Horst Börngen
Heute begeht Unionsfreund Sanitätsrat Dr. Horst Börngen seinen 70. Geburtstag. In den zurückliegenden Jahren hat er sein ganzes medizinisches Wissen und Können der Gesunderhaltung des Menschen gewidmet. Der Dienst am Nächsten war und ist sein Lebensinhalt. Trotz der umfangreichen und verantwortungsvollen Tätigkeit als Frauenarzt nahm Unionsfreund Börngen auch regen Anteil am politischen Geschehen. Nach der Zerschlagung des Faschismus war er einer der ersten, die aktiv mit dem Aufbau einer antifaschistisch-demokratischen Ordnung in Deutschland begannen. Am 26. Juni 1945 setzte Dr. Börngen seine Unterschrift mit unter den Gründungsaufruf der CDU und war später dann Mitglied des Vorparlamentes im damaligen Land Sachsen-Anhalt.

Sein Studium als Arzt absolvierte Unionsfreund Börngen an den Universitäten von Jena, Tübingen und Würzburg. Danach begann er in der Vaterstadt Dresden die Laufbahn als Frauenarzt. ‚Hier wurde ich auch einmal zu einer Frühgeburt in die Maternisstraße gerufen, in die Wohnung, in der ich 1900 selbst das Licht der Welt erblickte‘, sagte er uns. … Zu seinem heutigen Jubiläum gratuliert DER NEUE WEG recht herzlich und wünscht Gesundheit und Schaffenskraft!‘‘

ROSINA BÖRNGEN GEB. STANG * 4.3.1899 † 14.4.1970
Misericordias Domini   Ich will singen von der Gnade des Herrn.
Psalm 89,2
Am zweiten Sonntag nach Ostern zu Misericordias Domini mußte Rosel bereits ohne Besinnung in die uns gegenüber liegende Universitätsklinik eingeliefert werden. Es war dort immer einer von uns bei ihr, bis am übernächsten Abend um 21 Uhr 30 Atemstillstand eintrat. Ein erfülltes und segensreiches Frauen- und Mutterdasein ist zu seinem irdischen Ziel gelangt.
Losungen vom 14. April 1970: Gnade und Treue sollen dich nicht verlassen. Sprüche 3,3   Die Liebe höret nimmer auf. 1. Korinther 13,3
Die Beerdigung fand am Sonnabend, dem 18. April, 11 Uhr auf dem Laurentiusfriedhof in Halle neben dem Grab von Michael statt.

Ein hallischer Zeitungsartikel: „Anläßlich unserer **VERMÄHLUNG**
am 29. April 1972 in Löbejün wurden uns zahlreiche Beweise der Mitfreude und Verbundenheit bis in die Juni-Wochen hinein entgegengebracht. Wir möchten auf diesem Wege unsere Dankbarkeit zum Ausdruck geben.
Frauenarzt SR Dr. Horst Börngen und Frau Margarete, geb. Schmidt‘‘

8 8 8   Am längsten unter unserem Dach in der Lenin Allee 8 8 8
Treue um Treue   Während unseres Urlaubs wurde unsere
Hausmannsfrau **Helene Fischer** **4.7.1901 - 23.8.1976** nach
39jähriger Tätigkeit heimgerufen.

„Von guten Mächten wunderbar geborgen erwarten wir getrost,
was kommen mag. Gott ist mit uns am Abend und am Morgen
und ganz gewiß an jedem Tag.
Mit diesem Bonhoeffer-Wort grüßen wir Euch beide, Margarete
und Vati, zusammen mit Ii zum **Jahresschluß 1979**. Habt ganz
herzlichen Dank für liebe Stunden und Tage mit Euch zusammen.
Am Freitag (28.12.1979) war ich vom Nordschwarzwald 14.30
Uhr abgefahren, um Ursula in Ludwigsburg abzuholen. Von dort
ging es gegen 17.30 über (ganz neu) Nürnberg und Hof 465 km in
meine alte Heimat. Ursula hat sich gefreut über den Petersberg,
Marktkirche, Lutherstadt Eisleben, Halle-Neustadt und alle
liebevolle Aufnahme in Halle. Heute geht's nach Tautenburg.
28./31.12.1979   Euer Ulrich mit Ursula"

„Erfülltes Leben – nichts hat gefehlt" – dieses Wort über „Reich
Gottes schon in dieser Welt" heute im Missionsgottesdienst in
unserer lieben alten Marktkirche steht ohne Zweifel trotz aller
Diesseitigkeit auch über den
    80 Jahren unseres lieben Vati, Opa, Onkel und Bruder in Halle.
Bleibt uns nur tiefer Dank für alle frohe gemeinsame Zeit, die auch
uns mit Dir geschenkt wurde. Deine (vorgezogenen)
Geburtstagsgäste von **1980 (8./9. März)** Ulrich mit Ursula und
Bärbel, Dorle, Traudel, Lotte, Andrea, Thomas und Steffi –
Barbara, Freimut, Cornelia und Tobias.

Um die vierte Stunde des Ostermorgens bei unaufhaltsamem
Kräfteverfall ist **Lotte Stier**, geb. Börngen, Museumsführerin im

Vogtlandmuseum, Plauen * 23.2.1901 in Dresden † **19.4.1981 in Halle** erlöst heimgegangen. Alexander und SR. Dr. Horst Börngen mit Frau Margarete – als Brüder – im Namen aller Hinterbliebenen. Plauen, Dresden, Halle (Saale)

„Fahrt am 28. April [1981] nach Dresden
Nach einem regenreichen, stürmischen Montag (27.) sind wir beide am 28.4. über die Autobahn nach Dresden gefahren zur Beisetzungsfeier im engen Familienkreis. Die Sonne war uns hold. Wir freuten uns an der schönen und abwechslungsreichen sächsischen Hügellandschaft. Die trockene Autobahn war wenig belebt. Kurz vor uns muß auf den Höhen vor dem Elbtal ein tüchtiger Schneefall niedergegangen sein. Überrascht waren wir, plötzlich Schneespuren am Straßenrand zu erkennen. Gegen das Erzgebirge waren weiße Flecken und Hänge auszumachen. Furchen von Kartoffelfeldern waren malerisch wie ausgekleidet. Auf der Rückfahrt am Nachmittag war dieser winterliche Zauber im April verschwunden.
Vor dem Elternhaus in Löbtau begegneten wir schon Bärbel, die tagszuvor per Flugzeug von der bulgarischen Schwarzmeerküste zurückgekehrt war nach Beendigung ihrer Kur. Auch der Neffe Wolfram, Vater der Zwillinge Alexander und Sebastian, aus Zittau und Volkmar vom Cafe FRIEDEN begrüßten uns. Alexander bekam 10 herrlich rote Tulpen von uns mitgebracht in Erinnerung an unsere 10köpfige Familie, incl. Eltern (+ 1937). Mein lange nicht gesehener Bruder Alex machte einen ansprechenden Eindruck mit seiner schwarzen Baskenmütze und seinem mit Pelz besetzten Mantel auf uns. Er ist am Überlegen, ob er sich auch sein linkes Auge operieren lassen soll wegen Star.
Der Sarg unserer Schwester Lotte sollte nicht noch ein Mal geöffnet werden 9 Tage nach dem Tode. Wir beiden Hallenser waren zugegen, wie sie mit gefalteten Händen ein paar Tulpen haltend in ihr letztes Kämmerlein in unserem Schlafzimmer gelegt

worden war. Pfarrer Beyer von unserer Friedenskirche sprach Worte im Sinne von 1. Joh 3, Vers 14a: Wir wissen, daß wir vom Tode ins Leben gekommen sind, ins ewige Leben, noch unvorstellbar für uns. Auf dem Annenfriedhof wird ein breit angelegtes Grab angelegt, wo Lotte neben den Eltern und der Schwägerin Ilse ihre Ruhestätte findet. – Nach der Feier fuhren wir mit 4 Wagen durch die Stadt zum Klubhaus der Intelligenz, dem 2. Albrechtsschloß, wo Volkmar seit langem Mitglied ist, zum Mittagessen. Am Abend hatten wir nach der Heimkehr in Halle 304 km mit dem DACIA zurückgelegt.   H.B."

Die beiden letzten Eintragungen im Gästebuch:

Es kommt ein Tag nach allen Tagen dieser alten Erde
Tag des Herrn genannt, an dem Gott Schluß macht.
Dann wird unsagbare Freude sein.
Jetzt schon träumen wir von diesem Land
mit wachen Sinnen in guter Hoffnung üben wir Zukunft ein
widerstehen der Bosheit und verkündigen sein Heil.
(nach Johannes Hansen [1978])

Anfang Advent 1990 konnte ich wieder kurze Zeit bei Euch, Margarete und Vati, sein. Bleibt IHM auch weiterhin befohlen, Euer Ulrich aus Stuttgart.

Gott sprach das Amen am **17.12.1990**.
Vati schloß die Augen für immer gegen 15.00 Uhr in seinem Bett im Schlafzimmer in Gegenwart von Margarete und Barbara. Die Beerdigung auf dem Laurentiusfriedhof neben Mutti fand am 20.12. statt. (Iris)

2. Unbeschwerte Jugend in Halle an der Saale

Ich bin (selbstverständlich) als Hausgeburt „Am Martinsberg 11",
zwischen ehemaliger Hauptpost und Leipziger Turm, in
unmittelbarer Nähe des traditionsreichen Friedhofs
„Stadtgottesacker" am 6. August 1937 in Halle/Saale geboren
worden. Ich hatte noch drei ältere Geschwister, war also das
„Nesthäkchen". Meine Schwester Iris war Jahrgang 1928, mein
Bruder Freimut Jahrgang 1930 und mein Bruder Michael Jahrgang
1932. Ab 1. Oktober 1937 (Kauf „offiziell") dürften meine Eltern
in die Hindenburgstraße 32, später auch umbenannt in
Magdeburger Straße und Leninallee, Haus-Baujahr um 1888,
gegenüber von der Universitäts-Augenklinik, umgezogen sein.
Dort habe ich meine Kindheit und Jugend bis 1955 verbracht.
Am 5. Dezember 1937 erfolgte in der Wohnung meiner Eltern in
der Hindenburgstraße durch Pfr. Hans Kiehne vom Evangelischen
Diakonissenhaus zu Halle meine Taufe. Es ist davon auszugehen,
daß meine Eltern den Taufspruch ausgewählt haben: Joh 1,14 und
16: Und das Wort ward Fleisch und wohnte unter uns, und wir
sahen seine Herrlichkeit, eine Herrlichkeit als des eingeborenen
Sohnes vom Vater, voller Gnade und Wahrheit. Und von seiner
Fülle haben wir alle genommen Gnade um Gnade. Eine einfache,
aber wunderschöne blaue Kobaltglasschale, in der ich getauft
wurde, existiert heute noch. Taufpaten waren Prof. Dr. theol.
Martin Fischer, Berlin, Frl. Almfriede Saalwächter, Halle/Saale,
und Dr. med. Jürgen Pfotenhauer, Höchst, Onkel Zebra, weil er in
Afrika geboren war. Zu zwei Kindermädchen, Hermine Schantl
aus Graz und zu Elisabeth Dorn aus Weißenborn in der
nordhessischen Schwalm, hatte ich zeitlebens einen großartigen
und liebevollen Kontakt.
Trotz Kriegsende, Nachkriegszeit und DDR-Epoche kann ich
meine Jugend als durchaus unbeschwert und ohne wesentliche
Probleme bezeichnen.

Zu **meinen ersten Kindheitseindrücken** gehören, daß ich im großen Elternschlafzimmer in einem Erker mit zwei Fenstern mein Bett besaß. Später wurde dieser Bereich durch eine 2-teilige Spanische Wand von Tante Trudel, der Diakonisse Gertrud Huyke, der ganz großen Freundin unserer Familie und besonders von uns Kindern, abgetrennt. In mancherlei eiskalten winterlichen Nächten auch im Schlafzimmer war es selbstverständlich, daß ich als „Öfchen" Heizkissenfunktionen im Bett meiner Mutter übernahm. Noch heute höre ich das nächtliche Telefon, vielleicht jede zweite Nacht, wo mein Vater als Gynäkologe zu einer Geburt oder zu einer Patientin gerufen wurde.

1949/50, als meine Schwester Iris „nach dem Westen gehen mußte", bekam ich ihr Zimmer gleich neben dem Schlafzimmer meiner Eltern. Beide Zimmer waren durch eine kleine Tür verbunden, sodaß eine vielleicht notwendige Überprüfung erfolgen konnte, wann z.B. der jüngste Sproß abends nach Hause kam. Jedenfalls konnte ich oft diese Türe so zu machen, daß es meine Eltern garnicht mitbekommen haben.

Mein „Reich" in diesem Zimmer jedenfalls habe ich noch in bester Erinnerung: Ein normales Waschbecken mit Spiegel, ein kleiner Kleiderschrank und eine große Kommode, ein kleiner Bücherschrank, natürlich mein Bett und ein Nachtschrank und ein großer Schreibtisch mit vielen Schubladen und großer halbrunder Klappe. Schon sicher sehr bald, vielleicht um 1951, hatte ich vor dem Fenster ein mit Metallrahmen eingefaßtes Warmwasser-Fischaquarium, um die 40 Liter, und darunter 1-2 kleinere Glasaquarien, z.B. für Jungfische. Meine große Spezialität war, in vielfältigen Versuchen ein System zu entwickeln, wie ich Zebrabärblinge heranziehen konnte. Am besten erwies sich folgende Methode: Ich schnitt 4 mm dicke Glasröhrchen genau auf die Innenlänge des Glasaquariums, umgab sie vorn und hinten mit einem 1 cm langen quer aufgeschnittenen Gummischlauchring von ca. 2 mm Gummidicke und setzte alles in den Aquariumboden.

Mit freilich erheblicher Schwierigkeit mußte ich dann ein geeignetes Zebrapaar herausfangen und in dieses Laichaquarium setzen. Da konnten dann die befruchteten Zebrafischeier durch die 2 mm großen Lücken auf den Boden durchfallen und die Elternfische konnten sie nicht mehr auffressen. Nachdem ich dann die Elternfische herausgefangen hatte, konnte ich dann in Wochen die Entwicklung der Zebrabärblinge mit einer Lupe genau verfolgen. Dabei habe ich die Wassertemperatur auf 28-30 Grad erhöht, was offensichtlich den Jungfischen gut getan hat. Mit entsprechender Geduld konnte ich so vielleicht 3-4 mal rund 50-80 Jungfische bis zu einer Länge von ca. 2 cm heranzüchten und dann dem Zoologischen Geschäft am Hallmarkt verkaufen für etwa 0,50 DM pro Fisch – insgesamt ein ungeheurer Verdienst für mich. Freilich mußte ich in diesem Zusammenhang auch mit der Erfahrung fertig werden, daß unsere gute Seele im Haus und in unserer Kindheit, Frau Fischer, unserer Helene, aus Berlin gebürtig, die uns jahrzehntelang im elterlichen Haus gewissermaßen als Hausmannsfrau treu und redlich begleitet hat, das Zuchtaquarium mehrfach einfach ausgeschüttet hat. Ihre Begründung war, da würde sie ja keine Fische sehen oder es sei doch deutlich wärmer und das sei doch gegenüber dem Hauptaquarium einfach nicht in Ordnung! Dies konnte der außerordentlich großen Bedeutung, die Helene bei uns Kindern in unserer Kinder-Jugendzeit gespielt hat, keinerlei Abbruch tun.

Mein Zimmer befand sich im 1. Stock unseres Hauses neben einem großen und herrlich blumen-gekachelten Bad, gegenüber die Praxisräume meines Vaters, Wartezimmer und zweigeteiltes Untersuchungszimmer. Daneben lag das „Jungszimmer" ursprünglich für meine beiden Brüder Freimut und Michael, später, im Rahmen der Verkleinerung der elterlichen Wohnung, dann das Wohnzimmer unserer Eltern. Von meinem Zimmerfenster konnte ich nach hinten auf unseren Hof herunterschauen, etwa 4x10 m, und auf den Garten, etwa 20x12 m.

In ihm standen fünf haushohe Bäume, zwei Eschen und eine Linde, ein Birnbaum und ein anderer mir unbekannter Baum. Die Bäume vermochten zumindest im Sommer die rund herum anschließenden mehrstöckigen Mietshäuser mit ihren kleinen Höfen weitgehend abdecken. Rechts befand sich eine riesengroße Backsteinmauer mit linksseitig Fenstern von 3-4 Stockwerken Unterrichts-Fachräumen eines Gymnasiums, das ja dann auch für mich eine Bedeutung bekommen sollte. Unser Garten und Hof war an drei Seiten von einer hohen Mauer wechselnder Breite, ca. 30-50 cm breit, eingefaßt. Am elterlichen Haus selbst befand sich in fast gleicher Höhe wie die Mauer, rund 2 m hoch, ein Steinsims von ca. 4-5 cm Breite. Hof und Garten waren von einem brusthohen schmalen Mäuerchen getrennt.

Im Erdgeschoß befanden sich, von einem zentralen großen Flur abgehend, Kinderzimmer, Herrenzimmer, sehr großes Ess- und Wohnzimmer, eine gekachelte Küche und eine große und kleine Speisekammer, alles auf rund 150 qm Grundfläche. Offen zum Flur war vor Küche und Speisekammer baumäßig ein dreieckiger Raum vorhanden, Seitenlänge etwa 1.50-2 m. Darüber befand sich offensichtlich ein Hohlraum ohne Fenster. Einmal habe ich mitbekommen, daß sich die Eltern ernsthaft Gedanken gemacht haben, hier einen Menschen verstecken zu können. In der darunterliegenden niedrigen Kelleretage befanden sich drei kleine Zimmer für unser Hausmanns-Ehepaar, Helene und Max Fischer, und die Waschküche sowie Kellerräume, einschließlich Luftschutzraum. Ganz oben unter dem Flachdach befand sich ein Gästezimmer, zwei weitere kleine Zimmer, eine Schrankkammer und ein großer Boden, alles nur schrankhoch. Die vier Etagen wurden durch ein großes, z.T. holzgetäfeltes Treppenhaus mit herrlichen bunten Blumenbleifenstern und einem ideal als Rutsche benutzbarem Geländer verbunden.

In den letzten Kriegsjahren sind mir noch gut erinnerlich Fahrversuche mit einem Holländer aus Holz und später dann auch mit dem Fahrrad im Garten. Offensichtlich kam ein großes, vielleicht 3.50 m hohes hölzernes Kletter-Reckgerüst, seitlich jeweils mit einer Kletterstange und einem dicken Seil, auf dessen Knoten am unteren Ende vorzüglich geschaukelt werden konnte, meinem Bewegungsdrang außerordentlich zu statten. Sehr bald folgten dann sicher intensive und zunehmend ausgedehnte Kletterbemühungen auf den Birnbaum und die Ummauerung von Hof und Garten. Die verschiedenen Maueranteile und auch der eigentliche schmale Haussims bereiteten rasch, auch weil am Haus meist gute Handgriffe vorlagen, beim Beklettern und Rumbalancieren keine Probleme. An zwei Stellen bedurfte es über jeweils einige Meter ganz besonderer klettertechnischer Tricks, um die schmalen und schrägen Passagen zu überwinden.

Als **Jugendstreiche** in diesen Drang- und Erkundungsphasen, später dann auch in meiner kalorienaufwendigen Schwimmsportzeit, spielten vielfache Besuche der breitvergitterten Speisekammerfenster im Erdgeschoß über den ca. 2m hohen Haussims eine große Rolle. Dieser Haussims bestand aus einer Backsteinreihe, die ca. 3 cm über die Hauswand hinausragte, sodaß man auf ihr mit etwas Geschick und Benutzung mindestens eines notwendigen Handgriffes stehen konnte. In der Regel mußte die Speisekammer vor den drei Buben des Hauses, vor denen sonst Eßbares nicht sicher gewesen wäre, verschlossen gehalten werden! Auf jeden Fall konnte man sich, auf dem schmalen Haussims recht exponiert stehend, oft bestens bedienen an Eß- und Trinkbarkeiten oder sogar Leckereien bei meist offenem Speisezimmerfenster. Wenn die Fenster mal nicht offen waren, war es ein leichtes, im Rahmen einer plötzlichen Anwandlung von Hilfsbereitschaft, in der Speisekammer etwas „vernünftiges" machen zu wollen, extra für diese externen Besuche die Fenster geringfügig aufzumachen.

Bei einem garstigen Übermut, ich kann mir nicht vorstellen, daß wir drei Buben am Verdursten waren, startete einmal eine ganz große Schau: Nachdem ich mich schon öfters erfolgreich an den beiden, in der Regel 2-Liter-Milchtöpfen am Speisekammerfenster laben konnte, war meine Mutter auf die Idee gekommen, dieselben auf ein Regal in scheinbar unerreichbarer Entfernung von vielleicht 2 m zu stellen. Was war nun zu tun? In meinem Labor im Bad neben meinem Zimmer konnte ich ein dünnes langes Glasrohr von ca. 2 m Länge vorne und hinten rechtwinklig jeweils 25 cm umbiegen. Dieses Glasrohr erhielt einen genau draufpassenden, etwa 2 m langen Schlauch, dessen Ende meinen Brüdern überlassen wurde. Nachdem ich meinen Spezialplatz an der Hauswand am großen Speisekammerfenster erklettert hatte, konnte ich das mir vorsichtig vom Hof zugereichte lange Glasrohr mit seiner Abwinklung günstig im weit entfernten Milchtopf plazieren. Natürlich mußte ich zuerst einmal mir selbst einen dreiviertel Milchtopf zu Gemüte führen. Dann wurde an das Glasrohr der Schlauch befestigt und der Reihe nach konnten dann meine beiden älteren Brüder im Hof ihren Teil Milch aus den Töpfen saugen. Sie dürften dann jedenfalls praktisch leer getrunken sein. Diese praktisch unserer Mutter völlig unvorstellbare okkulte Milchverminderung war dann wohl noch einige Zeit Thema des Gesprächs, ohne daß wir mit den wahren Abläufen herausgerückt sein dürften.

Meine Mutter hat stets im November mit dem vorweihnachtlichen Plätzchenbacken angefangen, um rechtzeitig zu Beginn der Adventszeit damit fertig zu sein. Selbstverständlich habe ich mich überaus aktiv daran beteiligt, z.B. bei Bedienung des Fleischwolfs mit den verschiedenen Form-Vorsätzen. Ich kann mich nicht entsinnen, daß ich heimlich von dem stets herrlich mundenden Plätzchenteig in meinen Mund wandern lassen mußte. Und es waren sicher keine Zahnfüllungen. Jedenfalls wurden riesige Mengen Plätzchen gebacken, also mindestens ein großer Wecktopf voll. Traditionell fand dieser Wecktopf seinen Platz in der großen Speisekammer auf dem höchsten weißen Schrank, den es gab, damit ja keine frechen Hände sich bedienen konnten. Diese Vorstellungen waren kein Hinderungsgrund für den Jüngsten aus der Familie, doch an die Leckereien zu kommen. Neben dem Schrank stand zusammengelegt die große Stand-Hausleiter, über die mittels leichter Kletterkünste in Blitzeseile emporgeangelt werden konnte, um dann mit sicherem Griff sich aus dem Wecktopf zu bedienen. Auf jeden Fall kam es wohl nicht nur einmal vor, daß zum ersten Advent dieser Wecktopf völlig leer gefuttert worden war. Da mußten eben nochmals ordentlich Plätzchen gebacken werden, mit allen Vorteilen für mich. Wenn hier der Gedanke an Plätzchen aufkommt, sehe ich mich leibhaftig im hallischen Reichhardtsgarten bei der Saale im Westen stehen vor einem großen Quittenbaum. Meine Mutter hatte diesen permanent unberührten Baum wohl jahrelang beobachtet und wir beide waren an einem Herbsttag abends in der Dämmerung dahin gepilgert. Im Park war kein Mensch. Das war beabsichtigt. Sie schob trotzdem „Wache" auf dem Weg, während ich mit zwei Taschen reichlich Quitten ernten konnte. Das wurde dann köstliches Quittenbrot oder auch Quittenmarmelade.

Im Nachkriegsdeutschland herrschte mancherlei Mangelsituation. Wenn es etwas zu kaufen gab, mußte erfahrungsgemäß sofort und kräftig zugegriffen werden. So kam es vor, daß mein Bruder einmal mit zehn Gläsern leckeren, süßzuckrigen „Milchmädchen" aus der Stadt kam. Sie wurden in der Speisekammer an exponierter Stelle auf ein Regal gelagert, damit sie möglichst lange Zeit die Familie versorgen konnten. Es war mir ein leichtes, sie auf dem Brett schön nebeneinander in einer langen Reihe zu postieren. In günstigen Augenblicken war dann rasch von jedem Glas der Deckel abgeschraubt, um mit einem nicht zu kleinen Löffel aus jedem Glas eine Portion zu verkostigen, also großartige zehn Löffel. Nach 4-5 solcher Touren war erfreulich nichts zu bemerken. Die Zeit dauerte nicht lange, daß dann doch jedes

Glas mit seinem Inhalt auf weniger als die Hälfte zusammengeschmolzen war und der Schaden vom Rest der Familie mit nicht geringer Aufregung plötzlich festgestellt werden mußte. An Folgen kann ich mich nicht erinnern.

Eine ähnliche Geschichte war die mit je einer Kiste von Mineralwasser und Sprudel aus dem bekannten Radiumbad Brambach. Ich selbst hatte sie einmal am Marktplatz in einer Drogerie ergattern können, die eben ausnahmsweise einfach einmal beliefert wurde, was dann später praktisch nicht mehr vorkam. Voller Stolz hatte ich diesen Erfolg verkündet. Nach Wochen kam mein Vater am Sonntag darauf zurück und meinte, ich sollte doch mal eine Flasche von dem wohlschmeckenden Brambacher aus dem heimatlichen Vogtland zum Mittagessen kredenzen. Nachdem ich diese Flasche aus dem Keller geholt hatte, mußte ich bekennen, daß es die letzte gewesen sei. Ich hatte damals stets einen Riesendurst. Dies dürfte mit dem Schwimmsport zusammen gehangen haben, war also sicher nicht z.B. diabetischer Natur.

An einem gewöhnlichen Wochentag ereignete sich einmal eine riesige Aufregung im Haus und in der Nachbarschaft. Es war unser „Moospolster-Bombardement" der Straße vom scheinbar sicheren Flachdach des Nebenhauses aus. Von unserem Flachdach konnten wir leicht auf das Flachdach des Nebenhauses gelangen. Zusammen mit einem Bruder Michael entdeckten wir dort in einem oft feuchten Schattenbereich riesige Moospolster. Im Nu hatte jeder von uns beiden 20-30 handflächengroße und 2-3 cm dicke Moospolster mit den Händen herausgerissen und einen richtigen Munitionshaufen nahe am unbewehrten Dachrand zur Straße postiert. Wir waren nicht abzuhalten, zumal wir an der großen städtischen Durchgangsstraße lagen und hatten wohl auch garnicht daran gedacht, daß zu dieser Zeit im Nachbarhaus sogar ein Polizeirevier stationiert war. Auf ein spontanes Kommando wurden im Schutze des flachen Dachrandes die 50-60 Moospolster, schön segelnd, auf den breiten Fußgängerbereich der Straße befördert. Nach getaner Arbeit blickten wir uns mit erhabenem Gefühl an und dann in Richtung gegenüberliegendes Haus. Merkwürdig, daß dort in der Universitätsaugenklinik in mehreren Etagen alle Fenster voller Menschen standen, die – nach unserer Meinung doch irgendwie sehbehindert – und trotzdem zu uns rüberschauen konnten – merkwürdig. Da meinten wir, daß wir uns doch gleich über die Dachluke unseres Elternhauses zurückziehen sollten, denn Unheil drohte. Schon auf dem Dachboden stand plötzlich ein Polizist vor uns. Mit eingezogenen Köpfen mußten wir dann penibel den Fußgängergehweg vor dem Haus und vor dem Polizeirevier von unseren schönen Moospolstern befreien.Am nahen Steintor-Platz, nur 200 m leicht bergabwärts, war viele Jahre nach dem Kriegsende ein kleines Geschäft mit stets herabgelassenen Rollläden. Vielleicht zwischen 1948-1952 war offensichtlich der Besitzer aus Kriegsgefangenschaft heimgekehrt und verkaufte die Vorkriegs-Kriegsbestände seines Ladens. Dabei konnte ich mir eine kleine Kiste mit Knall-Nieten erstehen. Vor unserem Haus war der Vorgarten durch ein Mäuerchen von der Straße bzw. dem Gehweg getrennt. Die Backsteine waren wunderbar quer hochkant gelegen, sodaß ca. 20-30 Nieten in Zweierreihe aufgestellt werden konnten. An einem Spätabend war die ganze Straße erfreulich leer und kein Mensch zu sehen. Rasch habe ich die Nieten aufgestellt und dann mit einem günstig großen Hammer jede Niete fortlaufend, wie ein Maschinengewehrfeuer, zur Explosion gebracht, einmal hoch und einmal runter. Im Nu war ich in unserem Hausflur verschwunden und verkniff mir sogar neugieriges Erspähen der Wirkung auf unseren Straßenabschnitt.

1943 bin ich in die **Friesenschule** in Halle/Saale

eingeschult worden. Sie lag günstig nah beim Elternhaus. Nur um zwei Ecken mußte ich im Viertel herumlaufen, rund 400 m. Offensichtlich wurde die Schulzeit im Mai 1944 abrupt für acht Monate unterbrochen. Alle Schüler der Friesenschule wurden wegen drohender Luftangriffe aufs Land evakuiert. Durch Initiative meiner Eltern mußte ich nicht in ein mir unbekanntes Landschulheim. Vielmehr war ich von Freunden der Eltern eingeladen worden, Familie Werner H., nach Ebersdorf an der Saaletalsperre im Bereich der Schleitzer Seenplatte in Ostthüringen. Dies war menschlich und pädagogisch verschiedentlich alles andere als erträglich. Z.B. wurde ich mit drei dortigen Kindern in einen fensterlosen kleinen Schlafraum verfrachtet, in dem schon am Abend ein Urintopf bis zum Rand gefüllt war! Und nachts war es nicht üblich, diese Schlafkammer zu verlassen. Von dort liegen mir fünf Postkarten vor, die ich als halber Erstklässler nach Hause geschrieben habe aus der Zeit zwischen 30.5. bis 1.7.1944. Auf der ersten Karte kann ich lesen: libe Mutti, es ist die karte der Muttie. Es war an den zwei ten feijertage gutes weter ich habe ich schon geschriben an den schon tag es war schon wieder alarm an den selben tag Mutti. Und am 1.7.44 heißt es: lieber Fatti, Meine Plezchen sind schon alle. Ich habe eine anere Tafel. Ich schreibe schon in ein Heft. liebe Mutti file Grüse fon allen. Ich war noch nicht im Bat. Ich bin kestern barfus gelaufen liebe Mutti. Jedenfalls war ich froh, daß ich um den 22. Dezember allein mit der Bahn nach Halle für dauerhaft ins Elternhaus zurückkehren konnte. Dabei konnte ich einen schönen großen thüringischen Weihnachtsbaum mitbringen. Ich sehe mich noch, wie ich mich an der elterlichen Haus-Glastür im Dunkeln abends hinter der Tanne geradezu verstecken konnte, sodaß ich fast nicht gesehen und deshalb beinahe nicht reingelassen wurde. Bekannterweise fanden dann die schweren Luftangriffe auf Halle überhaupt erst in den ersten Monaten des Jahres 1945 statt, sodaß ich sie alle unmittelbar mitbekam.

Acht Jahre betrug die Grundschulzeit. Ab dem 5. Schuljahr, 1947, mühte ich mich mit Russisch als erste Fremdsprache ab. Dies lag mir garnicht. Dabei hatte ich eigentlich durchweg eine gute Note. 1948 mußte mir eine neue Klassenlehrerin ins Zeugnis schreiben: „Ulrich schwatzt zu viel" – dies war wohl eine Verwechslung. 1951 wurde im Schulabschlußzeugnis besonders hervorgehoben „U. hat eine fleißige, umfang- und inhaltreiche Jahresarbeit dem Archiv der Schule gewidmet." Es handelte sich wohl um einen größeren Beitrag über Friedrich List, was mir Jahre später in Giessen enorm zu statten kam. Bedauerlich ist mir von der Schule 2020 mitgeteilt worden, daß das „Archiv" vor Jahren wegen Platznot aufgelöst wurde. An eine mäßige Beteiligung im Schulchor und auch mit der Flöte im Orchester kann ich mich schwach erinnern. Im Sportunterricht wurde praktisch stets nur Völkerball gespielt. Dafür ertüchtigten wir Schulkameraden uns vor der Schule jahrelang und intensiv ausschließlich mit „passivem Schulterrempeln", auf einem gemauerten Luftschutzbuncker-Ausstieg, ca. 3x4 m groß und 1m hoch, zu erobern oder auch gegenüber Angreifern zu behaupten. Beliebt war auch „Schangeln" mit einigen Münzen, die Richtung einer Hauswand geworfen werden mußten, um fremde Münzen zu vereinnahmen. Anspruchsvoller war, von einer Bürgersteigkante mit einem kleinen Ball die Innenseite der Bürgersteigkante auf der gegenüber liegenden Seite so zu treffen, daß der Ball wieder zurücksprang. Aber gelesen habe ich auch. Erinnerlich sind mir noch mich begeisternde Johanna Spyri „Heidi" und natürlich, als halber Sachse, Karl May. Einzelne Karl-May-Bände waren schwierig zu organisieren. Später habe ich sie sogar nochmals der Reihe nach bis etwa Band 35 durchgelesen. Das ruhigste Fleckchen im Haus war dabei der kaum einsehbare Raum auf einem Teppich hinter dem großen Schreibtisch meines Vaters im Herrnzimmer, wo man mich auch garnicht vermuten konnte. Ansonsten hat mir der „Bildersaal Deutscher Geschichte, zwei Jahrtausende deutschen Lebens in Bild und Wort", Union Deutsche Verlagsgesellschaft, 1890, einen besonders großen Eindruck gemacht und natürlich Wilhelm Busch.

Der Rektor der Friesenschule hieß Herr Blechschmidt, sicher ein hochqualifizierter und fähiger Schulleiter. Von ihm wurde am Ende meiner Grundschulzeit bekannt, daß er als liberaler, vielleicht von der kommunistischen Idee begeisterter Zeitgenosse sich selbstverständlich herausnahm und dies offensichtlich auch öffentlich mitteilte, zur allgemeinen Information einen West-Radiosender zu hören. Dies muß ihm schon Anfang der 50er Jahre zum Verhängnis geraten sein, denn er wurde in ganz mieser Art aufs Land und in den Saalkreis versetzt.

Dieser Rektor Blechschmidt hatte Anfang 1951 meinen Eltern mehrfach quasi unter der Hand persönlich – sie kannten sich offensichtlich gut – mitgeteilt, daß sie sich doch rechtzeitig um einen guten Ausbildungsplatz für ihren Sohn Ulrich kümmern sollten. Es war von Anfang 1951 an klar, daß aus meiner letzten Grundschulklasse nur drei Schüler auf die Oberschule kommen würden. Als gängige Praxis war dies feststehend ein Arbeiterkind, ein Bauernkind und ein Kind von sogenannter technischer Intelligenz. Ich war auf jeden Fall nicht darunter. Nun, das soll aus meiner schwimmsportlichen Zeit hier vorweggenommen werden, ergab sich folgende Konstellation: Im Frühjahr 1951 befand ich mich eine Woche auf einem Schwimmlehrgang in Dresden, Weißer Hirsch, am Blauen Wunder, um vorbereitet zu werden für einen deutsch-deutschen Schwimmwettkampf in Kassel. Ich sollte also die DDR vertreten und dazu mußten meine Eltern, da ich ja noch 14 Jahre alt war, ihre Erlaubnis geben. Hier hat meine Mutter nach Dresden knallhart mitgeteilt, daß sie nur damit einverstanden sei, wenn ich im Herbst auch zur Oberschule zugelassen werden würde – basta! Auf diesem Weg kam dann postwendend von Berlin von der höchsten DDR-Sportstelle die schriftliche Mitteilung, die sich über alle hallischen Schulamt-Gepflogenheiten hinwegsetzte, daß ich selbstverständlich auf die Oberschule käme. Bleibt in diesem Zusammenhang dann nur noch festzuhalten, daß ich zu Oberschulbeginn im September 1951 vom Hallischen Schulamt geradezu in bösartiger Weise auf die ca. 15 km entfernte 5. Oberschule von Halle beim Rosengarten, südlich Richtung Merseburg, ca. 1 Stunde Straßenbahnfahrt, verwiesen wurde. Da platzte sogar meinem Vater die Hutschnur und er schrieb einen entsprechend geharnischten Protestbrief an das Schulamt. Erst darauf hin konnte ich, nunmehr ganz normal und vernünftig, auf die TMS, **Thomas-Münzer[Müntzer]-Oberschule,** hinter unserem Elternhaus, also genau meiner Grundschule gegenüber, gehen. Von meinem Zimmer aus konnte ich also auf die TMS hinter unserem Garten – die große Backsteinwand und Fachräume – sehen und wenn die Klingel zur Schulstunde läutete, sollte es doch einigemale vorgekommen sein, daß ich um die beiden Ecken, die letzte war der „Ihlemaxe", ein für uns traditionelles Schul-Schreibwarengeschäft, zur Schule rennen konnte, um gerade rechtzeitig dem Lehrer die Klassentüre aufzumachen.

In die TMS ging ich dann vier Jahre, von 1951 – 1955. In dem Schulgebäude hinter unserem Haus waren es dann doch nur rund 3 1/2 Jahre, denn Monate vor dem Abitur sind wir noch umgezogen in ein Schulgebäude Richtung Kröllwitz, am Reichhardtsgarten. Die 3 ½ Jahre mußten wir uns die Schule mit der FES (Friedrich-Engels-Schule) teilen. Wenn ich mich richtig erinnere, dürften die Schulzeiten, immer abwechselnd, von 8 – 12.45 Uhr und von 13.05 – 18 Uhr gelautet haben. Es war übrigens das Schulgebäude, in das auch Hans-Dietrich Genscher zur Schule gegangen ist. Ohne Zweifel war in diesen unruhigen und schwierigen Zeiten vor allen Dingen vom Übel, daß wir einen enormen Lehrerwechsel hatten, jeweils mit Absprung nach dem Westen. Allein in meiner Abitursklasse mußten wir so drei Deutschlehrerinnen verkraften!

Deutsch-Klassenaufsatz, TMS 12 BIII, vom **15.11.1954**, im Wortlaut:

Ist eine Fußwanderung in unserer Zeit „altmodisch"?
Wenn wir an die Beantwortung dieser Frage herantreten, so ist sie, wenn wir sie oberflächlich betrachten, heute nicht mehr akut; und trotzdem behaupte ich, daß sie gerade für uns Menschen der Technik im 20. Jahrhundert von sehr großer und entscheidender Wichtigkeit ist.
Wer wandert heutzutage eigentlich noch? Wer kommt dadurch unentgeldlich in den Genuß, z.B. am frühen Morgen eines wunderschönen Herbsttages die Schönheit der Natur in sich aufnehmen zu können und sich dadurch für die Tagesarbeit zu rüsten und zu stärken? Haben wir nicht heute alle das Vorurteil, daß eine Fußwanderung anstrengend sei und auch keinen großen Wert habe? Wir haben ja auch so wenig Zeit!? Wir befassen uns oft sehr mit der Technik und mit der Wissenschaft, leider aber allzuoft nur am Labortisch oder Schreibtisch in einem dunklen Keller oder in einer kleinen Dachstube. Auch das muß sein; wir dürfen jedoch darüber keinesfalls die Natur, von der der Mensch ja doch mehr oder weniger alle Errungenschaften abgelauscht hat, vergessen. Deshalb kann eine Fußwanderung in die Natur, sei sie auch noch so kurz, in unserer Zeit nie altmodisch sein. Ja, wir müssen uns gerade in unserem Alltagsleben die Zeit nehmen, um eine Fußwanderung durchzuführen, wenn sie uns auch nur in Halle z.B. durch die Heide, den Zoo oder an der Saale entlang führt.
Wir wissen alle, daß unsere großen deutschen Dichter Goethe und Heine z.B. den Harz oft durchwandert haben und sich dadurch neue Kraft und Einfälle für ihre Arbeit verschafften. Ich möchte nur an Heines „Wintermärchen" und die „Harzreise" erinnern. Abgesehen von dem großen Nutzen, den die Natur bei einer

Fußwanderung auf den empfänglichen Geist eines Menschen ausübt, kann man auch vom medizinischen Standpunkt den Vorteil einer Morgenwanderung auf die Organe des Menschen unterstreichen. Die frische Luft und der harmonische Anblick der Blumen und Bäume, der Berge und sonnenüberstrahlen Wolken kann dann oft zu einem langandauernden Erlebnis für den Menschen werden. Hier könnte man einwenden, daß man auch in den Genuß der Natur an einem Fenster in einem Schnellzug kommt, der z.B. durch die herrliche Bergwelt der Alpen rast. Das will ich auch nicht abstreiten, doch behaupte ich, daß dieser Eindruck nur ein kleiner Bruchteil von dem ist, den man erlebt, wenn man eine Bergbesteigung in den frühen Morgenstunden beim Aufgang der Sonne durchführt.

Persönlich möchte ich noch anführen, daß ich gerade durch mein Elternhaus und durch meine Sportbetätigung sehr viel herumkomme. In den Kriegsjahren haben meine Eltern mit uns Kindern mehrmals einen Teil der Alpen überquert, was mir immer in sehr guter Erinnerung bleiben wird – alles „per pedes". Auch nach dem Krieg war ich bei lieben Freunden im Schwarzwald, im Taunus und im Hessenland. Seit ca. einem Jahr haben wir daheim ein Auto, und wir fahren deshalb oft sonntags in die Natur hinaus. Trotzdem wandern wir immer noch, z.B. von Köthen [Bad Kösen] auf die Rudelsburg, Saaleck und ins „Himmelreich". Als ich im Sommer vom Sport aus nach Freiburg im Schwarzwald kam, war es für uns eine Selbstverständlichkeit, eine herrliche Halbtagswanderung zum herrlichen Titisee zu unternehmen.

Sehr interessant war für mich, was wir in Stollberg erlebten, als wir vor drei Wochen über das Wochenende den Herbst hier mit seinem Laubfall und seinen phantastischen Farben bewundern wollten. Mehrere Busse aus der Stadt kamen hier sonntagsfrüh an. Was tat der größte Teil der Reisenden? Sie setzten sich in das Hotel „Zum Kanzler" und sahen sich auch das Schloß an; abends ging es wieder nach Hause. Nur wenige pilgerten wie wir in den herrlichen Wald und genossen die reine Oktoberluft, Deshalb komme ich zu der Erkenntnis, daß die Fußwanderung in unserer Zeit zwar keinesfalls altmodisch ist, aber daß ihr Nutzen von den wenigsten Menschen erkannt wird, die sich leider in eine enge Gastwirtsstube setzen. So ist es vielleicht eine Aufgabe der Schule und des Kulturbundes, eine allseitige Wanderbewegung der Bevölkerung in die Natur zu entfachen. *A: 1 F:2 G.-O: 2 J: 1 Klarer, gewandter Aufbau. Gut ist der Hinweis auf Goethe und Heine, sehr gute eigene Stellungnahme. Sehr gut 23.11.54*

Das Fach Chemie mit so mancherlei Experimenten lag mir eigentlich lange besonders am Herzen. So war ich glücklich, daß ich mir im benachbarten Badezimmer ein kleines Labor einrichten konnte. An einen fast etwas dramatischen Explosionsversuch mit Kaliumchlorat   in einem zum Glück nicht übermäßig großen Mörser kann ich mich noch entsinnen. Es tat dann ganz unverhofft einen derartigen Schlag, daß mein Vater im übernächsten Untersuchungszimmer seine Praxis unterbrach und alles stehen und liegen ließ, um – an trotzdem ruhige Schritte kann ich mich entsinnen – bei mir nach dem Rechten zu sehen. – Einmal, während sich mein Bruder Freimut am nahen Waschbecken wusch, dürfte mein anderer Bruder Michael eine Spezialmischung im Reagenzglas produziert haben. Plötzlich soll dieselbe zum Glück nur in Richtung Trainingshose vom Freimut geschossen sein, sodaß wir später die völlig zerfressene Gesäßpartie der Hose gebührend bestaunen konnten.
Ansonsten haben wir drei Brüder in dem unserem Elternhaus gegenüberliegenden Universitäts-Klinikgelände gemeinsam so mancherlei Unwesen getrieben. Da wurde ein riesiger, fein säuberlich aufgestapelter Backsteinstapel in abendlich-nächtlichen Aktionen zu einer großen Zimmer-Räumlichkeit und Festung umgebaut. Als die Kliniks-Wachleute an einem Abend endlich unser habhaft werden wollten, hatten wir uns schon bestens

vorbereitet. Ein Bruder stand mit besonders guter Übersicht über das ganze Gelände im tief dunklen Schatten an einer Ecke der angrenzenden Augenklinik. Ein Bruder befand sich außerhalb an der Rückseite unserer Festung, klopfte Steine und lockte die von der anderen Seite tatsächlich nahenden Kliniksleute heran. Ich selbst hatte Deckung genommen in einem breiten Lichtschacht-Graben an der gegenüber liegenden Medizinischen Poliklinik und fing auch auf ein bestimmtes Kommando an, mit Steinen zu klopfen. Durch die unerwartete Steine-Klopferei an zwei Stellen kamen die Wachmänner so durcheinander, zumal wir dann sehr rasch auch auf ein Signal hin lautstark in drei Richtungen auseinanderliefen, sodaß sie keinerlei Chance hatten, irgendeinen von uns zu fangen. Freilich wagten wir uns dann lange Zeit nicht an die vom Klinikgelände gut einsehbare Haustüre unseres Elternhauses, da wir schon ahnten, daß von Seiten der Kliniken Verdacht geschöpft wurde, von wem alles ausgegangen ist. Freilich ist dabei nie ein persönlicher Schaden entstanden. – Nicht zuletzt waren die verschiedentlich für Baumaßnahmen erstellten Gerüste für uns äußerst willkommene Klettermöglichkeiten, bis in die hohen Etagen uns zu schwingen.

Wenn ich mal etwas ausgefressen hatte, ereilte mich als Strafe eigentlich nur einigemale, daß ich im Bad (nebenan eingeschlossen wurde. Dies erfolgte stets nur passager, vielleicht für 1-2 Stunden. Trotzdem war ich immer bestens versorgt, denn im Bad hing eine Wäscheleine, die ich leicht zum ca. 6 m entfernten Balkon in gleicher Höhe werfen konnte. Hilfreiche Seelen, ein Bruder oder auch unsere Helene, waren dann leicht fähig, mich über dieses Seil nach Art einer Gondel z.B. mit Mohrrüben vor dem Verhungern zu retten. Derart Bestrafungen waren freilich von meiner Mutter schlagartig fallengelassen worden, nachdem sich folgende riesengroße Aufregung eingestellt hatte:

Ich wurde mal wieder ins Bad gesperrt. Es muß 1944 oder 1945 gewesen sein. Plötzlich ertönte Sirenen-Fliegervorwarnung. Meine Mutter wollte das Bad öffnen und da brach der Schlüssel ab. Die stabile Türe konnte in keiner Weise bewegt werden. Mein Vater war möglicherweise schon vorher in das medizinische zentrale Luftangriff-Zentrum an der Torschule abgeholt oder überhaupt schon zu guter Letzt zur Wehrmacht nach Eilenburg eingezogen worden. Er war jedenfalls nicht da. Vor dem Badfenster war auf ganzer Breite ein ca. 35 cm tiefes und nach außen gleich hohes, stabiles Metallgitter. Unsere längste Hausleiter reichte nicht mal bis zu diesem Gitter. Alles war vielleicht in einer Höhe von 8 m. Intensiv wurde im Hof unten diskutiert und vieles erwogen. Mir blieb dann nichts anderes übrig, als die Wäscheleine im Bad doppelt zu befestigen und über die Brüstung zu werfen. Am Gitter oben festhaltend, erfolgte dann ohne große Überlegung ein Satz mit den Beinen über das Gitter, um mich dann am Gitter und an der Wäscheleine bis zur Leiter herunterzuangeln. Alle sind mit einem nicht geringen Schrecken davon gekommen.

Eine weitere äußerst dramatische Geschichte steht mir noch heute nach über 70 Jahren äußerst plastisch vor Augen und geruchmäßig in der Nase:

Anfang der 50er Jahre oblag es meinem Bruder Michael und mir, sich wöchentlich abzuwechseln mit der Versorgung unserer Zentralheizung im Keller. In einer Woche war mein Bruder dran. Gegen 7.15 Uhr hörte ich im Bett eine große Unruhe. Ich schaute zum Fenster raus auf den Hof runter. Da sah ich, wie aus dem Hühnerstall dicke Rauchschwaden quollen. Unsere Helene hatte wohl schon zwei Hühner aus dem Hühnerstall gezogen, die infolge drohender Rauchvergiftung schon platt lagen. Sofort stürzte ich noch im Schlafanzug die zwei Treppen runter und sah unterwegs, wie meine Mutter am Telefon die Feuerwehr, nur 500 m entfernt, alarmierte. Aus der Kelleretage drang dichter grauer Rauch ins Treppenhaus. Ganz spontan holte ich tief Luft und hielt ich die

Luft an, drang in die völlig verrauchte Kelleretage, mußte da links ca. 6-8 m einen Gang entlang, die eigentliche Kellertür aufmachen, immer dichter wurde der Qualm, und dann nochmals 6 m nach rechts zum Heizungsofen. Hier entdeckte ich, daß mein Bruder die Klappe der Heizung offengelassen hatte. Im Nu war die Klappe hochgeklappt und dann etwas umständlich mit einem großen Knopf zugeschraubt. Nichts, wie wieder raus! Inzwischen drangen große Rauchschwaden aus der Haustüre und gleich sah ich auch Feuerwehrwagen. Am ersten hingen zwei Feuerwehrleute draußen am Trittbrett und sahen ja gleich den vermeintlichen Brand. Mit lautem Kommando wurden stabile drahtumwickelte dickere Schläuche an den Hydranten angeschlossen und dünne lange Schläuche ausgerollt. Mit schwerem Rauchschutz und starken (Karbid-?) Lampen drangen zwei Feuerwehrleute in den Keller und nahmen keinerlei Notiz von einem so jungen Bürschlein. Dann habe ich nur noch mitgekriegt, daß die Feuerwehrleute völlig ratlos keine Feuerstelle entdecken konnten und dann, nachdem fast alles verraucht war, nach einer Stunde kopfschüttelnd wieder abrückten. Den dicken Rauch hatten sie ja mit eigenen Augen gesehen und es mußte ja doch wirklich etwas gewesen sein. Erst später am Tag erfuhr ich, daß ein Feuerwehrmann meine Mutter gefragt hatte, welche Person denn für die Heizung zuständig sei. Sie sagte da trocken, ja hier das Treppenhaus ganz hoch und das Zimmer geradeaus, der ist zuständig – das war das Zimmer meines Bruders. Er lag noch im Bett, als die Tür aufging und ein Feuerwehrmann andeutete, daß er sich hier „nicht verdrücken darf"! Er wußte ja auch nicht, daß es ein Sohn des Hauses war.

Freilich blieb ich auch von ernsteren Blessuren nicht verschont. Im Mai 1951 holte ich mir durch besondere Kapriolen eine sogenannte Grünholzfraktur im Bereich beider Unterarme, d.h. Elle und Speiche waren beidseits in Handgelenknachbarschaft durchgebrochen ohne Knochenverschiebung. Dies war die Folge einer leichtsinnigen und blöden Besteigung einer ohnehin etwas wackligen Stehleiter mit horizontalen Tritten ausgerechnet mit den Armkrücken meines Bruders auf dem Dachboden des Hauses zur Dachluke des Flachdaches hoch. Ich kann mir garnicht vorstellen, daß ich mit den Krücken etwa auf das Dach hatte aussteigen wollen. Als ich fast ganz oben war, brachen die beiden vorderen Holzstützen der Leiter auseinander. Normalerweise hätte ich reflexsartig mich mit beiden Händen an einem günstig in der Nachbarschaft verlaufenden Eisenrohr halten können. Aber diesem Rettungsmanöver waren natürlich die beiden Krücken im Wege, sodaß ich recht hilflos mit samt der zerbrechenden Leiter auf dem Boden landete. Die Grünholzfraktur war immerhin das leichteste, was mir passieren konnte.

Übler war ca. 1954 ein knienaher Oberschenkelanbruch mit starkem blutigem Kniegelenkserguß auf einer Überschlag-Schiffschaukel auf dem Jahrmarkt am Riebeckplatz. Diese Schiffschaukel, mit der man sich in einem vielleicht 8-10m hohen Bogen überschlagen konnte, war schon an mehreren Tagen die Verwirklichung meiner hochtrabenden sportlichen Vorstellungen gewesen. Bei einer erneuten Benutzung riß plötzlich ein dicker Riemen von günstigerweise zweien, womit die Füße am Schiffboden fixiert waren, sodaß ich gegen den vorderen Sitz prallte. Schon damals mußte ich einen guten Engel als Schutz gehabt haben, denn es ist nicht auszumalen, was hätte passieren können, wenn ich etwa bewußtlos geworden wäre, da ja die Schaukel trotz Bremsung noch mehrmals hin und her geschaukelt war.

Als ein für mich großes Fiasko besonderer Art entwickelte sich das geradezu einmalige Ausleihen von jahrelang besonders gepflegten, aber insgesamt kaum benutzen Rollschuhen bei meiner Schwester Iris. Sie waren wohl durch meine Benutzung etwas dreckig geworden und ich hatte gewagt, sie nicht wieder penibel gesäubert zurückzugeben. Ich durfte sie nie wieder benutzen.

Vielfach und jahrelang oblag mir vorrangig das Einkaufen, wobei es meist hieß, daß angeblich meine Geschwister insbesondere durch schulische oder anderweitige (Über-)Forderung nie Zeit gehabt haben sollen. Dies betraf insbesondere die regelmäßigen Gänge zum Bäcker oder Metzger, die vielfach wechselten, zumal jeweils Geschäfte bevorzugt wurden, in denen z.b. die Chefin Patientin meines Vaters war. Das konnte trotzdem nicht verhindern, daß z.b. beim „Dietz" um die Ecke ein Bäckereimitarbeiter vom obligaten samstaglichen Kuchen für den Sonntag den Beleg weitgehend herauskratzen und somit erheblich dezimieren konnte. Dies geschah sogar aus engen Gitterzwischenräumen, die vorsorglich meine Mutter auf dem Kuchenbeleg aufgebracht hatte. Schließlich ließ sich nicht vermeiden, daß auch Bäckereien und Metzgereien aus großen Entfernungen angesteuert werden mußten, z.b. ein Metzger hinter der Artilleriekaserne im Süden, ca. 6-8 km weit weg, wo es beliebte, sonst meist nicht kaufbare Rinderzunge gab. In diesen Fällen war auch die Benutzung der Straßenbahn unumgänglich. Hier und in ähnlichen Einkaufsituationen, aber auch völlig ohne Grund, also aus jugendlichem Leichtsinn heraus, entwickelte sich zeitweilig geradezu ein intensiver „Sport" des Straßenbahn-Schwarzfahrens, sogar auf der Rückseite der Straßenbahn auf den vorhandenen Trittbrettern, bei geschlossenen Türen, was damals noch gefahrlos möglich war. Einigemale kam es dabei auch zu Konflikten mit Kontrolleuren. Diesen konnte man sich unter Umständen nur entziehen, indem man an bekannten Kurven, wo die Straßenbahn etwas langsamer fahren mußte, einfach entwischte und absprang, dem die Kontrolleure nicht in der Lage waren, zu folgen. Beim Milchladen, gleich um eine andere Ecke, in der Kruckenbergstraße, mußte mindestens 2mal pro Woche anfangs Molke, dann auch echte Milch geholt werden – in der Regel mindestens zwei Liter, wenn es so viel gab. In deutlich größeren

Abständen war in der Milchkanne nur einige Häuser weiter bei „Leinungs" etwas Bier zu holen, ½ Liter, für eine besondere Spezialität meiner Mutter, nämlich Biersuppe. Viele Jahre lang war das Organisieren eines Weihnachtsbaumes im Dezember bei viel zu geringem Angebot eine ganz große Katastrophe und eine enorm zeitaufwendige Aufgabe. Sie war nur mit mancherlei Tricks zu bewerkstelligen. Einmal schlug meine Mutter, aus meiner Sicht offensichtlich ganz undankbar, die Hände über dem Kopf zusammen, was der Jüngste wieder einmal für eine „Krücke" herangeschleift hatte oder sich hat „andrehen" lassen. Jedenfalls mußten dann noch einige Zweige zusätzlich in den Stamm hineinoperiert werden, sonst hätte man ihn nur wegwerfen können. Auf jeden Fall bin ich gern zusammen mit meiner Mutter regelmäßig, etwa 1-2xmonatlich, zum großen Einkaufen mitgegangen. So ging es z.B. zum „Saalfelder" in der Steinstraße mit der imposanten überdimensionierten Kaffeemaschine im Schaufenster. Hier wurde gleich in größeren Mengen, vielleicht 20 kg Zucker und Mehl gekauft, oder auch in ein größeres Kaufhaus am Marktplatz oder in der Großen Ulrichstraße. Vor allen Dingen wurde in diesem Zusammenhang sehr regelmäßig abschließend gemütlich eine exquisite Konditorei, schräg gegenüber von Saalfelders oder an der Ecke Universitätsring/Geiststraße, aufgesucht, wodurch gewisse Süßigkeitstriebe meinerseits zumindest gefördert wurden.

Sonntags, natürlich auch wochentags, mußte in der Regel nach dem Mittagessen 20 Minuten absolute Ruhe im Haus herrschen, damit mein Vater sich hinlegen und ausruhen konnte. Dann erfolgte sonntags ein obligater Nachmittagsspaziergang, z.B. in die Heide, auf den Galgenberg, an die Saale, zur Burg Giebichenstein, oder in die nähere Umgebung. Anschließend erfolgte eine Zeitlang ein von mir sehr geschätztes Schachspiel mit meinem Vater, meist 1-2 Spiele. Dies wurde dann erst aufgegeben, als mein Vater keine Chance mehr hatte, gegen seinen jüngsten Sohn zu gewinnen!

Regelmäßig sind wir beide dann einige Jahre lang am frühen Abend am Sonntag noch mit der Straßenbahn Linie 1 zur Endstation Ortsteil Frohe Zukunft gefahren. Von dort pilgerten wir zu Fuß, vielleicht 2 km, ins Dorf Mötzlich, um dort bei einer Bauersfrau, die Patientin bei meinem Vater war, zwei Liter Milch und auch z.B. Gemüse und Eier zu holen.

Drei Jahre lang hatte ich um 1949 Klavierunterricht bei Fräulein. Käthe Kaltwasser im Paulusviertel. Leichte Klavierstücke aus „Das neue Sonatinenbuch" von Martin Frey, Schott, Mainz, 1936, insbesondere von M. Clementi, L. v. Beethoven und A. Mozart, aber auch von T. Haslinger, J. Schmitt und J.A. André haben mich begeistert und spiele ich auch heute hier und da mal ganz gerne. Dort wurde mir auch das Flötespielen beigebracht. Zusammen mit meinen Geschwistern haben wir oft in der Adventszeit aus dem Quempas-Heft Weihnachtslieder auf verschiedenen Stationen in den Kliniken gegenüber gespielt. Nicht ganz selten gelang es mir, zur Zeit der Klavierstunde gegenüber in einem Minikino mit vielleicht 5-6 Sitzreihen a 5-6 Sitzplätzen zu verschwinden.

Im Krieg und auch in den ersten Jahren nach dem Krieg, solange man noch schwarz über die grüne **Zonengrenze** gehen konnte, war ich oder auch die Börngenfamilie öfters bei unserer Elisabeth Dorn mit ihrer Familie Bätz in Weißenborn bei Treysa oder bei ihrer Verwandtschaft im vier Kilometer entfernten Ottrau, bei Familie Heinrich Roth, im damals tiefsten hessischen Hinterland südlich vom Knüllgebirge. Es war in der Nachbarschaft von der heute bekannteren Autoraststätte Rimberg. Bis etwa 1948 war dies möglich, als noch kein Schießbefehl an der Zonengrenze eingeführt war. Z.T. bin ich ganz allein oder auch mit Teilen der Börngenfamilie im Südharz bei Sorge und Walkenried, im Nordharz bei Stapelburg und am Eichsfeld die Zonengrenze auf oft abenteuerlichen Pfaden und nachts unterwegs gewesen. Einmal konnte ich allein, August 1951 meine Schwester Iris von Bad

Harzburg schwarz in die DDR zurückholen, um im Kloster Drübeck am Nordharz mit den Eltern, zusammen auch mit Tante Trudel, schönen Urlaub zu erleben.

An eine folgeträchtige schwarze Grenzüberschreitung ohne Grenzpapiere kann ich mich noch genaustens erinnern, etwa 1948. Meine Eltern und ich kamen von Ottrau aus aktiven Land-Sommerferien über zwei Wochen. Ich hatte intensiv beim Dreschen mitgeholfen und bekam deshalb zwei kräftige Rodeländer-Hühner geschenkt. Sie waren im großen Pappkarton untergebracht und so zogen wir an der Werra, von der Burg Hanstein kommend, ein Tal hoch Richtung Zonengrenze. In der Mitte des Tales war ein kleines Wäldchen, und, was wir schon vermutet hatten, in diesem Wäldchen hatte sich ein DDR-Grenzsoldat versteckt. Am Ende des Wäldchens empfing er uns keinesfalls barsch und unangenehm. Er wollte nur wissen, was wir genau vorhatten. Nachdem wir alles erzählt hatten, riet er uns, im nächsten Dorf auf dem Weg zum nächsten Bahnhof auf jeden Fall links oder rechts um das Dorf herumzulaufen. Wir sollten ja nicht auf der Hauptstraße gehen, denn dort würden jetzt am Abend seine Kameraden im Wirtshaus sitzen und uns sehen und mit uns ganz sicher nicht glimpflich umgehen! Wir befolgten dies, obwohl es nun unsicher war, ob dies nicht eine Finte sei. Vor dem Bahnhof erfuhren wir dann, daß der letzte Zug am Abend vorher schon Richtung Halle weggefahren und vorläufig sicher nicht mit einem neuen Zug zu rechnen sei. Als wir näher zum Bahnhof kamen, sahen wir Lokomotivenrauch und tatsächlich den angeblich abgefahrenen Zug, völlig überfüllt, noch im Bahnhof. Mit größter Mühe konnten wir uns trotzdem noch reinquetschen, ich mit meinem großen Hühnerkarton auf dem Schoß, oder auch nur im Stehen auf einem offenen Zugteil. Nach ca. einer Stunde fuhr der Zug dann, genau für uns richtig, ab und weit nach Mitternacht waren wir daheim in Halle. Die Hühner wurden in unserer schönen Küche, aber auch für diesen Fall günstig rundum gekachelt, ausgesetzt. Wie sah sie am anderen Morgen aus? Auf jeden Fall waren die beiden Rodeländer der Grundstock und Anfang von der dann einsetzenden lukrativen Hühnerhaltung im Garten hinterm Haus mitten in der Großstadt über viele Jahre. Nach Jahren fühlte sich meine Mutter offensichtlich doch verantwortlich für unsere optimal eierlegende Hühnerfarm. Ein Hahn mußte her. Als dies organisiert wurde und er morgens gegen 5 Uhr anfing zu krähen, erfolgten anonym aus der Nachbarschaft gellende Rufe, „den bringe ich um", sodaß er sehr bald im Kochtopf landen mußte.

Zur Konfirmation am 30. März 1952 in der Marktkirche zu Halle/Saale, wo Luther gepredigt und Händel Orgel gespielt hat, erhielt ich von meinen Eltern eine Stuttgarter Jubiläumsbibel mit erklärenden Anmerkungen, Jahrgang 1938. Mein ganzes Leben lang hat sie mich begleitet. Erst in den letzten Jahren ist mir der Widmungstext wohl aus Jesaja 40,8 besonders bedeutsam geworden: „Das Wesen dieser Welt vergeht. Aber Gottes Wort bleibet in Ewigkeit. Darum bleibe beim Wort!"

Hier sehe ich eine großartige, weite und offene Interpretation von Christentum, ein zentrales Hingewiesensein auf die Bibel in ihrer Gesamtheit und auf das Logos, und nicht eine apologetische, nachchristliche und historisch-bekenntnishafte unerträgliche Gotteseinengung mit starr festgelegter evangelikaler Christuszentriertheit.

Im hallischen Elternhaus war es üblich, daß wir jeden Sonntag um 10 Uhr in unserer Marktkirche den Gottesdienst besuchten. Vorher kam es öfters zu äußerst problematischen Auseinandersetzungen mit uns drei Buben, weil wir die erschreckend umständlichen mehrteiligen und nicht billigen Kieler Anzüge, wohl Bleyle's Seemann-Knabenanzüge, anziehen mußten. Das war stets eine aufreibende Angelegenheit, ausgerechnet am Sonntagmorgen.

Die Marktkirche war damals mit drei Pfarrern besetzt. Für mich war klar, daß ich nur von dem ausgesprochen jugendgemäßen und angenehmen Pfr. Lic. Schellbach konfirmiert wurde. Die beiden anderen Pfarrer waren der ausgesprochen biedere und konservative Pfr. Hasse und ein eher wissenschaftlicher Theologe, den nur Eingeweihte verstanden haben. Später spielte für uns Jugendliche, besonders auch für meinen Bruder Michael, Pfr. Zeim eine besondere Rolle. Die Gottesdienste wurden langjährig umrahmt durch meinen zeitweiligen Musiklehrer, Prof. Oskar Rebling. Wenn er im Musikunterricht in der Aula der TMS vor der ersten Stuhlreihe seinen Fuß auf einen leeren Stuhl setzte, hatten wir Schüler immer größte Angst, daß einmal seine Hose in allen Nähten platzen würde. Ein wohl früh verstorbener Mitschüler, Christoph Barth, erhielt einmal von ihm in Musik eine „Eins", weil er spontan als Einzigster in der Klasse wußte, in welcher Kneipe es in Halle Ansbacher Bier gab.

Viele Christvespern am Heiligen Abend und auch hochqualitative Aufführungen, z.B. des Weihnachtsoratoriums, der Matthäuspassion oder Johannespassion mit dem Hallischen Stadtsingechor, den Leipziger Thomanern oder auch den Dresdner Kruzianern bei stets überfüllter Kirche bleiben mir bis heute in bewegender Erinnerung. Dabei haben wir oft einen Sonderplatz in kleinen „Fürstenlogen" von uns bestens bekannten Messnern einnehmen können. Im übrigen war mein Vater über Jahrzehnte Mitglied im Kirchengemeinderat der Marktkirche. In nicht guter Erinnerung bleibt mir aus den etwa beginnenden 50er Jahren ein mehr als unrühmlicher Vorgang aus der Marktkirchenleitung. Sie hat sich ein aus dem Westen geschenktes Auto „unter den Nagel gerissen" für die Gemeindetätigkeit rund 1 km um die Marktkirche! Zum gleichen Zeitpunkt mußte ein Pfarrer um Reideburg nordöstlich von Halle vielleicht 4-6 Dörfer mit dem Fahrrad versorgen. Erst später verstand ich, daß meine Mutter äußerte, wegen dieser Unmöglichkeit am liebsten aus der Kirche austreten zu müssen. Auch sonst besaß meine Mutter verschiedentlich ein erstaunlich gutes Durchsetzungsvermögen und eine große Freiheit, indem sie verwirklichen konnte, daß wir am Sonntag statt in die traditionelle Marktkirche z.B. in die Pauluskirche zu einem enorm beeindruckenden Pfarrer gehen konnten. Dieser Pfarrer wurde später dann Bischof in Magdeburg – wohl Bischof Müller.

Insgesamt dürfte meine Mutter die zentral ordnende Kraft im Elternhaus gewesen sein. Mein Vater lebte eher für seinen auf jeden Fall schweren Beruf, und zur sicher auch notwendigen Entlastung und Stärkung in seiner Kirchengemeinde und natürlich mit starker Naturverbundenheit in vielen Reisen. Dabei hieß es verschiedentlich, er könne „keinen Nagel" in die Wand schlagen, aber Operieren und Autofahren hat ihm ganz sicher voll und ganz gelegen. Im ärztlichen privaten Rechnung-Schreiben und übrigens auch Eintreiben war er wohl betont lässig und rücksichtsvoll. Eine Zeitlang wurde mir letzteres bei säumigen Patientinnen übertragen. Ich sollte aber sehr wohlwollend damit umgehen.

Im übrigen hatte ich Anfang der 50er Jahre noch auf der Grundschule wegen Zugehörigkeit zur Jungen Gemeinde gewisse, aber letztlich für mich unbedeutende Probleme. „Peinliche" Befragungen waren für mich weniger peinlich. Besondere Auseinandersetzungen im schulischen Bereich gab es für mich nicht.

Die jährlichen Petersbergtreffen an Himmelfahrt spielten insbesondere für die christliche Jugend aus dem Halleschen und Anhaltinischen Raum immer eine herausragende Rolle. Ich kann mir gut vorstellen, daß die Eltern uns Kinder schon beim 1. Treffen 1947 mitgenommen haben. Es wurde durchgeführt vom Jungmännerwerk Sachsen-Anhalt unter der Verantwortung des damaligen Leiters Fritz Hoffmann, der für meinen Bruder Michael über Schloß Mansfeld eine besondere Rolle gespielt haben dürfte. 1947 sollen auf dem Petersberg rund 900 junge Männer teilgenommen haben, später waren es bis 5000 – trotz zunehmender Repressalien von staatlicher Seite. An prominenten

Geistlichen aus anderen Landeskirchen haben teilgenommen u.a. 1949 der Berliner Bischof Otto Dibelius und 1956 der Hessen-Nassauische Kirchenpräsident Martin Niemöller. Auf jeden Fall kann ich mich über viele Jahre erinnern an großartige Veranstaltungen auf diesem Petersberg nordwestlich vor den Toren von Halle, der mit seinen 250 m Höhe, wie ich oft „gelästert" habe, die höchste Erhebung zwischen Harz und Ural sein dürfte. Auf seiner Anhöhe befand sich die Ruine einer Klosterkirche aus dem 12. Jahrhundert, gegründet von einem Wettiner Adligen. Unvergeßlich bleibt ein Ereignis, als sich während der Bahnfahrt hin wie ein Lauffeuer verbreitete, daß der Lokalzug nicht auf der üblichen Petersberghaltstelle halten dürfe und damit von einer weiter entfernten Station ein wesentlich weiterer Anlaufweg in Kauf genommen werden müsse. Eine beherzte Pfarrfrau aus Halle nahm dies zum Anlaß, an der ursprünglichen Haltestelle die Notbremse zu ziehen, sodaß wir alle aussteigen konnten! Freilich sind wir Börngenskinder auch meist mit dem Fahrrad hingefahren.

Im Zusammenhang mit meiner unbeschwerten Jugend in Halle muß auf jeden Fall noch ganz besonders unserer Tante Trudel, der **Diakonisse Gertrud Huyke**, mit ihrer ganz besonderen Lebensgeschichte gedacht werden. Sie verkörperte Liebe und Verständnis, Ausgeglichenheit und Zielstrebigkeit, einen klaren Blick für alles, ein ganz großes Vorbild für uns Kinder und die ganze Familie – ein Geschenk des Himmels. Sie stammte von einem Rittergut bei Halle und hatte etwa 12 Geschwister. Alle Geschwister durften zu besonderen Anlässen zwei FreundeInnen mitbringen und es heißt, dies sei dann garnicht in den Räumlichkeiten aufgefallen. Ihr Verlobter sei wohl am Hochzeitstag erschossen worden. Darauf hin wurde sie Diakonisse vom halleschen Mutterhaus. Ab 1949 hatte sie die Leitung eines großen Altersheimes, des Wilhelm-Augusta-Stiftes, mit fünf großen Wohnhäusern in Schleusingen auf der Südseite des Thüringer Waldes übernommen. Dort hatten wir sie später öfters besucht, insbesondere in ihrem gemütlichen „Forelleneck". Später übernahm sie die Leitung einer größeren psychiatrischen Anstalt bei Halle. In benachbarten gefährlich begehbaren steilen und mit Wasser gefüllten Tongruben soll sie mehrere Kinder und leichtsinnige Russen vor dem Ertrinken gerettet haben. Dafür bekam sie als Diakonisse auch eine besondere russisch-deutsche Ehrung. Wir haben viel gemeinsam unternommen, Spaziergänge und Reisen, und fühlten uns von unserer Tante Trudel ganz besonders vertraut angenommen.

Der Deutsche Evangelische Kirchentag hatte für mich seit der Jugendzeit eine große Bedeutung. Mir war bekannt, daß meine Eltern wohl am zweiten DEKT 1950 in Essen mit Begeisterung haben teilnehmen können. Bei einer versuchten Teilnahme in späteren Jahren wurde meine Mutter an der Zonengrenze ohne Papiere, diese wurden ihr offiziell verweigert, erwischt. Als Auflage erhielt sie die schon belastende Verpflichtung, sich beim zuständigen Polizeirevier einer entsprechenden politischen Läuterung zu unterziehen. Das Erschrecken ließ nach, als klar wurde, daß dieses Polizeirevier nebenan war und in unserem Kindermund vom sympathischen „Mohrchen" geleitet wurde. Von ihm wurde meine Mutter mit einer Umarmung begrüßt. Diesem philanthropisch geprägten Polizeiverantwortlichen wurde freilich sehr bald beruflich erheblich zugesetzt. Er wurde zum Straßenbahnfahrer degradiert. – Ich selbst habe meinen 1. DEKT 1954 in Leipzig erlebt. Es war gewissermaßen der historische DEKT, auf dem Klaus von Bismarck auf der Hauptversammlung auf der Rosentalwiese den denkwürdigen Verzicht auf seine pommersche Heimat formulieren konnte. Dies dürfte wohl als Anstoß für die Ostdenkschrift der EKD und für die späteren entscheidend friedensstiftenden Ostverträge der Bundesregierung gewesen sein. Als wir zwei Stunden nach Ende dieses gewaltigen Treffens mit um 650.000 Teilnehmern noch einmal am Versammlungsort vorbei gefahren sind, stand sie durch einen Platzregen 20 cm unter Wasser!

Natürlich mußte ich, von der Schule aus, an den offiziell angesetzten, z.B. 1. Mai-Demonstrationen mit der ganzen Klasse geschlossen teilnehmen. Dieser Aufmarsch ging zumindest in der Oberschulzeit in der Regel unmittelbar an unserem Haus in der (damals) Leninallee vorbei. Bis dahin bin ich auf jeden Fall stets mitgelaufen, sicher nicht aus Überzeugung, sondern, um mich einige Dutzend Meter weiter ohne Aufsehen „abzusetzen", was allgemein bekannt war. Freilich war zu diesem Zeitpunkt unser Klassen-„Häufchen" ohnehin schon weit über die Hälfte zusammengeschmolzen. In diesem Zusammenhang kann ich mich erinnern, daß es meinem Vater stets erfolgreich gelungen ist, die obligate Haus-Beflaggung trotz mancherlei Aufforderungen strikt abzulehnen. Gegen seine Argumentation, auch in der Nazizeit habe er stets erfolgreich die Beflaggung aus grundsätzlichen Erwägungen ablehnen können, konnten die politisch Zuständigen offensichtlich nichts einwenden. Dabei lag auf unserem geräumigen Boden vor den Straßenfenstern eine riesige dicke Fahnenstange, vielleicht acht Meter lang, und im Raum richtig plaziert eine metallene Befestigungsvorrichtung, an der eine weit unter dem Dach heraushängende Fahne hätte angebracht werden können, wenn wir sie denn überhaupt gehabt hätten. Im Krieg und danach habe ich sie in der Tat überhaupt nie in Aktion gesehen. Auf diesem Boden stand ansonsten viele Jahre eine hochwertige Tischtennisplatte. Jahrelang konnten wir drei Buben so regelmäßig und intensiv Tischtennis spielen, oft auch mit eingeladenen Freunden, und konnten dabei sicher eine beachtliche Technik und Sportlichkeit gewinnen.

Erinnerlich ist auch, daß wir in der Oberschule einigemale statt Schulunterricht aufs Land zum Ernteeinsatz fahren sollten. Da kam es vor, daß doch die vielen LKW von den Betrieben nicht frei gemacht werden konnten, sodaß dieses ganze Manöver ausfiel, aber zu unserer Freude auch die Schule! Ich kann mich nur an einen geklappten Einsatz erinnern, bei dem wir Kartoffelkäfer absammeln mußten, sodaß wir sie vor Ort erstmals richtig kennenlernen konnten. Ungewiß bleibt, ob bei solchen für viele Schulkameraden völlig ungewohnten landwirtschaftlichen Einsätzen nicht doch mehr auf den Äckern zertrampelt wurde, als Nutzen herauskam.

Selbstverständlich habe ich mich als 16-Jähriger außerordentlich intensiv, wenn auch völlig passiv, und mit großer Aufregung und Begeisterung an den Vorgängen des Volksaufstandes vom **17. Juni 1953** beteiligt. Ich war den ganzen Tag unterwegs, stets allein. Jetzt erst wird mir bewußt, daß ich von meinen beiden Brüdern diesbezüglich nichts in Erinnerung habe. Wo waren sie abgeblieben? Das fing schon früh an, als wir überraschend ganz plötzlich und ohne Begründung schulfrei hatten. Es lag etwas Besonderes in der Luft, denn auch die Straßenbahnen fuhren den ganzen Tag nicht. Gegen 9 Uhr kamen dann Arbeitertrupps von Industriebetrieben südlich von Halle, Bunawerke und von der Waggonfabrik in Ammendorf, z.T. mit Eisenstangen in der Hand, unsere Leninstraße herunter. Unten Am Steintor wurde das große und stets bedrohlich wirkende halbrunde Backsteingebäude, sicher über 150 m lang, ein SED-Zentrum, unser „Kreml", rasch innerhalb einer Stunde im Inneren verwüstet. Durch viele Fenster wurden ganze Karteischränke und Mobiliar in den großen Innenhof oder auf die Straße gekippt. In der Ludwig-Wucherer-Straße, unten bei der Haltestelle der Straßenbahn, befand sich ein kleines ladenmäßiges SED-Zentrum. Es war total „ausgenommen". Auffallend, daß sich hinter dem Reileck rechts in einer innerstädtischen russischen Kaserne überhaupt nichts tat. Von dort mußte ich natürlich, denn es sprachen sich abenteuerliche

Gerüchte herum, zum Zuchthaus, zum Roten Ochsen, am Laurentiusfriedhof.

Aus nördlicher Richtung, etwa von der Ziegelwiese her, konnte ich mich nähern. Während sonst in Halle auf allen Straßen sehr viele Menschen unterwegs waren, waren hier die Straßen wie leergefegt. Schon von Ferne war ein russischer Soldat mit Gewehr im Anschlag links auf der Straße, etwas geschützt in einer flachen Gebäudeecke des Zuchthauses, zu erkennen. Auf der rechten Straßenseite konnte ich mich trotzdem über z.T. offene und betretbare Vorgärten und Maueranteilen von Villengrundstücken bis vielleicht auf 100 Meter „heranschleichen". Nachdem von der Gegenseite der Straße, also aus Richtung Laurentiusfriedhof offensichtlich Menschen heranströmen wollten, hat der Russe 1-2 mal in die Luft geschossen und dann war keinerlei Aktion mehr zu erkennen. Nach etwa einer Stunde habe ich mich selbst aus dem Staube gemacht. Im übrigen war in dieser Gegend zu hören, daß es am Zuchthaus oder überhaupt 1-2 Tote gegeben haben soll.

Als nächste Station wurde das Frauengefängnis am Hansering, zwischen alter Post und Gerichtsgebäude, also genau gegenüber meines Geburtsortes, angesteuert. Hier war eine riesige Menschenmenge versammelt. Die etwa vier Meter hohe Stahltür in den Innenhof war schon erstürmt gewesen. Natürlich mußte ich mich auch in den Innenhof begeben, der auch voller Menschen war, vielleicht 200 Personen. Offensichtlich von einem Baugerüst im Innenhof hatten ca. 20 Personen einen Gerüstbaum entfernt und unter den Arm genommen. Mit gewaltigem rhythmischem Geschrei wurde mit der dicken Seite des Baumes eine kleinere Stahltür nach vielen Schlägen mit Erfolg traktiert. So wurden mehrere inhaftierte Frauen aus dem Erdgeschoß des Gefängnisses befreit und mit riesigem Hallo begrüßt. Ich kann mich noch genau erinnern, daß auf dem flachen Dach eines Bauhäuschens rechts etwa 10-15 Menschen standen und gewaltig die Menge anfeuerten. Unter ihnen befanden sich mehrere Sportler, allgemein bekannt, von der hallischen Fußballmannschaft! Lange hielt ich es dort doch nicht aus, da alles mir „zu mulmig" und gefährlich erschien. Zu plötzlich und schlagartig hätte sich doch eine Abriegelung des Stahltores in den Innenhof des Gefängnisses einstellen können, durch wen auch immer, dann hätte ich in einer ganz schönen, mehr üblen Falle gesessen. Im übrigen wollte ich, inzwischen dürfte es gegen 15 – 16 Uhr gewesen sein, auch nach Hause, um zu berichten, und endlich Mittag zu essen.

Daheim waren meine Eltern an allen Vorgängen besonders interessiert, insbesondere meine Mutter. Über wesentliche, auch inhaltliche Gespräche darüberhinaus kann ich mich sowohl am 17. Juni als auch in den darauffolgenden Wochen kaum erinnern. Heute vermute ich, daß neben dem allgemeinen Interesse meine Eltern doch wohl stark befangen waren, am ehesten etwa nach dem Motto der in der Kirche so dominierenden und verhängnisvollen sogenannten 2-Reiche-Lehre von Luther. Gebt dem Kaiser, was des Kaisers ist und Gott, was Gottes ist. Trotz durchweg auch vielfach kritischen Gedanken dürfte dies zu einer gewissen Passivität entscheidend beigetragen haben, so wie ich es jedenfalls in dieser Zeit so erlebt habe. Außerdem formulierte mein Vater öfters, wir wollen „keine Extrawurst" für uns.

Sehr bald mußte ich mich dann wieder auf den Weg machen. Unten am Steintor am „Kreml" waren offensichtlich einige russische Offiziere im Einsatz, mit denen wir intensiv auf russisch diskutieren konnten, indem wir ihnen „von des Volkes Wille", ähnlich Oktoberrevolution, berichteten. Sie waren bemerkenswert aufmerksam und aufgeschlossen. Wie ein Lauffeuer hatte sich herumgesprochen, daß wohl gegen 18 Uhr eine Großkundgebung auf dem Hallmarkt stattfinden würde. Diese bleibt für mich zeitlebens einmalig und enorm beeindruckend. Schon die ganzen Zugangsstraßen waren praktisch total überfüllt. Diese Protestaktion soll eine der größten überhaupt in der DDR mit sicher 60.000 bis 80.000 Beteiligten gewesen sein. Ich konnte mich nur von der Moritzburg aus nähern. Schon nach der Brücke eines alten Saalearmes war an ein Vorankommen nicht mehr zu denken. Aber von dort konnte man relativ gut auf einen kleinen Ausschnitt des unteren Hallmarktes einsehen und vor allen Dingen auch die Lautsprecherübertragung mitbekommen. Mir ist nur noch gering in Erinnerung, daß es thematisch über den Streik der Bauarbeiter in Berlin ging und daß nunmehr eine „neue Zeit" anbrechen müsse mit diversen politisch-wirtschaftlichen Forderungen. Wohl am Ende der Kundgebung wurde es dann doch dramatisch, wobei ich von der Ferne auch sehen konnte, daß etwa aus Richtung des gegenüberliegenden Polizeipräsidiums ein russischer Panzer in die Menge fuhr, was natürlich schon an sich zu einer unerhörten Panik führte. Dabei ging auch das Gerücht um, daß es Tote gegeben habe. Ich bin mir nicht ganz sicher, aber ich denke, daß ich dann abends auf dem Heimweg gegen 20 Uhr am Steintor frisch mobilisierten und direkt von einer Militärübung kommenden Russen, jedenfalls frisch mit viel Erdreich bedeckt, begegnet bin. Vor allen Dingen waren es Motorräder mit Beiwagen, die insbesondere über die Bürgersteige fuhren, um die Menschen wegzudrängen. Gleich in der Nachbarschaft des Steintor-Varietees beobachtete ich direkt vor mir, wie ein Passant versuchte, vergeblich, mit einem umgekehrten Besen die Speichen des Beifahrerrades zu blockieren. Der russische Soldat hatte darauf eigentlich nicht reagiert. Es war auch nichts passiert. Schon ab dem ersten Abend mußte ja dann an diesem denkwürdigen 17. Juni 1953 auch die verordnete Ausgangssperre eingehalten werden. Ich war ja in wenigen Minuten daheim.

Ein Nachspiel hat sich dann nicht zu meinem Übel entwickelt. Nach Wochen hatte ich in meinem Fotolabor unten am Steintor Bilder bestellt. Beim Abholen hat mir dann der mir seit Jahren etwas bekannte Chef mitgeteilt, daß er die vom 17. Juni rausgeschnitten und vernichtet habe, er sei zwar aufgefordert, solche Vorgänge mitzuteilen, darauf wolle er aber verzichten!

3. Durch meine Eltern Liebe zu den Bergen

Sommer 1941: Achensee/Pertisau
Aus einem kleinen blauen Fotoalbum mit handschriftlichen
Aufzeichnungen in deutscher Schrift von meiner Mutter, 35 Fotos:
„Kaum haben die Ferien begonnen, hat's Reisen seinen Anfang
genommen.
Ein kleines Büblein war auch dabei, es zählte an Jahren erst drei.
[Also, knapp einen Monat vor vier Jahren!]
Wie die großen Geschwister wanderte es mit, bergauf, bergab,
mit festem Schritt.
Behüt dich Gott, du kleiner Held, und freu dich noch oft an der
Bergwelt!

17.7. Über München – Kufstein gings nach Jenbach. Hier stiegen
wir aus mit Sack und Pack. Die Zahnradbahn stand schon bereit,
fuhr uns zum Achensee (929m) hinauf. Die Endstation ist schon
erreicht. Umsteigen aufs Schiff tun wir sogleich. Maurach.
Ein herrlicher Flecken ist Pertisau (950m) am See, zwischen
Bergen und grüner Au. Es ladet zum Baden und Ausruhen ein im
herrlichen, köstlichen Sonnenschein. Tristenkopf – Sonnenjoch –
Bettelkar. Der Gasthof Pfandler ist wohl bekannt. Er sorgt auch im
Krieg für Speis und Trank.
19.7. Wie schön sind die Berge rings um den See! Feilalpe
(Feilkogelalm [?], 1.372m) und Feilkogel (1.562m) locken gar
sehr. ‚Schokoladenblümchen' gibt's hier oben, am meisten tut sie
Ulrich loben. 1.600m. [Meine Lieblingsblume, zeitlebens,
Schwarzes Kohlröschen, ein Orchideengewächs, Nigritella nigra]
20.7. Am ersten Sonntag schien golden die Sonne. Wir wanderten
durchs Dristenautal (südl.) hin zur Quelle. Das Stanser Horn am
Talschluß liegt, von hier aus man die Zentralalpen sieht.

Bärenbadalpe, 1.454m. Mehrmals sind wir heraufgestiegen und sahen unten den See liegen. Ein Brünnlein plätschert lustig vorm Haus – doch wie sah danach der Uli aus?

Blitz, Donner, Wind und Regen auf steiler Bergeshöh! Eine Höhle tut uns bergen, o weh, es friert uns sehr. Bärenkopf, 1.989m.

Kreuz am Weißenbachsattel vor dem Aufstieg zum Stanser Horn.

Der Weg zur Bärenalpe. Rechts das Dristenautal. Inmitten der grünen Wiesen die stattlichen Häuser liegen.

Falzthurn-Tal mit Sonnenjoch (2.500m).

Nach beschwerlicher Besteigung des Sonnenjochgipfels (2.467m), wie schmecken da die Pfannkuchen der Falzthurn-Alpe!

Auf dem Weg zur Grammai-Niederalpe wird öfters …. gemacht.

Auf dem Sonnjoch. Am Steinmandl des Sonnjochs sitzt eine lustige Gesellschaft und wartet darauf, daß die Nebel weichen.

Die Marzenbäuerin hat Kühe viel, doch will keiner Milch holen bei ihr.

Beim alten bärtigen Sennen auf der Platzach-Alpe.

Beim Studium der Karte und Plänemachen ists gut, ein Weilchen rasten.

Oberautal. Iris, Freimut und Mutti läßts keine Ruh – heute müssen Edelweiß gesucht werden! O, seht nur! Nach langem, anstrengenden Kraxeln kommt der große Augenblick.

Abendliche Wolken über dem Sonnenwendgebirge. Und durch die Wolken leuchtet die Abendsonne: Goldne Abendsonne, wie bist du so schön!

23.7. Ein herrliches Plätzchen unter alten Bäumen an der Gaisalm.

Still liegt der tiefe, grüne Inn eingebettet zwischen hohen Bergen.

Im Inntal bei Schloß Tratzberg. Nach drückender Hitze und langem Marsch, wie wohl tut da die kurze Rast! Schloß Tratzberg liegt ganz wunderschön – doch konnten wirs nicht von innen sehn.

5.8. Ein weiter Weg bis zur ‚Eng‘. Köstlich schmeckten die Butterbrote auf der Grammai Nieder- und Hochalpe. Hier gehts nach Scharnitz. So sieht das Karwendel von Westen aus!

Alpengasthaus am Plumpsjoch. 1.619m.   Falzthurntal gegen Lamsenspitze.
Buchau, auf der anderen Seite des Inns.
‚Ich mag nicht mehr', kams oft von deinen Lippen. Und dennoch hast du sie erklommen. Erfurter Hütte (1.834m, Rofangebirge).
Mit Iris bliebst du hier zurück. Zum Rofan gingn die anderen mit.
22.7.   Steil gehts hinab zum Inn – das macht dir keine Müh.
Dalfazer Hochleger [Alm: 1.892m]. 22.7. + ...   Die Rast hier gefiel uns sehr. Doch weiter zum Steinernen Tor.
Der Hochiß ist unser Ziel – Doch Elisabeths [Dorn] Rucksack nicht weiter will.
Wie ist es schön – auf Berges Höhn! Ihr tapferen 3 (Iris, Freimut und Ulrich) habt den Gipfel des Hochiß [2.299m] bezwungen.
Im einsamen Hochtal bei den Rotalpen.   Noch einmal die Gaisalm.
Ihr Berge, lebt wohl! Ihr liebgrünen Büsche, Die kühlende Frische, du rieselnder Quell! Ich denke so gerne an euch in der Ferne. Laß dankbar dich loben, du Schöpfer, dort oben! Hast alles so herrlich bestellt."

Sommer 1942: In der Steirischen Ramsau (Notizen nach meinem Fotoalbum)
Am 6.8.1942, ein „berühmtes" Bild an der Ignaz Matthishütte, 1.986m, am Giglachsee [nur allzu menschliche Töne vom Vater erheitern die 4 „Männer"]
Unterwegs bei Filzmoss, 1.055m
Auf dem Rötelstein, 2.247m, (westlich)
Auf dem „Doktorstuhl" bei der Austriahütte, 1.638m
Auf einem Schneefeld auf dem Weg zur Scheichenspitze

Sommer 1943: „Quer über die Alpen" von Lenggries nach Lienz an der Drau [Nach einem kleinen Heftchen, 1952, von

133

meinem Vater; geringfügig korrigiert] mit Elisabeth Dorn und Hans-Martin Kiehne.

Nachdem die geplante Unterbringung in Bad Tölz wenige Tage vor Abreise abgesagt wurde, begann alles in Lenggries, 679m, an der Isar. An dieser Zugendstation blieb als Übernachtung nur der abgestellte Zug übrig, immerhin im einzigen gepolsterten Wagen der II. Klasse. Kurz nach Mitternacht mußten wir am Zugende einen Luftangriff auf München miterleben. [Noch heute sehe ich den halben Horizont als rotes Feuermeer. Noch heute höre ich später uns alle heftig erschreckende Stiefelschritte über den Bahnsteigkies, Bahnhofvorstand mit der Polizei? – und dann ging die Abteiltür auf und es war erleichterndes „Schon besetzt!" zu vernehmen.]

Am anderen Morgen ging es verständlicherweise überaus zeitig los, zu Fuß und mit Rucksack isaraufwärts, Benediktenwand zur rechten, Frühstückspause im Gasthaus Fall, und dann über das Dürrachtal ins Karwendel, mit Anstieg zur Pollenschlagalpe Oberleger und Unterleger, 1.048m. Der nächste Tag führte über die Mondscheinspitze, 2.105m, zur Pletzachalpe, 1.040m. Beide Übernachtungen erfolgten jeweils mit Schlafsack im Heu. In Pertisau am Achensee wurde eine kurze Dampfschiffpartie eingelegt, um dann mit der Zahnradbahn hinunter ins Inntal nach Jenbach zu kommen. Von Jenbach ging es weiter mit der Zillertalbahn bis nach Zell am Ziller, ca. 600m, wo wir in einem Bauernhof auch im Heu übernachten konnten. Von dort mußte ein 900m-Anstieg hoch auf den Gerlos-Paß, 1.507m, geschafft werden. Hier war in einem wohl ersten Sporthotel die Übernachtung in Betten möglich. Dann erfolgte über die Krimmler-Wasserfälle der Abstieg nach Krimml und der Weiterweg im Salzachtal östlich nach Hollersbach im Pinzgau, 806m, kurz vor Mittersill. Von hier ging es südwärts im Hollersbachtal in die Venediger Gruppe der Hohen Tauern hinein, in 6 Stunden bis zur Fürther Hütte, 2.201m, immerhin 1.400m-

Anstieg. Am nächsten Tag mußte der Tauernkamm eisfrei über das Sandebentörl 2.753m, erklommen werden, um dann südseitig im Gschlößtal/Tauerntal Innergschlöß, 1.691m, zu erreichen. Nach einer Felsenkapelle erfolgte die Übernachtung auf dem Heuboden der Daxelalpe [die jetzt nicht mehr genau örtlich zuzuordnen ist!]. Von hier aus wurde dann, nur noch südwärts überwiegend iselabwärts, über Matrei mittags Huben, 814m, zur Übernachtung in einem Landgasthof erreicht. Es blieb am Nachmittag noch Zeit für einen Abstecher Richtung Kals bis zum Marterl mit berühmtem Glocknerblick. Am letzten Tag war dann nach rund 20 km problemlos Lienz an der Drau, 673m, erreicht. Hier wurde im Massenlager der ‚Tal-Herberge' des DAV im Ort übernachtet. Immerhin wurde dann noch ein Tagesausflug in das Zentrum der Lienzer Dolomiten bis zur Kerschbaumer Alm und zur Karlsbader Hütte eingelegt." – Nach dieser mit Sicherheit nicht wenig anspruchsvollen 10-Tages-Alpen-Teilüberquerung ging es zur Erholung abschließend noch zur "berüchtigten" Kanzelhöhe an der Gerlitzen über dem Ossiacher See nördlich von Villach. Dort hatte ich an meinem Geburtstag ein wertvolles Taschenmesser geschenkt bekommen und dann prompt noch am gleichen Tag verloren.

Aus einem DIN-A6-Heftchen, mit Schreibmaschine geschriebene Texte zu 13 Fotographien:
Gesegnetes Christfest 1943
Ich hebe meine Augen auf zu den Bergen, von welchen mir Hilfe kommt. Crucifix auf der Gerlos. An der Mondscheinspitze im Karwendel, wo wir viele Gemsen beobachteten. Am Sonntagmorgen am Heck vom Dampfer auf dem Achensee. In der Mittagshitze am frischen Brunnenwasser im Hollersbach, wo weiter oben die Adler kreisten. Nach Übersteigen der Hohen Tauern an regnerischem und gewittrigem Tag fanden wir unter dem schützenden Dach der

Daxelalpe gastliche Aufnahme in der Wohnküche und für die Nacht im Heu.

Rückblick auf Windisch-Matrei und auf dem Weg nach Huben im Iseltal. Unsere Jüngsten als Zaungäste mit dem Blick in das Virgental. Die Bergstation der Kanzelbahn mit dem Blick nach Villach und in das Drautal. Die Kanzelhöhe mit den wunderbaren Ausblicken auf das Kärntner Land bis zu den Karawanken hinüber bleibt auch wegen der ausgezeichneten Verpflegung uns unvergessen Beim Abstieg von der Gerlitzen wird eine Einheimische [Kuh] höflich von uns begrüßt. Wiederholt kehrten wir in den Steinwänder Hütten ein und tranken Kärntner Apfelsaft. Ferienstimmung bei warmem Sonnenschein auf der Kanzelhöhe. Träumt unser Ulemännchen unserer 10tägigen Alpenfahrt mit anschließender Erholung in Kärnten oder seiner allerletzten Tagen vor dem ersten Schulgang oder seinem verlorenen Messerchen nach?

Sommer 1944: 2. Alpenwanderung: Von Berchtesgaden nach Bad Gastein
Es finden sich in meinem Fotoalbum folgende Stichworte (einige Korrekturen):
Von Berchtesgaden, 573m, über Abtenau
[Jedenfalls kann ich mich noch deutlich erinnern, wie wir gegen den Hohengöll aufgestiegen sind und in vielen Wegkurven Blechtonnen, schwarz verkohltes Gras und Reste von Verneblungsanlagen gesehen haben]
zur Gablonzer Hütte, 1.510m, (westlich vom Vorderen Gosausee/Gosaukamm)
Dachstein, Ramsau

Hofpürglhütte, 1.705m, an der Bischofsmütze
Austriahütte, 1.638m, zu Füßen des Hohen Dachstein
Tappenkarseehütte, 1.820m

Hinter der Lungauer Kalkspitze, 2.471/2.390m
Preintaler Hütte, 1.657m
Am Klafferkessel, Besteigung des Greifenberg, 2.618m, zur
Gollinghütte, 1.651m
[Von der Gollinghütte geht der Weg über die Gollingscharte,
2.326m, und Landawirseehütte, 1.985m, zur Keinbrechthütte,
1.872m, 5 Stunden]
Giglachsee Obertauern Wiener Hütte Tauernhütte
Franz-Fischer Hütte, 2.001m, [3 Stunden zur]
Tappenkarseehütte, 1.820m, im Kleinarltal [4 Stunden nach]
Hüttschlag Gamskarkogelhütte nach Bad Gastein

Sommer 1949: Bündi ob Sigriswil, Berner Oberland
Drei Monate Spezialaufenthalt in der Schweiz, vom 3. Juli bis
4. Oktober 1949, bei Familie Gottfried Kämpf auf der Alm
Bündi, oberhalb von Sigriswil, nördlich am Thuner See im
Berner Oberland, etwa in 1.700m Höhe. Alles hatte wirklich
einmaligen Charakter.
Auf Betreiben meiner Mutter konnte mit einem sogenannten
Gefälligkeitsattest vom HNO-Chef in Halle ein
(angeblich) dringend notwendiger heilklimatischer
Höhenaufenthalt dokumentiert werden. Der mußte natürlich
in der Schweiz erfolgen, mit zwölf Jahren und trotz Existenz
einer Zonengrenze. So fuhr ich allein nach Sülzhayn, ein kleines
Dorf bei Ellrich im Südharz, was mir von früheren Zonengrenz-
Überquerungen schon bekannt war. Ein meinen Eltern bekannter
Apotheker aus diesem Ort brachte mich bei Nacht und Nebel auf
Schleichwegen bis zur Zonengrenze, die da nur mit einem
einfachen Stacheldraht bewehrt war. Von dort bewegte ich mich,
von nun ab völlig auf mich allein angewiesen, aber ganz sicher
ohne größere Hemmungen und Probleme, dann einige
Kilometer nach Walkenried zum ersten Zuganschluß im
„Westen". Wie privilegiert, bleibt mir unbekannt, mußte ich
diesmal nicht per Anhalter mein Glück suchen, sondern

konnte per Zugkarte nach Frankfurt am Main zu unseren Verwandten mütterlicherseits, zum Zahnarzt Onkel Jakob Stang, in der Eschersheimer Landstraße, fahren. Mein Onkel war z.Zt. mit seinen beiden „halbwüchsigen" Söhnen allein. Geschirr im Schrank war nicht aufzutreiben, dafür aber in den beiden Spülbecken in der Küche tägliches Geschirr mit riesigen Bergen aufgestapelt. Die offensichtlich abgesprochene Finanzierung meiner Zugfahrt in die Schweiz gestaltete sich dann, daran kann ich mich noch genau erinnern, völlig unnötigerweise mehr als peinlich und unangenehm. Jedenfalls konnte ich über eine formale polizeiliche Anmeldung mit Kurzaufenthalt in einem Kinderheim Schönberg im Taunus mit zwölf Jahren von der „Militärregierung in Deutschland" einen ersten westdeutschen „vorläufigen Reiseausweis" mit üblicherweise sonst ausgenommener Sondergenehmigung für „Switzerland" erhalten und mir dadurch überhaupt ein einfaches Visum (No. 15053) für die Schweizerische Eidgenossenschaft „ergattern". So war bequem die Zugreise nach Basel organisiert und hier sogar eine kurze Betreuung durch Basler Freunde (?) meiner Eltern. Vor allen Dingen kann ich mich noch an eine Tüte mit etwas Proviant erinnern, in der u. a. ein gelbes weiches halbgebogenes Etwas lag, womit ich überhaupt nichts anfangen konnte. Vor den Augen mehrerer schweizer Bürger in einem benachbart stehenden Zugabteil blieb mir dann nichts anderes übrig, als mutig in dieses offensichtliche Obststück zu beißen, bis mir dann klar wurde, daß da eine Schale nicht eßbar war. Jedenfalls war man nicht in der Lage, einem offensichtlich fremden und hilflosen Kind auf dem Bahnsteig beim Verspeisen einer Banane irgendeine Hilfe geben zu können.

Über Bern und Thun ging es dann an den Thuner See und dort auf der Nordseite über Gunten, Sigriswil und Schwanden auf die quasi letzte bewirtschaftete Alm: Bündi, ob Sigriswil. Es folgten drei unvergeßliche Monate bei Vater Gottfried Kämpf und Mutter Kämpf, zusammen mit den erwachsenen Kindern Gottfried und

Anni. Zu diesem Zeitpunkt hatte die Alm noch keinen Stromanschluß. An Frischwasser, von einem entfernten Bachbett erfolgreich zu einer Außenpumpe geleitet, gab es keinen Mangel. In dem mich stark beeindruckenden niedrigen, typisch schweizerischen Almwohnhaus mit zwei Stockwerken gab es gleich am Eingang eine Flurtoilette, daneben kleine Schweinehaltung für den eigenen Bedarf, dann auch die Küche, vier kleine Zimmer und in einem größeren Scheunenanbau befand sich im obersten Scheunenbereich ein prächtiger Holzbalkon, auf dem es mit Weitsicht trefflich ungestört u.a. alte Zeitungen schmökern ließ. In einer eher größeren Scheune nur wenige Meter entfernt war auch der Stall mit rund 8-10 Kühen und ständig 2-4 Kälbern untergebracht. Die Milch wurde zu Butter und typischem schweizer Käserad verarbeitet, ein Großteil auch den Kälbern, letztlich zur Mast, verfüttert. Schräg vor dem Haus stand ein alter Kirschbaum – halbhoch in seinen Ästen war mein Lieblingsplatz mit letztlich „ewig" haftendem Blick links auf den Sigriswiler Grat, mit Spitze Fluh und Märre, über dem Thuner See links Eiger, und zwei Viertausender: Mönch und Jungfrau, dann Breithorn, Gspaltenhorn, Blümlisalp, über Spiez der Niesen, rechts anschließend die Stockhorngruppe. Der Sigriswiler Grat war Hauptwandergebiet und zum irren Rumstreichen, oft zusammen mit Gottfried, aber auch viel allein. Dahinter lag das berühmte Justital mit beeindruckendem Viehabtrieb, und dann schloß sich der Beatenberger Grat an. Beatenberg mit Schweitzerhof (einem Ferienheim für Handel und Industrie), in dem Frau Dr. Gertrud Wasserzug-Traeder in einer offensichtlich weit bekannten Bibelschule residierte, eine Freundin meiner Eltern. Bei einem kurzen Besuch, der mir noch heute als auffallend unpersönlich, aber auch deutlich belastend erschien, meinte sie, mir eine gezielte evangelikale „Seelenwäsche" mit Wiedergeburtsbemühungen im Rahmen ihrer Bibelschule angedeihen lassen zu müssen. Immerhin hatte ich über sie überhaupt die Familie Kämpf auf dem Bündi vermittelt bekommen. Zeit meines Lebens war und bin ich dankbar, daß derlei problematische Aktivitäten von Seiten meiner Eltern nie zu erkennen waren.

Ursprünglich waren nur vier Wochen auf dem Bündi vorgesehen. Schon früh hatte mein Mutter vorgesorgt, daß die sechs Wochen Schulferienzeit auf jeden Fall um zwei Wochen zu verlängern seien. Und als diese acht Wochen auf die Neige gingen, verdankte ich es meiner Mutter – entgegen der Vorstellungen meines hier eher strengen Vaters, für den ein Versäumen von Schulzeit völlig ausgeschlossen war –, daß das auf drei Monate limitierte Visum auch in voller Länge ausgeschöpft werden mußte.

Auf jeden Fall habe ich mit dem Bündi und der großartigen Bergwelt des Berner Oberlandes nicht nur eine große Liebe zu den Bergen vertieft bekommen, sondern auch zur Almwirtschaft und zur Landwirtschaft überhaupt. Hier standen an: Kühe weiden, Gras mähen, einfahren mit einem Schlitten im Sommer auf den steilen Hängen, Kälber und Schweine versorgen, auch Misten und Gülle ausfahren, abenteuerlich, und alle etwa zwei Wochen mit Vater Kämpf einkaufen von einigen wenigen Lebensmitteln in der Handlung in Schwanden – denn man hatte ja fast alles, was für ein einfaches und ausreichendes Leben nötig war.

Pfingsten 1950 in der Sächsischen Schweiz
Diese Pfingstausfahrt war, aus mir letztlich unklaren Gründen, eine reine Männerpartie, also nur mit meinem Vater und meinen zwei Brüdern.

August 1950 bei Familie Dr. August Knorr im Palmenwald in Freudenstadt im Schwarzwald
Wieder ging es paßfrei schwarz über die „grüne Zonengrenze". Wegen des doch schon vorhandenen Schießbefehls mußte und konnte ein Spezialmanöver durchgeführt werden, indem ich im Eichsfeld über einen offensichtlich den Eltern bekannten

Eisenbahner in einem Zugbegleiterhäuschen an einem Güterwagen einen Güterzug erfolgreich benutzen konnte. Per Anhalter gelangte ich ohne Probleme bis nach Mannheim. In der Nachbarschaft und im Anblick der Russisch-Orthodoxen Kirche dort hat mich dann stundenlang niemand mitgenommen. Ein fremder Mann hat dies beobachtet und mir dann am Abend eröffnet, daß ich bei Ihm übernachten könne. Er war offensichtlich ein Pfadfinder. Auf jeden Fall wurde ich bestens mit Essen und guter Übernachtung versorgt. Am anderen Morgen hatte ich dann mehr Glück und wurde als Tramper mitgenommen. Schon bald am Ziel kann ich mich noch gut erinnern, daß ich am Spätabend in einem leeren Holzlaster vorn zwischen dem Fahrer und Beifahrer Platz nehmen konnte und wir offensichtlich durch das Murgtal fuhren. In einem Sägewerk, wo die Fahrer am nächsten Tag Holz abholen wollten, wahrscheinlich zwischen Erzgrube und Besenfeld, fand ich in einem Bretterverschlag trotzdem ordentliche Schlafmöglichkeit. Dann tat sich irgendwie eine finanzielle Möglichkeit auf, die letzten Kilometer mit dem Zug fahren zu können. In Freudenstadt besuchte ich 2-3 Wochen die mit den Eltern befreundete Familie August Knorr. Er war der Leiter, Arzt und Seelsorger des Kurhauses Palmenwald (Seite 196). In Erinnerung sind mir viel erfolgreiches Pilzesuchen in einem herrlichen Wald geblieben, ein Sohn hatte sich äußerst geschickt und erfolgreich mit Modell-Flugzeugbau beschäftigt. Beeindruckend war auch ein Tschaikowski-Klavierkonzert im Kursaal, wo ich gleich in der ersten Reihe neben dem Pianisten Platz nehmen konnte.

Pfingsten 1951 bei Tante Trudel in Schleusingen im Thüringer Wald
Unsere Tante Trudel (Seite 124) hatte seit 1949 die Leitung eines großen Altersheimes in Schleusingen übernommen. Da lag es nahe, daß die Familie Börngen sie in diesem schönen Bereich des Thüringer Waldes über Pfingsten 1951 einige Tage besuchte. Im

Haupthaus hatte Tante Trudel in einem idyllischen Eckzimmer an einem kleinen Bach ein schönes Empfangszimmer, das Forellenzimmer. Neben verschiedenen Ausflügen in die nähere Umgebung ging es auch auf den Simmersberg.

Juni 1951 nach Kloster Drübeck und Stapelburg am Nordharz
Mein Bruder Freimut weilte nach langjährigem Kranksein nach einer Lungentuberkulose mit nachfolgender langwieriger Kniegelenkstuberkulose oft längere Zeit zur Liege-Erholungskur in speziellen Heilstätten, so auch 1951 in Stapelburg unmittelbar an der Zonengrenze im Nordharz. Hier haben wir ihn besucht, offensichtlich die ganze 6-köpfige Familie, also auch mit Bruder Mila und auch mit Tante Trudel. Wir hatten Quartier genommen in einer kirchlichen Einrichtung, wohl im Kloster Drübeck. Von hier aus waren wir rasch in der Tbc-Klinik von Freimut. Durch deren großes Gelände lief ein kleiner Bach, der die Zonengrenze markierte. Jeder wußte, daß sich der einzigste Grenzsoldat am frühen Abend in die verdiente Freizeit begab. So konnte ich ohne Probleme und unbemerkt spät am Abend über den Bach springen und unbehelligt nach Bad Harzburg laufen, vielleicht 6-8 km (?). Dort war ein Treffpunkt in einer ärztlichen Praxis mit meiner Schwester Iris ausgemacht. Ich weiß nicht mehr genau, ob ich sie dann noch am Abend oder am nächsten sehr frühen Morgen noch rechtzeitig vor Dienstbeginn des Grenzers nach Stapelburg habe rüberlotsen können. Jedenfalls verlebten wir schöne Ferien vielleicht 1-2 Wochen gemeinsam in Drübeck. Von hier ging es zum Ilsenstein und auf den Brocken. Unvergeßlich bleibt ein lustiger Abend mit allen Feriengästen im Haus. Wir hatten eine Decke halbhoch in eine Tür gehängt und dann irgendein volkstümliches Lied gesungen und dabei ruckartig unsere Köpfe über die Decke erhoben, was alle, auch uns, äußerst belustigte.

August 1951 Radtour mit Bruder Michael durch den Harz

Halle – Eisleben – Sangerhausen – Wallhausen – Sittedorf – Kyffhäuser – Kelbra – *Zelten* – Berga – Rottleberode – Stolberg – Hasselrode – Königshütte – Elend – Schierke – *Zelten* – Brocken – Schierke – Elbingerode – Rübeland – *Zelten* – Hüttenrode – Treseburg – Gernrode – Ballenstedt – Ermsleben – Hettstedt – Eisleben – Süßer See – Halle.

Wir waren vier Tage unterwegs, haben also dreimal frei in der Natur gezeltet. Dies war nicht immer einfach, da bei dem oft felsigen Boden die Heringe nur mit Mühe eingerammt werden konnten. Das kleine grünbraune Hauszelt hatte komfortablerweise einen äußerst angenehmen eingenähten Kunststoffboden. Wir hatten es erst kurz vorher überhaupt mit großem Glück erstehen können. Auf jeden Fall haben wir sowohl den Kyffhäuser wie den Brocken mit den Rädern erstrampelt. Auf dem Gipfel des Brockens herrschte dichter Nebel. Beim Einkehren auf dem Brocken hatte jeder ca. 8-10 Bierdeckel mitgenommen und kurz vor der Abfahrt in die Speichen der Räder geklemmt. Beim oft steilen Bergabfahren auf unbefestigten holprigen Waldwegen ist, trotz reichlich Nebel, zum Glück niemand gestürzt, aber die Bierdeckel flogen zu unserer großen Belustigung blitzartig in die Gegend, bis wir keine mehr hatten.

August 1952 (Renn-) Radtour mit Bruder Michael in den Thüringer Wald

Wir nannten sie Renn-Radtour, denn jedesmal, wenn wir ein Straßenschild einer neuen Ortschaft sahen, legten wir uns beide so ins Zeug, um ja als erster über die Ortsschaftsgrenze zu kommen. Von einer irgendwie gearteten Prämierung ist mir nichts bekannt. Es ging von Halle über Merseburg, Weißenfels, Naumburg nach Weimar. Hier erfolgte die 1. Übernachtung auf dem Ettersberg unweit des KZ Buchenwald. Von unserem Zeltplatz konnten wir recht gut auf den Eingang eines durch Russen besetzten und stark frequentierten Lagers sehen. Offensichtlich waren wir uns der brisanten Situation nicht bewußt. Am nächsten Tag ging es im Thüringer Becken über Erfurt, Gotha und Leina, dann südlich hoch über Schnepfenthal nach Friedrichsroda, schon 411m. Wegen anhaltendem Regen mußten wir einige Nächte in Friedrichsroda zubringen. Dies war aber insofern fast ideal, da wir mit entsprechender Drängelei als schon „bekannte" Schwimmsportler direkt im Freibad günstig das Zelt aufstellen konnten. Es existieren noch zwei Aufnahmen, wo und wie wir beide im Bad auf Tischen 10-12 Brötchen mit reichlich Wurst zum Abendbrot verdrückten. Auf jeden Fall wurde auch dem Großen Inselberg, 916m, mit dem Rad ein Besuch abgestattet. Dann ging es über Georgenthal und Luisenthal wieder hoch nach Oberhof, um 815m, und über den Rennsteig dann zur Schmücke, nach Schmiedefeld und nach Neustadt, dann über das urwüchsige herrliche Schwarzatal nordöstlich hinunter nach Rudolstadt. Schließlich wurde zwischen Rudolstadt und Jena nochmals übernachtet, bevor es über Jena, Naumburg, Weißenfels und Merseburg wieder nach Halle zurückging. Vor Naumburg hatten wir uns übermütig auf der Höhe der Dornburger Schlösser rechts und links an einen russischen Panjewagen gehängt. Den Russen gefiel dies offensichtlich und sie fuhren deshalb ganz besonders schnell. Bei einer engen und unübersichtlichen Brücke ereignete sich dann ein kapitaler Unfall, indem ich auf der rechten Seite gegen einen steinernen Brückenfeiler prallte, mich überschlug und im Gelände landete. Zum Glück gab es nur diverse Schürfwunden. Noch am Abend war ich trotzdem ins Hallenbad gegangen.

1953 Osterfahrt (April) zum Kyffhäuser 457m
An dieser Eintagestour waren beteiligt die Eltern und Bruder Freimut. Auf der Hinfahrt machten wir einen Zwischenaufenthalt in Sangerhausen und besuchten anschließend noch die Ruine Rothenburg, schon in Sichtweite vom Kyffhäuserdenkmal. Mein Vater machte sich insofern verdient, als er eine neue

Errungenschaft meiner Mutter, ein leichtes aufklappbares Liegebett für bequemeres Lagern im Freien mitschleppte.

1953/1954 erneut Fahrt in den Thüringer Wald

Zum Jahreswechsel 1953/54 wagten wir uns mit unserem alten IFA, der „Eistüte", oben dunkelbraun, unten hellbraun, erneut in den Thüringer Wald zu Tante Trudel nach Schleusingen. Auch Schwester Iris war wieder mit von der Partie. Nur auf der Rennsteighöhe hatte es ordentlich Schnee. Einmal waren wir bei Oberhof bei doch ungünstigen Schneeverhältnissen in einem flachen Tälchen von der unübersichtlich sich schlängelnden und nicht geräumten Straße abgekommen und geradeaus auf einer Wiese gelandet. Mit einem Herauskommen mit unseren Kräften war nicht zu rechnen. Just, da kam eine größere Schar von urlaubmachenden „Werktätigen" daher, die uns mit großem Hallo wieder auf die Straße schoben. Zum Glück haben sie offensichtlich erst später gemerkt, daß verschiedene Personen durch die sich im Gras und Erdreich zu viel drehenden Reifen ganz ordentlich eingedreckt wurden. Aber da waren wir schon über die Berge hinweg.

1954 Osterfahrt in den Thüringer Wald

Hier lag der Schwerpunkt unserer Thüringer-Waldfahrt im bekannten Spielwarenort Sonneberg, wo der Bruder Freimut auf der Sternwarte „hauste". Deshalb hat sich meine Mutter besonders bemüht, daß er „nun endlich" zu einer Frau käme. Denn es ist nicht gut, wenn man allein bleibt. Auf dieser Fahrt machten wir eine hochinteressante Beobachtung. Die DDR dürfte unlängst den 2. Osterfeiertag abgeschafft haben. Aber die Sonneberger, die mit ihrer privat- und kleinhausbetrieblichen Spielwarenherstellung wohl fast ausschließlich für den devisenträchtigen Export gearbeitet haben, konnten sich noch immer herausnehmen, am 2. Feiertag geschlossen zum Gottesdienst zu gehen.

1954 Pfingstfahrt nach Jena
Über Dornburg ging es auf der Höhe des Saaletales zu den
Dornburger Schlössern und zu einer langjährigen engen Freundin
der Eltern, Dora Berger, nach Jena. Daß sich in der
Nachbarschaft im Tautenburger Forst eine bedeutende
Sternwarte befand, wo quasi die Familie meines Bruders Freimut
aufgewachsen ist, dürfte uns auf dieser Fahrt noch nicht bewußt
gewesen sein. Natürlich mußten wir von Jena aus die markante
Leuchtenburg besuchen.

1954 Frühjahrsfahrt nach Aue ins Erzgebirgee
Über Altenburg fuhren wir nach Aue in den südwestlichen Teil des
Erzgebirges. In Altenburg beobachteten wir auf der Durchfahrt
zwei Geschäfte namens Börngen. Der Verwandtschaftsgrad
erwies sich später als relativ fern und ohne größere Bedeutung für
uns. In der Nachbarschaft dürften wir in einem Hotel
übernachtet haben, ausgerechnet über einem Kino. Als nach
Kinoende verschiedene Personen noch längere Zeit auf der
Straße laut unter unserem Fenster debattierten, blieb uns/mir
(mit Freimut) wohl nichts anderes übrig, als mit einem im
Zimmer vorhandenen Nachthafen eine ordentliche Portion (nur?)
Wasser nach unten zu verteilen. Man verzog sich dann
wirklich und wir wurden auch nicht zur Rede gestellt. In Aue
besuchten wir den befreundeten Direktor, Fritjof   Glöckner,
vom Diakonissenmutterhaus Aue. Mit ihm bekamen wir
auch den russisch-deutschen Uranbergbau bei Oberschlema
zu Gesicht, ohne daß uns die wirkliche Tragweite dieser
Situation damals bewußt war.

1954 u.a. „bergige" Steilküste und Seeurlaub auf Usedom
Über meine Eltern habe ich aber nicht nur eine große Liebe zu den
Bergen auf den Lebensweg mitbekommen, sondern auch
Begeisterung, natürlich auch als Schwimmer, für das Wasser, fürs

Meer. Deshalb sollen hier angefügt werden unsere großen Sommerferien mit den Eltern, Freimut und Iris im Seebad Heringsdorf auf Usedom im August 1954. Obwohl ich noch nicht meinen Führerschein gehabt habe, durfte ich auf der Insel praktisch alle Autofahrten selbst übernehmen. Auf der Insel soll es keine Polizei gegeben haben. Mit einem entsprechenden Attest von meinem Vater, was in dieser Form selten vorkam, habe ich meine Fahrprüfung ausnahmsweise mit 17 Jahren schon im Herbst 1954 erfolgreich ablegen können. Dabei hielt der Fahrlehrer vom BMW-Autogeschäft am Leipziger Turm in Halle nur eine Fahrstunde bei mir für nötig! Nach Usedom war das auch nicht anders zu erwarten. Auf Usedom waren wir privat sehr schön in einem kleinen Fischerhäuschen ganz nah am Strand untergekommen. Wir haben den Strand, ausnahmsweise auch mal mit Strandkorb, und die ganze erstaunlich waldreiche Insel intensiv bevölkert und kennengelernt. Hier durften am Strand noch richtige Burgen gebaut werden. Beeindruckend war die steilere Küste bei Koserow. Dahinter, also am westlichen Inselende, wurde unser Bewegungs- und Erkundungsdrang bei Peenemünde gestoppt durch ein Schild „ Besatzungsgebiet – Betreten verboten", wo wir schon die berüchtigten Raketenversuchsgelände vermutet hatten. Abenteuerlich gestaltete sich eine Schiffspartie trotz Regen, Sturm, Wellen und Seekrankheit nach Rügen, wo ich eine derart imposante Kalksteilküste nicht erwartet hatte. Ein Großteil der Mitfahrer entschied sich für eine Eisenbahnrückfahrt, aber wir natürlich nicht. Zurück ging es immer ganz dicht an der Küste entlang, aber an ein „an Land schwimmen" war ja sicher nur theoretisch zu denken. – Einmal ging es sogar über den Inselzugang mittels Brücke bei Wolgast auf große Fahrt nach Greifswald und Stralsund mit überall beeindruckender norddeutscher Backsteingotik. Und von Rügen sind wir auch einmal mit einem kleinen Boot nach Hiddensee übergesetzt.

Östlich auf der Insel Usedom war es dann bei Kaminke nicht mehr so weit, um den Blick ins polnische Wollin streifen zu lassen. Hier hatten uns riesige Mückenschwärme überfallen. Ich habe an mir an einer halben Extremitätenseite über 50 Stiche gezählt. Wenn man eisern nicht gekratzt hatte, war das alles am nächsten Tag folgenlos verschwunden.

Seit 1960 bin ich Mitglied im Deutschen Alpenverein.

Lebt wohl, Ihr Berge, Ihr sonnigen Weiden
Der Senne muß scheiden, der Sommer ist hin
Auch wir müssen ziehen, aus himmlisch Gestaden
Mit Gott, dann kann uns nichts schaden

„Mein letzter Wunsch"
(modifiziert Juni 2004 im Krankenbett Chirurgie Bad Cannstatt – nach einem Nordic-Walking-Sturz mit Oberschenkelhalsbruch – nach Unbekannt)

Fahr ich nach einem Sturze schwer   auf vielleicht letzter Fahrt zu Tale, gönn einen Wunsch mir noch, - oh Herr! Es sei zum letzten Male. Ins Paradies laß andre rein.
Trotz seiner hohen Wonne, möchte ich ein leuchtend Firnfeld sein am Berghang in der Sonne.
Und zu der Sommerwanderzeit   will ich mich auch erheben und will am blauen Himmelszelt   als Wanderwolke schweben.
Kommt dann der Herbst mit seiner Pracht, oh Herr – durch deine Hände –
laß mich als Nebel ziehen sacht wie eh' durch Grat und Wände.

4. Unmittelbare und nachhaltige Kriegseindrücke

In den letzten Kriegsjahren bleibt das Sirenengeheul vor potentiellen Luftangriffen, gespenstisch besonders nächtlich, aber auch tagsüber, lebenslang beunruhigend und erschreckend – ich habe es auch heute noch in den Ohren. Noch heute steht mir unmittelbar vor Augen, wie meine Mutter meinen Bruder Michael nachts auf einem Stuhl in den Luftschutzkeller getragen hat. Dies mußte im unteren Treppenhaus vor den großen Glasfenstern der Haustüre erfolgen – im Angesicht von Blitzen, „Weihnachtsbäumen" und Scheinwerferstreifen am sichtbaren Himmel. Mein Bruder litt damals an stark schmerzhaften großen Gelenken durch ein entzündliches Gelenkrheuma, rheumatisches Fieber. Mein Vater war nicht anwesend, da er vor den meisten Alarmsituationen in die medizinische Zentrale von Halle in der Torstraße abgeholt wurde. – An die ersten Folgen von Luftangriffen kann ich mich noch bestens erinnern. Wir fuhren um 1942 mit dem Zug durch das weitflächig zerstörte und noch brandschwelende Stettin. Massenhaft notärztlich versorgte Menschen mit oft großen Verbänden säumten die Schienenränder. Wir waren auf dem Weg zu einem Urlaub an der Ostsee. Dort imponierten eher große Küsten-Batterie-Kolosse. Und auf einer weiteren sommerlichen Ferienreise 1943, „Quer über die Alpen" von Lenggries nach Lienz an der Drau, mußte unser Zug wegen schwerer Bombardierung vom Bahnhof Leipzig umgeleitet werden. Am Endpunkt der Zugreise in Lenggries mußten wir vom Alpenrand aus eine ausgedehnte Bombardierung von München miterleben, Seite 134. Kommentare dazu sind mir nicht mehr erinnerlich.

Unvergeßlich und zutiefst erschütternd war das, was ich als Fünfjähriger zwei Häuser weiter vom Elternhaus im sog. „Judenhaus" (Hindenburgstr. 34, heute/später Magdeburger Str. 7) an einem der letzten Maitage 1942 miterlebt habe. An einem

Morgen waren im zweiseitig bewohnten und etwa vier Stockwerke hohen Haus an 3-4 Wohnungen die Klappläden geschlossen. Es hieß, die Familien hätten sich umgebracht. Offensichtlich war am Vorabend eine Warnung erfolgt. Tatsächlich war zu beobachten, daß viele Blechsärge herausgetragen wurden. Und dann war zu erfahren, daß man die anderen Familien „mitgenommen" hätte. Nach Recherchen über den „Verein-Zeitgeschichten" in Halle konnte ich seriöser über „101 Stolpersteine in Halle an der Saale 2007" (Seite 75) in Erfahrung bringen, daß es sich am ehesten um eine **Judendeportation** gehandelt haben dürfte. Sie erfolgte am 1. Juni 1942 von Halle nach Sobibor bei Lublin (SO-Polen). Ich kann mich nicht entsinnen, daß in der Familie damals oder später über diese Abläufe gesprochen wurde.

Im Spätsommer 1944 wurde mein Vater nun doch noch eingezogen. Er mußte seinen Grundwehrdienst in der Kaserne bei Torgau absolvieren. Einmal konnten wir ihn dort besuchen und es war für mich die Vorstellung, daß er dort über den Kasernenhof robben mußte, mehr als merkwürdig. Ende 1944 wurde er dann im Reservelazarett auf der Albrechtsburg bei Meißen als Mediziner eingesetzt. Einem Soldbuch, zugleich Personalausweis, vom 9.9.1944 können Dienstgrade, also „Beförderungen", entnommen werden in der 2. Sanitäts-Ersatz-Abteilung 4 Eilenburg ab 18.9.44 Sanitätssoldat, dann Sanitätsgefreiter, Sanitätsunteroffizier und ab 1.3.45 Sanitätsfeldwebel. Von der Albrechtsburg aus mußte er aus nächster Nähe mit ansehen, wie seine Vaterstadt Dresden am 21./22. Februar 1945 durch Luftangriffe in Schutt und Asche gelegt wurde. Mein Vater sprach davon, daß Verletzte der Luftangriffe, die einfach auf Elbschiffe gelegt und so elbabwärts kamen, ärztlich dann in Meißen versorgt werden konnten. Sonst höre und sehe ich noch, wie er wohl Mitte Mai 1945 sich plötzlich mit Familienpfiff vor dem Haus gemeldet hat und dann unerwartet in der Türe stand. Er war mit anderen Kameraden nachts nach Hause gepilgert.

1944 wurde ich als Schüler wegen vermehrt drohender Bombenangriffe auf Halle vom Mai bis Dezember aufs Land evakuiert. Meine Eltern konnten dabei erwirken, daß ich nicht mit der Schule in irgendein Massenlager verschickt wurde. Vielmehr kam ich bevorzugt für acht Monate zu einer befreundeten Familie, Irmgard und Werner Hauffe, ein ehemaliges Missionsehepaar der Brüdergemeine von Herrnhut, nach Kirschkau/Ebersdorf an der Saaletalsperre im Bereich der Schleizer Seenplatte. Bemerkenswert, daß wir auf dem mehrere km weiten Schulweg in der Nachbarschaft der Saaletalsperre einigemale von Tieffliegern attackiert wurden. Ihnen konnten wir uns nur durch rasches Werfen in den Straßengraben entziehen.

Halle und damit auch ich haben 1945 3-4 schwerere **Luftangriffe** erlebt und durchmachen müssen. Einer galt wohl primär der Innenstadt und dann drei weitere, offensichtlich ganz systematisch entlang der Hauptachse der Stadt in Süd-Nordrichtung, also damals Merseburger Straße, die gerade übergeht in die Hindenburgstraße, der Straße, wo mein Elternhaus steht. Der erste Luftangriff traf südlich vom Riebeckplatz, der zweite rund um den Riebeckplatz mit dem Hauptbahnhofgelände und der dritte näherte sich beängstigend unserer Nachbarschaft. Bei dem letzten Luftangriff wurde unser Haus mindestens von zwei Brandbomben direkt getroffen. Sie hatten sich glücklicherweise nicht entzündet. Zusammen mit Bruder Freimut habe ich geholfen, diese Brandbomben aus einem Holzgebälk direkt unter dem Flachdach auf dem Boden und eine Brandbombe, die bis ins Erdgeschoß durchgeschlagen war, mit der Hand und Kehrschaufel zu entfernen und auf die Straße zu werfen. Dort lagen auch weitere sich nicht entzündete Brandbomben. Nur 6-7 Häuser weiter, den Berg hoch Richtung Riebeckplatz, also südwärts, hatte diese Bombardierung das erste Haus so zerstört, das es ausgebrannt war und zusammenfiel. Weiter südlich fielen diesem Luftangriff weitere Einzelhäuser zum Opfer und dann ab etwa einer Entfernung von

400 m wurden die ganzen Wohnviertel beidseits unserer Straße in einer Breite von einigen 100 Meter dem Erdboden gleichgemacht. Es war wohl Karsamstag 1945. Offensichtlich mußte am Samstag vor Ostern wenige Stunden nach dem Luftangriff am Riebeckplatz etwas erledigt werden, womit meine Schwester Iris beauftragt wurde. Ich sollte oder wollte sie begleiten. Deutlich kann ich mich noch entsinnen, daß schon am Ende des Geländes der Universitäts-Kliniken, also nach rund 300 m, eine tote Person mit massiver Leibverletzung auf dem Bürgersteig lag. Und dann sahen wir auch gleich, daß ein Fortkommen auf unserer Straße schon ab etwa weiteren 100 m überhaupt nicht zu denken war. Die Straße war durch Häusertrümmer total verschüttet. Wir waren froh, schleunigst umzukehren.

In diesen letzten Kriegsmonaten mußten wir wohl täglich bei Fliegeralarm in den Luftschutzkeller. Dies war ein kleiner Raum in der Kelleretage direkt neben dem Heizungskeller, offensichtlich in ihn hineingebaut. Er hatte vielleicht eine Größe von 2.50 mal 3.50 m, in dem 1-2 Stockbetten standen und wenig Gestühl, für 6-7 Personen. Auf der rechten Seite in einer Ecke befand sich in Kopfhöhe, also gleich unter der Decke, ein eiserner schmaler Durchstieg durch die relativ dicke Mauer. Auf der Luftschutzraumseite war er mit einem stabileren Eisentürchen versehen. Er wurde von mir ausprobiert und es war somit allen klar, daß die Größe dieses Fluchtausganges ein ohnehin schwieriges Durchkrabbeln allenfalls für meine Körpergröße möglich und wahrscheinlich noch nicht mal für meine nur gering älteren Geschwister geeignet war.

In dieser Zeit konnte ich beobachten, was mir bis heute im Gedächtnis blieb: Unsere Hausmannsleute, Helene und Max Fischer, hatten für eine möglicherweise überstürzten Evakuierung zwei riesige stabile Säcke anfertigen lassen. Sie hatten Ausmaße von rund 70x70 cm und eine Höhe von 110 cm. Sie wurden bis zum oberen Rand mit allerlei ihnen wichtigen Dingen gefüllt und waren dann auch nicht mehr zu bewegen – mußten freilich dann in Wochen wieder geleert und aufgeräumt werden!

Meine Mutter hatte manchmal geradezu einen siebenten Sinn. Etwa im April 1945 meinte sie, veranlassen zu müssen, daß das Jungszimmer, in der ersten Etage nach vorn Richtung Westen, fast vollständig geleert werden muß. Von einem großen Tisch mußte extra die Tischplatte abmontiert und irgendwo im Haus gestapelt werden. Mitten im beginnenden Frühling wurde Tag und Nacht das umständlich schwere Rolle heruntergelassen, was sonst nie bewegt wurde. Warum das alles, scheinbar ohne Grund!? Nach ein bis zwei Wochen konnten wir es erfahren.

Auf dem Dach meiner späteren Oberschule hinter unserem Haus waren weit sichtbare große Rote Kreuze aufgepinselt. Ob da jemals in den Klassenräumen ein Lazarett untergebracht war, habe ich nie bemerkt. Aber wir haben gesehen und wußten, daß in einem kleinen Türmchen zwischen den Roten Kreuzen oft Personen standen, die offensichtlich von diesem hohen Aussichtpunkt militärische Beobachtungen tätigten, also das Lazarett mißbrauchten. Dies müssen die Amerikaner jenseits der Saale im Westen mitbekommen haben, sodaß sie plötzlich begannen, in kurzer Zeit dieses Beobachtungstürmchen einfach mit Artillerie abzuschießen. Eine Granate ging hoch oben in eine große Häuserwand gleich links auf meinem kurzen Schulweg. Es gab ein großes Loch und es soll eine Person, die dahinter geschlafen hatte, mit samt dem Bett auf die andere Seite des Zimmers geflogen sein, ohne sich zu verletzten. Ja, und eine Granate bei diesem **Artilleriebeschuß** traf genau unser Jungszimmer! Offensichtlich ist sie entscheidenderweise durch das Rolle am etwa 50cm breiten Erker vor dem Zimmer außen explodiert und hat dann trotzdem zwar großen lokalen Schaden angerichtet, aber nicht weiter das Haus beschädigt.

Das angekündigte Dauersirenengeheul eines Panzeralarms erreichte mich, als ich mittags im Garten neben unserer

Reckstange an einem dicken Seil schaukelte. Unmittelbar danach zerbrach die Holzkonstruktion dieser Reckkonstruktion und kippte beängstigend um. Ich konnte noch rechtzeitig und erfolgreich abspringen. In diesen letzten Tagen des Panzeralarms hielten wir uns weitgehend im Luftschutzraum auf. Am 15.4.1945 hatten offenbar die Amerikaner die Saale an der westlichen Stadtgrenze von Halle erreicht. Später war zu erfahren, daß durch entschlossenes Handeln eines Sohnes der Stadt, insbesondere von Felix Graf von Luckner, wohl auch vom Oberbürgermeister und einem Wehrmachtsoffizier die Stadt weitgehend kampflos und in letzter Minute an die amerikanischen Truppen übergeben werden konnte. Es hieß damals, daß schon ein großes Flugzeuggeschwader, 400 Flugzeuge, startbereit zur totalen Bombardierung bereit gestanden hätte.

Ich kann mich noch gut erinnern an ein „letztes Aufgebot" durch militarisierte Jugendliche, die als ganz kleine Gruppe durch die Straßen zogen, um wahnsinnig zu versuchen, doch noch den „Endsieg", wie es hieß, z.B. mit der ja jetzt bald eingesetzten „V2-Wunderwaffe", zu erringen. Auch daran, daß offensichtlich ein Vater versucht hat, seinen Sohn, noch Schüler, zurück zu halten, und dieser dann seine Panzerfaust am Reileck auf das Geschäft des Vaters abgeschossen und großen Schaden angerichtet hat. Dies mußte ich natürlich vor Ort genau inspizieren. Offiziell endeten in Halle offensichtlich die Kampfhandlungen am 19. April 1945.

Und dann tauchten relativ unspektakulär und vor allen Dingen ohne nennenswerte Kampfhandlungen die Amerikaner, schwerst bewaffnet mit riesigen Panzern und Jeeps auf, und der unselige Krieg war endlich zu Ende. Und auch mein Vater kehrte plötzlich, im April/Mai erfreulich früh heim. Und dann ereignete sich, für uns noch völlig unverständlich und nicht einzuschätzen, daß auf einmal die Amerikaner in einem Riesentroß über mehrere Tage mit dem ganzen Militär und Begleitfahrzeugen Tag und Nacht vor unserem Haus wieder abzogen. Noch mehr Tage dauerte dann der

Abzug hinterher von Menschen mit ihren Habseligkeiten aus Deutschland und aus Osteuropa, die sich den Amerikanern anschlossen, denn der Einmarsch der Russen stand unmittelbar bevor.

Ich denke, daß zu den Kriegsereignissen auch dazu gehört, daß ich vielleicht noch Ende 1945 als Achtjähriger ein 40-60seitiges einfach gedrucktes Büchlein im Elternhaus in die Hand bekam. Es war eine Schrift über das KZ Buchenwald bei Weimar. An einem Abend, wohl ohne Wissen meiner Eltern, hatte ich diese Dokumentation durchstudiert. Das empfand ich schon damals als grauenhaften Wahnsinn und ich sehe mich noch heute, wie ich, phantasierend vom Bett zu meinen Eltern ins Wohnzimmer geisterte.

Abschließend zu diesem Kapitel müssen noch einige Gedanken zum Menschheitsthema schlechthin **„Krieg und Frieden"** hinzugefügt werden. Schon die von mir erlebten unmittelbaren Kriegserfahrungen haben mich letztlich nachhaltig zum Pazifisten gemacht. Biographisch begründet kam dies freilich erst ab den bedeutenden Kirchentagen Hannover 1983 und Düsseldorf 1985 zum Tragen. Zweifelsohne war ein Auslöser die historische Rede von **Dietrich Bonhoeffer im August 1934** auf der Tagung des Ökumenischen Weltbundes für Freundschaftsarbeit auf der dänischen Insel Fanö.

„Wie wird Friede? Durch ein System von politischen Verträgen? Durch Investierung internationalen Kapitals in den verschiedenen Ländern? d. h. durch die Großbanken, durch das Geld? Oder gar durch eine allseitige friedliche Aufrüstung zum Zweck der Sicherstellung des Friedens? Nein" und „Die Stunde eilt – die Welt starrt in Waffen und furchtbar schaut das Mißtrauen aus allen Augen, die Kriegsfanfare kann morgen geblasen werden – worauf warten wir noch? Wollen wir selbst mitschuldig werden, wie nie zuvor?"

Ich muß annehmen, daß meine Eltern davon erst posthum erfahren haben. Ich gehe davon aus, daß sie trotzdem stark von Bonhoeffer geprägt waren, da ich im Nachlaß „Nachfolge" in bemerkenswerter 2. Auflage von 1940 vorfand. Auch wenn wir seit 1945 in Deutschland und in Europa praktisch keinen Krieg mehr erleben mußten, bleibt doch eine ungeheuerliche und zunehmende **Friedlosigkeit** bis in unsere Tage erschreckende Wirklichkeit. Insofern bleibt das Friedenswort von Bonhoeffer 1934 unverändert virulent und höchst aktuell. Diese beängstigende Situation habe ich erstmals im Gemeindebrief der Kreuzkirche Stuttgart im Januar 1986 im Zusammenhang mit unserer Vision eines Zusammengehens von Friedenskonzil (Düsseldorf 1985) gemeinsam mit den Aussagen der 6. Vollversammlung des Ökumenischen Rates der Kirchen Vancouver 1983, **konziliarer Prozess für Gerechtigkeit, Frieden und Bewahrung der Schöpfung** unter der Überschrift „Nachfolge – wir sind auf dem Weg" formulieren können. Mehr denn je sind heute christliche „Antworten gegen die dämonischen Mächte des Todes in wirtschaftlicher Ausbeutung, Mißbrauch von Wissenschaft und Technologie, Militarismus und Rassismus" nötig, und „Gefragt ist, wie ernst und glaubwürdig wir es mit dem Evangelium … nehmen in Anbetracht der vielfältigen und zunehmenden tödlichen Bedrohung menschlicher Existenz und Schöpfung Gottes."

Und 2020 hieß es für mich (BoD, S. 282), „ stichwortartig einige wesentliche Aspekte des modernen realen Kapitalismus": "Unverändert bedeutet es heute: ‚**So kann es nicht weitergehen' mit dem zunehmend zerstörerischen und global auf die Spitze getriebenen ‚Menschentum mißachtenden Kapitalismus'** ": Weltbeherrschung durch Neoliberalismus, Fehlglobalisierung in Form modernem Kolonialismus, Wachstumswahn, lobbyistische Industrieforschung, Gigantopathie, Aufrüstungsmanie, Verdrängung nuklearer Supergefahren, Rekordverschuldung"…

5. Schwimmsportliches Abheben

Mein Schwimmen-Lernen war schon eine ganz besondere Spezialität. Von einer angeborenen Wasserscheuheit habe ich eigentlich nie etwas gehört. Also müssen es offensichtlich die äußeren Umstände gewesen sein. In Erinnerung bleibt mir bis heute eine starre Angel am Beckenrand oder auch ein Stangenring. So mußte ich bei übermäßig belebtem und deshalb stärker welligem Wasser unter der Anleitung vom sonst offensichtlich bewährten Bademeister Heinz Wittig überleben und alles wasserschluckend ausbaden. Alles spielte sich ab im prächtig gefliesten hallischen Stadtbad in der oberen Steinstraße, nur fünf Minuten vom Elternhaus entfernt.

Es bedurfte drei Anläufe, damit ich wenigstens ein Papier in die Hand bekam. Herbst 1942, mit 5 Jahren. Nach wenigen Versuchen mußte alles – siehe oben – aufgegeben werden. Ich verspüre noch heute, wie ich auf jeden Fall zu viel Wasser schlucken und um mein Leben bangen mußte. Herbst 1943 stellte sich offensichtlich eine Ohraffektion ein, sodaß auch der 2. Schwimmunterricht-Versuch aufgegeben werden mußte. Und dann im Herbst 1946 gelang mir beim dritten Versuch endlich der „durchschlagende Erfolg". Aber, das übliche Freischwimmen über 15 Minuten war freilich nicht drin. Mir gelang nur der Abschluß: „Des Schwimmens kundig", wofür ich drei Runden, aber kleine, schwimmen mußte!

Und dann – so verläuft das Leben – bin ich ausgerechnet bei diesem Bademeister Heinz Wittig, der als Trainer auch einem Schwimmverein „Gesundbrunnen" vorstand, in diesen Schwimmverein etwa 1949 eingetreten. Hier habe ich mein erstes Training arg weit weg, fast an der südwestlichen Halle-Peripherie, im Freibad Gesundbrunnen nahe des Kurt-Wabbel-Stadions begonnen. Ich kann mich nur noch an kaltes Wasser und anfänglich etwas wechselhaft durchgeführtes Training erinnern, vielleicht mit einigen gewissen Erfolgen im ganz lokalen Rahmen.

Nach noch immer mir vorliegenden Urkunden und Zeitungsartikeln (Pressekommentare pro Jahr zitiert jeweils am Ende, wohl überwiegend aus Hallische Nachrichten) kann ich nachfolgende wesentliche Ergebnisse und **erste Erfolge** rekonstruieren, aber mit gewisser Distanz:

1950: 1. Sieger im 50m Brustschwimmen bei den Schulschwimmwettkämpfen der Stadt Halle/S., Halle, den 2.IV.1950. Rektor Blechschmidt.
Sieger über 100m Brustschwimmen für männliche Jugend, Jahrgang 36/37, Meisterschaften des Landes Sachsen-Anhalt in Magdeburg, 21.-23.7.1950. Noch gut kann ich mich erinnern an Bezirkswettkämpfe in der sogenannten Tonkule in Aschersleben am 8.8.1950. Hier hatten, mich beglückend, meine offensichtlich besonders interessierten Eltern mit dem Auto nach Halle zurückgeholt. Sieger im 100m Brustschwimmen in 1:29,9 in Dessau, 4./5.11.1950.
Auf jeden Fall muß ich Ende 1950 doch so gut gewesen sein, daß man mich März 1951 zu meinem Glück in die Zentrale Trainingsstätte der DDR nach Dresden geschickt hatte. Wir waren noch in einem Privathaus in dem Stadtteil oben am Weißen Hirsch untergebracht und konnten ungestört ganztägig in einem benachbarten kleinen Hallenbad trainieren. Ein- bis zweimal haben wir dort mit großen Augen einen völlig ungewohnten Vorgang unmittelbar vor dem Haus beobachten können. Ein offensichtlich höherrangiger verstorbener Russe wurde im offenen Sarg auf einer Lafette vorbeigeführt. – Freizeitmäßig stand eine Dampferpartie auf der Elbe in die Sächsische Schweiz mit Besuch der Bastei und den Schwedenlöchern auf dem Programm. Hier ergab sich dann ja eine entscheidende Weichenstellung in meinem Leben, die dazu

führte, daß ich nach Nominierung für die deutsch-deutschen Schwimmwettkämpfe in Kassel in der DDR überhaupt auf die Oberschule kam. Dies habe ich meiner excellent resoluten Mutter zu verdanken, Seite 108.

1951: Zwei Ehren-Urkunden bei den Jugend-Prüfungswettkämpfen des Deutschen Schwimmverbandes, durchgeführt vom Casseler Schwimm-Verein 1898 am 7.-8. 4.1951 im Hallenbad Kassel für 100m Brustschwimmen für Knaben in 1:25,1, 2. Platz, und für 200m Brustschwimmen in 3:14, 2. Platz.

Vom 7./8. Juli 1951 existiert eine ganz schöne grünliche Metall-Wandplatte. In ihr ist eingeprägt: Dem Sieger, Landesmeisterschaften im Schwimmen und Springen Sachsen-Anhalt, Stadion Zerbst, wo ich das Brustschwimmen, männliche Jugend, Jahrgang 1937/38, gewonnen habe. Damals dürfte mein Bruder Michael noch garnicht beim Springen „mitgemischt" haben.

Schon eine Woche später fanden dann die DDR-Jugendmeisterschaften im schon damals (industriell von Leuna) beheizten Waldbad in Leuna statt. Verschiedene Siege waren uns im Einzel und in Staffeln nicht zu nehmen.

4.2.1951: „Erste Landesmeisterschaften im hallischen Stadtbad ... Ausgezeichnete Leistungen gab es in den Einlage-Wettkämpfen, die von den besten Nachwuchsschwimmern unseres Landes bestritten wurden ... Ebenfalls besonders erwähnt zu werden verdient die Leistung des Jungen Pioniers Ulrich Börngen, der über 100m Brust die ausgezeichnete Zeit von 1:28,7 erreichte."

1952 im Juni nahm ich erstmals an den Landesmeisterschaften von Sachsen-Anhalt im Schwimmen in Wolfen teil. Mein persönlicher Trainer war damals schon der Physiker Hans-Ulrich Richter. Über 100m Brust konnte ich als Jugendlicher in 1:19,8 den dritten Platz (bei den Männern) belegen. Wir als BSG Lok Halle hatten immerhin über 4x200 m Brust mit 12:13,8 den zweiten Platz belegt und wurden von Aufbau Börde Magdeburg nur knapp geschlagen. Auch in der 4x100 m Lagenstaffel wurde ich in der Brustlage als noch Jugendlicher eingesetzt. Hinter Magdeburg und Chemie Dessau konnten wir einen beachtlichen dritten Platz belegen.

Im Juni 1952 konnten wir uns beim Vorrundenturnier zur DDR-Jugendmeisterschaft im Wasserball in Zwickau gegen Motor Zwickau, Empor Nauen und Einheit Erfurt ohne Probleme haushoch qualifizieren. Die Wassertemperatur lag an beiden Tagen mit drei Spielen bei 13°. Als äußerst wenig beanspruchter Torwart und jeweils zweistelligen Siegen, jedes Spiel etwa eine Stunde, mußte ich unter diesen Wassertemperaturen besonders leiden, sodaß ich glatt um 5 kg abgenommen habe.

Im August 1952 sind wir (Börngen, Berbig, Hasselbarth, Seelig) in Berlin im Schwimmstadion DDR-Jugendmeister geworden über 4x100 m Brust in 5:35,1 vor Dessau und Mo-Go-No-Leipzig. Da lag es dann nah, am 15.9.1952 einen neuen DDR-Jugendrekord über 4x100 m Brust mit 5:29,0, allerdings im hallischen Hallenbad, zu schaffen. Ich schwamm Bestzeit mit 1:19,1. Unsere Trainer waren Hans-Ulrich Richter und Karl-Heinz-Zorowka.

13. und 14.11.1952: „Durch sowjetische Trainingsmethoden zum Erfolg. Von Hans-Ulrich Richter, BSG Lokomotive Halle ... Ulrich Börngen, ein 15jähriger Nachwuchsschwimmer, überraschte bei den Landesmeisterschaften mit einem dritten Platz hinter dem Studentenweltmeister Giera. Auch die DDR-Jugendmeisterschaft sah dann ‚Ulli' auf dem dritten bzw. vierten Platz" - !? – eindeutig konnte ich mein Training vielfach selbst bestimmen, lieber Magger! Nach einer Abendveranstaltung im Hallenschwimmbad „dem begabten Lokschwimmer Ulli Börngen war es als Schlußmann sogar gelungen, unter den Anfeuerungsrufen der Zuschauer den 10m-Vorsprung der führenden Motormannschaft aufzuholen und als Erster anzuschlagen (seine 100m-Zeit von 1:18,2 ist ausgezeichnet und hätte im Einzelkampf Einstellung des DDR-Jugendrekords bedeutet)".

1953 im Frühjahr fand wieder ein Schwimmlehrgang in der Zentralen Trainingsstätte in Dresden statt. Hier schaffte ich am 1.4.1953 über 100 m Brust in 1:18,2. Diesmal waren wir unten im mäßig luxuriösen Elbhotel direkt an der Elbe und am Blauen Wunder untergebracht. Täglich, z.T. mehrfach, ging es mit der Seilbahn hoch zum Weißen Hirsch zum Training. Hier mußten wir uns erstmals auch einer politischen Schulung unterziehen, die aber wegen mangelnder Mitarbeit nicht ein zweites Mal wiederholt werden konnte. In diesen Tagen wurde auch ein Rundgang zum Dresdner Zwinger und zur spätbarocken katholischen Hofkirche ermöglicht und ich konnte sogar die Verwandten, Onkel Alex und Tante Ilse, in ihrer Gaststätte „Zum Frieden" in Dresden aufsuchen. Ich hatte den Eindruck, daß dadurch der etwas „eingeschlafene" Kontakt zu unseren Dresdnern wesentlich aktiviert wurde. - Beim 5. Schwimm-Vergleichskampf der Hallischen Oberschulen am 11.3.1953 war es mir ein leichtes, für die Thomas-Münzer-Schule Halle über 100m Brust in 1:19,2 und über 50 m Freistil in 0:30,8 einen Siegertitel zu holen. Bei der 10x 100m Bruststaffel gelang es mir, einen knapp 50m-Rückstand („sensationell", die mit 100ten Schülern übervolle Halle im Stadtbad bebte wie ein „Hexenkessel") aufzuholen – nun, wir wurden aber disqualifiziert wegen eines vorausgegangenen Wendefehlers. Im April und Mai 1953 konnten wir erfolgreich ein Wasserball-Turnier in Magdeburg und in Chemnitz verbuchen. Unser damaliger Trainer war Schorsch Zorowka. *24.5.1953:* „Hamburger Schwimmer hinterließen guten Eindruck ... Schwimmverein Poseidon, der bei der BSG Lok Halle-Mitte zu Gast war ... Gleich im zweiten Wettkampf ...

dem 100m-Brustschwimmen der Männer, kam es zu einer der interessantesten Auseinandersetzungen. Der erst 16-jährige Börngen (Halle) vermochte nach einem hinreißenden Kopf-an Kopf-Duell nur den Bruchteil einer Sekunde früher als der Hamburger Schmidt am Beckenrand anzuschlagen. 1:18,6"

1954 im März fanden in Döbeln Jugend-Prüfungswettkämpfe der Sektion Schwimmen der DDR statt. Hier konnte ich für Lok Halle Mitte über 100m Brust in 1:17,6 und über 200m Brust in 2:50,4 jeweils den 1. Platz belegen. Am 3. April 1954 gelang mir dann in Leipzig bei einem internationalen Wettkampf insbesondere mit Beteiligung der Schwimmer aus der SU über 100m Brust mit 1:15,1 ein Jugendrekord der DDR, hinter Weltrekordler Minaschkin! Minaschkin hatte mich höchstens 1-2m geschlagen. Bei einem DDR-offenen Schwimmfest am 17.4. im Stadtbad Halle schaffte ich bei den Männern über 100m Brust als 1. Sieger 1:16,2. Bei den Wasserballrundenspielen im Frühjahr 1954, z.B. in Chemnitz, wurden wir excellent von Siegfried Tempelhof betreut. An Pfingsten 1954 wurde ich als Brustschwimmer beim internationalen Wettkampf in Berlin als Brustschwimmer in der 4x100m Lagenstaffel in der Mannschaft DDR II eingesetzt. Mit 4:43,6 schafften wir immerhin den Platz 3. Im Sommer fand dann ein großes „Internationales" Schwimmfest in Leipzig im neuen Schwimmstadion und ein Schwimmfest in Magdeburg statt.
August 1954 starteten wir von Lok Halle Mitte mit einem tschechischen Ikarus auf eine größere, hindernisreiche Westfahrt zu Schwimmwettkämpfen nach Speyer und Freiburg im Breisgau. Am Hermsdorfer Kreuz trat auf der Autobahn die erste Panne auf. In Speyer war ich mit einem Sportfreund bei einem Metzger untergekommen. Mittags wurde uns zum Essen auch Rotwein angeboten, was wir absolut nicht gewohnt waren. So mußten wir uns bei einem Teich in Nachbarschaft des Domes

auf Bänken erst mal eine Stunde ausschlafen, bevor abends die Wettkämpfe bestritten werden mußten. Auf der Bundesstraße nach Freiburg entwickelte sich unser langsamer Ikarus zu einer gewaltigen Verkehrsbehinderung. Bei den Schwimm- und Wasserball-Wettkämpfen konnten wir uns überall meist erfolgreich durchsetzen. Durch den Schwarzwald ging es dann über Ulm heimwärts. In der Nachbarschaft von Ulm war ein amerikanischer Militär-Jeep von der Straße abgekommen. Zehn Leute von uns haben ihn mit Leichtigkeit aus dem Graben geschoben. Mitten auf der belebten Hauptstraße in einer württembergisch-bayrischen Kleinstadt mit idyllischem Stadtbild blieb plötzlich der Ikarus stehen. Da unter dem Bus strahlenförmig diverse Kugeln in die Gegend rollten, war rasch klar, daß irgendeine Kugellagerabdeckung unterm Bus geborsten war. Dies hat uns eine äußerst notdürftige Übernachtung im Bus und auf dem Dachgepäckträger und mehr als 24 Stunden Zeit und Verspätung gekostet. Auch Nürnberg haben wir dann trotzdem einen kurzen Besuch noch abstatten können.

Am 29.8.1954 wurden wir als Lokomotive Halle-Mitte nach großen Endrundenspielen in Leipzig unter unserem bewährten Trainer Siegfried Tempelhof DDR-Jugendmeister 1954 im Wasserball.

Im Rahmen eines internationalen Schwimmwettkampfes DDR: Rumänien konnte ich an einer beeindruckenden Balkanreise vom 29.11. bis 11.12 1954 über Prag und Budapest nach **Bukarest** teilnehmen. Besonders elegant, nämlich nicht 1. Klasse, sondern in Sonderklasse fuhren wir ab Berlin in genau 47 Stunden nach Bucuresti, jeweils von Mitternacht zu Mitternacht. Es waren ausgerechnet die bestens erhaltenen Sonderabteil-Waggons des Reisezugs von Adolf Hitler! Sie wurden jeweils einer regulären Zugverbindung angehängt. Zwei Personen pro Abteil. Neben stets interessanter Landschaft-Städtebeobachtung wurde die Zeit totgeschlagen durch fast übermäßiges Skatspiel. In Bukarest waren wir in einem äußerst komfortablem Athenee Palace-Hotel untergebracht, ich im Zimmer 523. Vor dem Haupteingang mußten unsere 2-3 Busse den ganzen Tag ihren Motor laufen lassen. Denn man wollte nicht die Gefahr eingehen, daß sie z.b. im Laufe des Tages nicht mehr anspringen würden. Auf den Straßen waren viele Menschen zu sehen, aber praktisch keine Fahrräder und keine Motorräder. Beim Gang durch die offensichtlich gut erhaltene Stadt fielen mir neben bombastischen Prachtbauten vorwiegend älterer Bauart einschließlich Uni-Bibliothek und teilweise erhebliche Straßenschäden nicht nur auf Nebenstraßen auch eine mittelgroße, sauber renovierte griechisch-orthodoxe Kirche auf. Kulturell konnten wir im aufwendigen Staatsmuseum auffallend viele Alte Meister bewundern. Auch ein Freiluftmuseum mit alten rumänischen Dorf- und Wehrbauten erzeugte großes Interesse. Am 6. Dezember ging es dann in die Karpaten durch das herrliche wilde Prahovatal über Ploesti, Sinaia, Bustani nach Predeal, 1.100 m, mit Übernachtung in der „Vila Tiblesul". Von dort erreichten wir dann bald Kronstadt, Orasul Stalin, in Siebenbürgen, wo wir im 10stöckigen Aro-Palace untergebracht waren. Hier konnte uns in Kronstadt ein höchst interessanter Besuch eines deutschen Theaterstückes ermöglicht werden. Im übrigen besuchten wir in diesen Tagen, irgendwo unterwegs, auch eine berüchtigte und schlimme KZ-Anlage. Hinter der berühmten gotischen Schwarzen Kirche in Kronstadt entdeckte ich das Denkmal des Siebenbürgischen Sachsen-Reformators Johannes Houterus. Trotz Nebel und Schneetreiben ging es dann noch in einer Tagesfahrt in ein Skizentrum in die Karpaten. Mittels eines offenen Skiliftes erreichten wir einen Schullerberg mit 1.800m und wären bei eisiger Kälte bei öfterem Stehenbleiben des Lifts fast erfroren. Da half nur in einem Sporthotel beim Mittagessen reichlich Pflaumenschnaps mit Pfeffer. Von Kronstadt ging es dann wieder mit unseren alten Schlafwagen ab nachts 2 Uhr durch Ungarn und die Tschechoslowakei zurück zum Ostbahnhof in Berlin, nach

1875 km Zugfahrt Ankunft 23.15 Uhr. Es war schon bemerkenswert, was für kulturelle Einlagen die schwimmsportliche Leitung unserer Delegation auf der ganzen Reise durchführen konnte!

Schwimmsportlich gelang mir in Bukarest am 5. Dezember 1954 über 100m Brust mit 1:14,5, jetzt für SC Wissenschaft Halle, eine deutliche Verbesserung meines Jugend-Rekordes vom April dieses Jahres. Zu der Zeit dürfte der Weltrekord durch Minaschkin, Moskau, bei 1:10,5 gelegen haben!

17.4.1954: Bei einem DDR-offenen Schwimmen im Stadtbad Halle „Einen hervorragenden Kampf lieferte der 16-jährige Börngen, Halle, seinen Rivalen über 100m Brust. Mit 1:16.2 verwies der DDR-Jugendrekordler den Hallenser Krüger auf den Ehrenplatz." *29.8.1954:* „Halle Jugendwasserballmeister 1954 ... Lok Halle-Mitte – Motor Dresden 3:2 ... „Börngen, im Tor der Hallenser zeigte sich von seiner besten Seite und war die wertvollste Stütze seiner Mannschaft. Er wußte sein Heiligtum nach dem siegbringenden Tor von Friedbert Schmeil durch herrliche Abwehrparaden reinzuhalten." *5.12.1954:* „DDR-Schwimmer siegten in Bukarest ... Über 100m Brust siegte er [Horst Fritsche] in 1:12,6 vor Börngen (DDR) in 1:14.5. (neuer DDR-Jugendrekord)."

1955 Über mein schwimmsportliches Geschehen in 1955 wird detailliert im Kapitel 6, Seite 175, Cäsur 1955/1956, referiert.

Hier sollen nur chronologisch „erfolgreiche" Stichpunkte und Pressemeldungen ausgeführt werden:

März Jugendbestenermittlung in Halberstadt – Sieger über 200m Brust

Schwimmfest, Rückkampf mit Speyer und Freiburg/Brsg. in Halle

Mai in Leipzig 2.mal Jugend-DDR-Pokalsieger im Wasserball

Juni Internationales in Hamburg

Juli Bezirksbestenermittlung in Zerbst

Juli Ost-West-Wasserballrunde in Arnstadt
Juli Jugendmeisterschaften der DDR in Pirna – Sieger über 200m Brust
August Jugendwasserball-Rundenspiele in Leipzig
August DDR-Schwimmmeisterschaften in Erfurt – 3. Platz über 200m Brust
August in Schkopau bei Merseburg   wieder DDR-Jugend-Wasserballmeister.

10.4.1955: „Ulli Börngen ganz groß   Schwimmvergleichskampf SC Wissenschaft Halle – SSV Freiburg ... Der Jugendliche Ulli Börngen (Wissenschaft) konnte über 100m Brust einen neuen gesamtdeutschen Jugendrekord aufstellen. 1:13,8 Sekunden wurden beim Anschlag des Hallenser gestoppt. Er verwies dabei seine Konkurrenz aus Westdeutschland mit glatten 15m auf die weiteren Plätze. Auch über 200m Brust erreichte Börngen in 2:47,8 Minuten eine hervorragende Zeit". *10.7.1954:* In Zeitz diesjährige Bezirksmeisterschaften im Schwimmen und Springen „200m Brust Börngen (Wissenschaft) 2:49,7 ... Turmspringen (Wissenschaft) [Michael] Börngen 127,5 Punkte"! *28.8.1955:* „SC Wissenschaft Jugendmeister – Bei den Endrundenspielen um die DDR-Meisterschaft im Jugendwasserball in Schkopau konnte der SC Wissenschaft Halle durch einen 10:6- (9:2-)Sieg über Chemie Buna Schkopau seinen Vorjahreserfolg wiederholen und den begehrten Titel in Halle behalten."

Ende 1955, eine Zeitungsnotiz in Halle: „Halle wieder Sportmetropole – Sechs Aktive mit nach Melbourne / Aber die Schwimmer fehlen aus Halle. Eine erfreulich hohe Zahl von Sportlern, nämlich sechs Aktive von 169 deutschen Olympiateilnehmern, kommen aus Halle ... **Eines ist gerade für die Hallenser besonders schmerzlich, das ist das Fehlen hallescher Schwimmer. Betrachtet man unsere Stadt** rückblickend als Schwimmerhochburg im mitteldeutschen Raum und zieht einen Vergleich zur heutigen Leistungsstärke, dann muß festgestellt werden, daß die Spitzenkräfte, die unzweifelhaft in Halle vorhanden waren, abgewandert sind." [abwandern mußten!]

In einer „Rekordtafel", Stand September 1955 (Der Schwimmsport, 7.10.1955, S. 231) bin ich (im Verein Wissenschaft Halle) mit 100 m Brust in 1:13,8 als DDR-Jugendrekord aufgeführt.

In einer „Ewigen 10-Besten-Liste im Schwimmen", bin ich als 10ter über 200m Brust mit 2:49,2 (Marburg) (Schwimmsport, 31.12.1957, S. 305) noch 1957 vertreten.

Auswahl Schwimmurkunden MSV (Marburger SV 1928)
1956 - 1959
1.6.**1956**: Leistungsurkunde Dt. Schwimmverband 12. Platz; 100 Kraul 1:05,3; 100 Schm 1:14,6; 200 Brust 2:47,4. 24.6.56: Nordhess. Meisterschaften 100 Brust 17,1 und 200 Brust 2:58,8 1. Platz. 1.7.56: Dt. Hochschulmeisterschaft Berlin 200 Brust 2.52,4 1. Pl. 7./8.7.56: Hess. Meisterschaft 200 Brust :47,9 1. Platz. 28.7.56: Dt. Meisterschaft 200 Brust 2:49,5 5. Platz 3.2.**1957**: Nordhess. Meisterschaften Kassel 200 Brust 2:47,6 und 100 Schm 1:12,0 1. Platz. 16./17.2.57: Hessische Hallenmeisterschaft 100 Brust 1:13,7 und 200 Brust 2:48,5 1. Platz; 100 Schm 1:14,3 4. Platz. 13./14.7.57: Hess. Meisterschaft 200 Brust 2:49,2 1. Platz. 20.9.57: MSV-Meisterschaften 100 Brust 1:14,0 und 200 Brust 2:55,5 und 100 Kraul 1:09,0 1. Platz; 7.9.57: Jeux Universitaires de Paris 200 Brust 2:53,3 3. Platz. **1959**: UniMeisterschaften Marburg 200 Brust 2:59,9 und 100 Schm 1:17,4 1.Platz.

Auszüge aus der Presse, z.B. Oberhessische Presse, Frankfurter Nachtausgabe:

1956 : „**MSV-Herrenmanschaft klar überlegen** Weit heraus ragen die Leistungen von Ulli Börngen, der zum ersten Male für den MSV am Start war. In der Bruststaffel erreichte er über die 100 m die sehr gute Zeit von 1:13,3 Minuten!!, die ihn an die zweite Stelle in der deutschen Bestenliste gebracht hätte, wenn sie im Einzelrennen erzielt worden wäre. Aber auch über 100 m Schmetterling mit 1:14,2 Min. war er Tagesbester." **Nach wie vor führend: CSK 98!** „Der überragende Einzelschwimmer des Nachmittags war der Marburger Börngen, der als Schlußmann in der Lagenstaffel die 100 m in 1:14,1 Minuten herunterschmetterte, eine Zeit, die bisher in Hessen noch nicht erreicht worden ist." „**Ulrich Börngen** (Universität Marburg) siegte bei den Deutschen Hochschulmeisterschaften im Schwimmen im Berliner Olympia-Stadion über 200m Brust in 2:52,4 Minuten" Deutsche Schwimmmeisterschaften in Hamburg: „**Ulrich Börngen fünfter über 200 m Brust.** Überraschend war das gute Abschneiden des Marburger Ulrich Börngen, der über 200 m Brust in einem starken Feld den 5. Platz belegte." „**Klassezeit über 200 m Brust: Marburger Talent Börngen.** Die absolut wertvollste sportliche Leistung bot aber zweifellos der Marburger Ulrich Börngen, der über 100 m Schmetterling mit 1:12 eine Klassezeit schwamm und auch auf seiner Spezialstrecke, den 200 m Brust (fünfter in der deutschen Meisterschaft) nicht nur seinen eigenen Vereinsrivalen Schaake klar abhängte, sondern auch in 2:47 eine der besten hessischen Zeiten auf dieser Strecke überhaupt schwamm." **1957: Nadel in Bronze** (1. Auszeichnung) der Stadt Marburg, Ulrich Börngen, MSV, Deutscher Hochschulmeister und Hessischer Meister im 200m-Brustschwimmen.

„**Börngens gute Zeiten** Bei den nordhessischen Schwimmmeisterschaften in Kassel gab es einige gute Leistungen. Besonders erwähnenswert ist die Zeit des Marburger Börngen, der

im 100m Schmetterlingsstil mit 1:12.0 Minuten Meister wurde und außerdem auch das 200m Brustschwimmen in 2:47,6 Minuten gewann"
Hessische Hallenmeisterschaften Höchst 16./17.2.1957: „Die beste Leistung des ersten Tages vollbrachten die ‚Schmetterlinge' und die Brustschwimmer ... Der Deutsche Studentenmeister Börngen und Titelverteidiger Schaake (beide Marburg) lieferten sich einen Kampf auf Biegen und Brechen. Neuer Hallenmeister wurde schließlich Börngen in der guten Zeit von 2:48,5". Frankfurter Nachtausgabe: **„Ulrich Börngen löst Wolfgang Schaake ab."** **„Ein Bravo Ulrich Börngen** und der Staffel bei den Hessischen Schwimmeisterschaften in Darmstadt", 13./14.7.1957. „Hervorragend hielten sich die Teilnehmer des MSV, die ihre beiden Titel erfolgreich verteidigten. Ulrich Börngen gewann die 200 m Brust in 2:49,2 überlegen". **November: „Lahnpokal bleibt beim MSV** Die Mannschaft des Marburger Schwimmvereins mit Börngen, Dehnert, Vogel, Ritter, Dr. Opfer und Hulitschke konnte in harten Kämpfen in der kleinen Halle des Wetzlarer Schwimmbades den Lahnpokal zum zweiten Mal erringen. ... Neben hervorragenden Torwartleistungen von Börngen gab vor allem Hulitschkes [Bimbo] Schußvermögen den Ausschlag für den Sieg." **Marburgs Sportmeister 1957** 17.1.58: Im großen Sitzungssaal des Rathauses Ehrung der Marburger Sportmeister. „Nadel in Silber (2. Auszeichnung) Ulrich Börngen (MSV und IFL), Hessischer Meister über 200 m Brustschwimmen (Hallenmeister und Freiwassermeister). **1958: Inge Heider und Börngen nordhessische Meister** im Kasseler Hallenbad. 1/1958. 200 m Brust Börngen (MSV) 2:51,5
Wasserballer des MSV wieder „im Kommen". 11.5.58, Ausscheidungskämpfe zur hessischen Wasserballmeisterschaft, „Ungeschlagen und bei nur einem Gegentreffer, an dem Marburgs

Wasserballer des MSV wieder „im Kommen". 11.5.58, Ausscheidungskämpfe zur hessischen Wasserballmeisterschaft, „Ungeschlagen und bei nur einem Gegentreffer, an dem Marburgs bester Spieler, Torwart Börngen schuldlos war, schafften sich die Marburger damit eine gute Ausgangsposition für die Hessenmeisterschaft."

Börngen am schnellsten bei einem Schwimm-Clubkampf in Kassel mit Hellas Göttingen, Wasserfreunden Bielefeld und WVC Kassel, etwa Dezember 1958. Die relativ beste Zeit schwamm der Marburger Börngen über 200 m Brust in 2:49,7 Min.

1959: Januar: **Schwimmvergleichskampf zwischen den Universitäten Göttingen und Marburg** im Luisabad in Marburg. „Hervorzuheben sind die Zeiten des Deutschen Hochschulmeisters und 5. bei den Deutschen Meisterschaften Ulrich Börngen, der die 100 m Butterfly in 1:17,4 und die 200 m Brust in 2:50,9 Min. gewann."

Von Marburg bin ich zum **Sommersemester 1959 nach Würzburg** gegangen und habe mich beim Würzburger Schwimmverein aktiv betätigt:

28. Juni 1959: „**Würzburger Schwimmersieg** ... Ulrich Börngen, Würzburg, legte die 100 Brust in ausgezeichneten 1:16,4 zurück."

„**Börngen schwamm Rekord** 100 m Brust in 1:14,8 – Gute Leistungen beim Sporttag der Uni Würzburg ... Bei den Schwimm-Wettkämpfen schwamm Ulrich Börngen über 100 m Brust neuen Unterfränkischen Rekord. Er verbesserte die bisherige Bestleistung des Ex-Schweinfurters Norbert Rumpel von 1:16,4 auf 1:14,8."

Anschließend habe ich mein **Medizinstudium von 1959 – 1961 in Freiburg/Breisgau** abgeschlossen. Dabei habe ich mich beim Freiburger Fußballklub 05 (FFC) in der Schwimmabteilung sportlich und auch als Trainer und technischer Leiter engagiert:

3.7.1960: „Südbadische Titelkämpfe in Baden-Baden ... Das 200-m-Brustschwimmen sah erstmals den Ex-Würzburger Ulrich Börngen (FFC) am Start, dessen 2:55,4 zwar etwas enttäuschten." Trotzdem 1. Sieger. **„7000 Punkte in der DHM erzielt** Zum Abschluß des Wintersemesters weisen die Auswahlschwimmer der Freiburger Universität mit 7127 Punkten gleichmäßig gute Leistungen auf. Die beste Zeit erzielte Ulrich Börngen im 100 Meter Brustschwimmen 1:13,8. Mit seiner 200-Meter-Zeit von 2:50,5 blieb er sogar um 5 Sekunden unter den Freiwasserzeiten der beiden letztjährigen Südbadischen Meisterschaften." *5.3.1961:* „bei den Südbadischen Hallenmeisterschaften im Schwimmen in Konstanz ... Siegerzeit von Ulrich Börngen über 200 m Brust mit 2:52,9 ... (Freiburger FC)." *5.3.1961:* „**11 Titel fielen nach Freiburg** ... [3 Meisterschaften an den FC Freiburg] ... 200-m-Brustschwimmen unangefochtene Beute für Ulrich Börngen ... Dank seines Brustschwimmers U. Börngen (100 m in 1:14,6) legte der Freiburger FC die 4x100-m-Lagenstaffel in Beschlag". *15.3.1961:* „**Ulrich Börngen mit neuer Bestzeit** ... erster Durchgang zur Deutschen Mannschaftsmeisterschaft, die von den Freiburger Vereinen z.Zt. im Marienbad Freiburg ausgetragen werden. Besondere Beachtung verdienen hierbei die 2:50,3 Min. von Ulrich Börngen (FFC) für die 200-m-Bruststrecke, der mit dieser Zeit nicht nur seinen stärksten Widersacher Otto Dworan (2:50,5) auf den 2.Platz verwies, sondern gleichzeitig eine neue Südbadische Bestleistung erreichte." *22.4.1961:* „Internationaler Klubkampf im Freiburger Marienbad. Zu einem internationalen Vierer-Klubkampf hatte die Schwimmabteilung des Freiburger FC die beiden französischen Clubs SR Kolmar und AS Strassburg sowie Sparta Konstanz eingeladen ... Viel gefeiert wurde Ulrich Börngen vom Freiburger FC, der sein Vorhaben wahrmachte und im 100-m-Brustschwimmen mit 1:13,7 Minuten einen neuen südbadischen Rekord aufstellte ... Als besonderes Ereignis aus dem Wettbewerb ist der neue südbadische Rekord über 100 m Brust durch den Freiburger Ulrich Börngen hervorzuheben, der in einem überzeugenden Stil seinen Mitkonkurrenten davonschwamm und in 1:13,7 Minuten anschlug"

Schwimmen in meiner Zeit als Assistenzarzt in **Mindelheim/Schwaben 1963 – 1967.** Auswahl vorhandener Urkunden für den Turn- und Sportverein 1861, TSV Mindelheim, Abteilung Schwimmen, und Pressemitteilungen aus der Mindelheimer Zeitung:
1965: Schwäbisches V.o.W. Bezirks-Schwimmfest in Mindelheim, 1. Platz 100m Brust, 1:21,7. *8.8.65:* „**Drei Meistertitel für den TSV Mindelheim ... Dr. Ulrich auf dem Siegerpodest** ... während Dr. Ulrich Börngen seinen Konkurrenten über 100-m-Brust ein Schnippchen schlug und mit 1:21,7 den Allgäuer Rekord einstellte ... Über 100-m-Brust der Herren blieb die ‚Geheimwaffe' des TSV, Dr. Ulrich Börngen, zwei Sekunden unter der Zeit des Favoriten aus Memmingen und behielt damit ganz überraschend den Sieg vor seinen 27 Konkurrenten." - als „absolute Allgäuer Bestzeit"
1966: Klubvergleichskampf in Neugablonz, 1. Platz 100m Brust, 1:21,5 – Allgäuer Rekord und 1. Platz 200m Lagen, 3:09,1. *August 1966:* Clubvergleich mit Memmingen, Ottobeuren und Neugablonz: „**Dr. Börngen schwimmt Allgäuer Rekord ...** Herausragend ist der neue Allgäuer Rekord, den Dr. Ulrich Börngen für den TSV Mindelheim über 100m Brust in der Zeit von 1:21.5 aufstellte."
24.9.66: „Ausgezeichnet schlug sich auch Dr. Ulrich Börngen über 100m Brust der Herren in 1:18,1"

Schwimmen (und Wasserball) für den MSV wieder in Marburg 1968-1976 und von Stuttgart aus ab 2017:

1968: Bezirksmeisterschaften im Schwimmen in Rotenburg/F., Sieger 50m Brust sen., 35,3 und Sieger 50m Kraul sen., 30,4.
29.6.1968: Oberhessische Presse: „**Wieder Wasserball im Sommerbad!** ... Inzwischen ist aber der ehemalige Rekordschwimmer und ostzonale Jugendnationaltorwart Dr. Ulrich Börngen wieder zum MSV gestoßen"
1970: Vereinsmeisterschaften MSV in Marburg, Sieger 50m Brust sen., 35.0 und Sieger 50m Kraul sen., 30,6.
1971: Vereinsmeisterschaften MSV, Sieger 100m Brust sen., 1:20,2.
1972: Vereinsmeisterschaften MSV: Sieger 100m Brust sen., 1:22,7, 100m Kraul sen., 1:14,8 und 100m Rücken sen., 1:28,5.
1972: 2. Vorsitzender des MSV. **1976:** Philipps-Universität Marburg, 1. Platz 50m Brust. Ehrung der Sportbesten des Landkreises Marburg-Biedenkopf, Bezirksmeister 50m Kraul sen.

2015: Mußte ich von Stuttgart aus über längere Zeit und mühsam versuchen, einen Schwimmverein zu finden, der mir über eine Registrierung beim Deutschen Schwimmverband eine Teilnahme an offiziellen Schwimmveranstaltungen günstige Möglichkeit gewährleistete. „Mein" Sonnenberger Hallenbad war gerade einem Feuer zum Opfer gefallen. In Freiburg, wo ich ja ehrenamtlich 1960/61 wichtige leitende Funktionen übernommen hatte, zeigte man sich wenig entgegenkommend. Ende 2015 habe ich dann die Vorsitzende des MSV mit einem mir aktuell unbekannten Namen, Lydia Pohl, in Marburg angerufen. Nach Nennung meines Namens hat sie praktisch sofort reagiert, „Uli, bist Du's?" Unglaublich und eigentlich wunderbar, nach 56 Jahren, zumindest nach 40 Jahren, hat sie mich noch gekannt, weil wir offensichtlich Ende der 50iger Jahre zusammen geschwommen sind!
2017: Int. Hessische Masters 2017 in Gelnhausen, 2. Platz 50m Freistil AK 80, 46,75. Beim Rückenschwimmen wurde ich disqualifiziert. Ich war etwas quergeschwommen, da mir am

am Himmel und bei grellem Sonnenlicht keine optimale Orientierung möglich war. So kam ich an die Begrenzungsleine, an der ich mich in der Tat auch etwas gezogen habe, ich alter „Schwimmeresel", was natürlich der aufmerksame junge Linienrichter sofort gemerkt hat! **2018:** Int. Hessische Masters 2018 in Gelnhausen, Sieger 50m Rücken AK 80, 58,98 und 2. Platz 50m Freistil AK 80, 48,79. **2019:** Marburger Sportplakette in Bronze vom Magistrat der Stadt „für besondere sportliche Leistungen im Jahre 2018 anlässlich der Sportlerehrung". Int. Hessische Masters 2019 in Gelnhausen, Sieger 50m Freistil AK 80, 51;. Sieger 50m Rücken AK 80, 1:02 und 2. Platz 50m Brust AK 80, 1:05. **November 2020:** Marburger Sportplakette in Silber für besondere sportliche Leistungen im Jahre 2019".

Nach allem habe ich mir durch mein „schwimmsportliches Abheben" nie einen gesundheitlichen Schaden oder ein mentales Überzogen-Sein eingehandelt. So kann ich noch immer über fast 70 Jahre lang mit Freude und ohne besondere Beeinträchtigung „meine Bahnen ziehen". Natürlich bedeutet alles auch ein gezieltes und systematisches Zurücknehmen. So habe ich seit Jahrzehnten Schmetterling bzw. Delphinschwimmen aufgegeben. Aber noch immer, mit 80 plus, kann ich mir meine schwimmerische Prävention und Rehabilitation gezielt erhalten. So schaffe ich regelmäßig im hauseigenen kleinen Hallenbad, Augustinum Stuttgart Sillenbuch, einmal pro Woche, also etwa 5x pro Monat, ohne Probleme knappe 800 m, jeweils 20 Bahnen Kraul, Brust und Rücken, derzeit noch in rund 30 Minuten. Bei der kurzen Bahn bleibe ich einfach nach der Wende liegen, ohne mich abzustoßen. Anschließend gelingen noch einige Salto im Flachen und tut Düsenmassage gut.

6. Caesur 1955/1956

1955 habe ich erstmals Notizen in einem kleinen Kalenderbüchlein angelegt. Darauf kann ich mich günstigerweise öfters beziehen. Vorteilhaft sind auch meine Fotoalben mit zusätzlich konkreten Angaben. Damals war unsere postalische Anschrift in Halle: Leninstraße 32. Mein Taschengeld belief sich auf 15,- DM pro Monat.

Über die Jahreswende 1954/55 hielten wir uns in Gehlberg im Haus Beerberg im Thüringer Wald auf. Mit dabei waren neben meinen Eltern auch die Geschwister Iris und Freimut. Ich stand wohl das 1. Mal auf ausgeliehenen Skiern. Aber es hatte anfangs nur wenige Schneeflecken, nach einigen Tagen war immerhin „Skilaufen" möglich am Schneekopf mit seinen 1.000m und am Brand. Den Neujahrstag verbrachten wir bei Tante Trudel in Schleusingen. Abenteuerlich verlief dann am 4. Januar bei Eissturm und starken Minusgraden die 5stündige Rückfahrt nach Halle. Plötzlich versagten an der rechten Wagentür Schloß und Fensterheber komplett ihren Dienst, quasi alle Teile fielen nach innen, und die Tür konnte nur notdürftig mit einem zufällig vorhandenen Seil über die Lenkradsäule festgebunden werden. Dies war auch deshalb nötig, da die Tür damals noch nach vorne aufging und durch den Fahrtwind vielleicht hätte abgerissen werden können. Auf der Autobahn waren wir praktisch die einzigsten Reisenden. Deshalb war es auch möglich, einmal einen kleinen Berganstieg nur dadurch zu überwinden, indem wir den Wagen wendeten – auf der Autobahn! – und dann rückwärts die völlig vereiste Autobahnpassage mit dem Vorderradantrieb des DKW, jetzt günstig hinten, wo man sich auch draufstellen konnte, hochkamen!

Schon ab Beginn der letzten Schulklasse, war mir folgendes klar: Neben drei ärztlichen Berufen in meiner Familie, also meinem Vater, meiner Schwester und meinem Bruder Michael, konnte ich nicht noch zusätzlich einen Arztberuf ergreifen. Da mir in der Schule das Fach Erdkunde seit Jahren eines der liebsten gewesen war, kristallisierte sich vorrangig als anzustrebenden Beruf ohne größere Probleme oder Fragen das **Fach Geologie** heraus. Deshalb besuchte ich in Halle schon seit Anfang 1955 öfters das berühmte Geiseltalmuseum und das Geologische Institut der Uni Halle in der Nachbarschaft des Domes. In diesem Zusammenhang erhielt ich Mitte März den Bescheid, daß mein offensichtlicher Antrag zum Geologiestudium von der Uni Halle nach Jena weitergeleitet wurde und auch dort eingegangen sei! Wann und wer sich parallel zum Geologiestudium noch zusätzlich um ein Medizinstudium für mich gekümmert hat, bleibt mir unerklärlich, aber es mußte wohl so sein und ist als extreme Ausnahme anzusehen, denn in der Regel war nur die Bewerbung für ein Fach und auch nur für eine Uni möglich und zulässig.

Als beliebte Freizeitbeschäftigung stand Kino-Gehen stark im Mittelpunkt. Z.B. blieben mir bis heute „Der Untertan" und „Maske in Blau" im Gedächtnis. In der **Oberschule** gestaltete sich in meiner letzten Klasse der Unterricht im Fach Deutsch mehr als problematisch. Kurz nach Ostern hieß es, daß die Lehrerin, Frl. Voigt, ohnehin seit Monaten nur Nachfolgerin unserer langjährigen bewährten Frau Dr. Rauhut, auch in den Westen „abgehauen" sei. Auch die dritte Deutschlehrerin stand nur kurze Zeit zur Verfügung. Ich denke, daß wir ausgerechnet vor dem Abitur in Deutsch wochenlang ohne Deutschlehrer auskommen mußten! Im Mai lief das schriftliche **Abitur** ab in den Fächern Deutsch, Mathematik, Russisch und Erdkunde. In jeweils fünf Stunden schaffte ich immerhin eine „3", eine „2", eine „3" und eine „1". Am 25. Mai war offiziell letzter Schultag. Danach war am 26. Mai noch das Leichtathletik-Sportabitur auf dem Unisportplatz zu bestehen. Hier schaffte ich im Laufen die 100m in 12,6, und die 1.000m in 3:08,4, im Weitsprung

5,25m und im Kugelstoßen 9,30m. Mit der mündlichen Abitursprüfung Anfang Juni in Gegenwartskunde, Zensur unbekannt, konnte aber nicht so überzeugend gewesen sein, und in Deutsch mit „Gut" schienen zumindest vorläufig meine Abitursmühen beendet zu sein! Warum eine ursprünglich vorgesehene Mathematikprüfung kurzfristig ersatzlos gestrichen wurde, blieb mir unklar.

Ende April konnte ich meinen Vater nach Zeitz fahren zu einem Vortrag im kirchlichen Bereich, woran ich mich noch gut und angenehm erinnern kann. Mitte Mai startete eine Sonntag-Autofahrt mit den Eltern in den Harz zur Rummelsburg an der Wippra und an Himmelfahrt der obligatorische Petersbergausflug. Trotz Außentemperaturen knapp über Null Grad im Mai ließen wir uns nicht abhalten, mit meinen Eltern, Freimut und zusammen mit unseren neben dem Boden unter dem Dach wohnenden beiden Studenten eine Autofahrt nach Allstedt, Kloster Dorndorf, Sachsenburgen und zum Kyffhäuser zu unternehmen.

In meinem **Schwimmsport** wurde zumindest ab Januar 1955 nur noch eine „In(telligenz)-Essenskarte" als damaliges Naturalien-Doping ausgegeben. Damit wurde ein hochkaloriges Sonderessen mittags und abends in einem Hotel an der Post ermöglicht. Das mußten die rund 20-30 Sportler aus ganz Halle, die so vom Staat unterstützt wurden, selbst essen und konnten früher verteilte Lebensmittelkarten dann nicht mehr zweckentfremdend familiär weiterreichen! Damit wurde die vom Sport zunehmend problematische Ausgabe von Lebensmittelkarten für Fleisch, Butter und Zucker abgelöst. Über etwa ein Jahr hatte ich früher konkret pro Monat anfangs 5 kg Fleisch, 2,5 kg Zucker und 2,5 kg Butter, und dann ein weiteres Jahr die doppelte Menge an Lebensmittelkarten zum äußerst günstigen Einkauf von Naturalien erhalten. Die Fleischmarken setzte ich überwiegend als Würstchen um, z.B. gegenüber vom Hallenbad beim Metzger Koegel, wenn ich mich spontan richtig entsinne, für mich, oft vor dem Training eins oder auch zwei oder auch für meine Sportfreunde. Das Würstchen kostete so statt 1,50 DM nur 0,50 DM. Bei regelmäßigen Wasserball-Rundenspielen, z.B. in Berlin und Halberstadt Anfang 1955 war meine Jugendmannschaft immer so überragend, daß wir in jeweils drei Spielen am Wochenende mit 30:0 bzw. 50:0 Toren gewannen, ich also als Torwart praktisch nur rumstehen mußte! Einmal haben wir aber auch gegen MoGoNo (Motor-Gohlis-Nord Leipzig) in Berlin mit 3:7 deutlich verloren. Bei der DDR-Jugendbestenermittlung im Schwimmen in Halberstadt im März habe ich über 200m Brust mit 2:47,1 als Bester abgeschnitten, 100m Kraul übrigens in 1:07,4 und 100m Brust, allerdings in der Staffel, 1:13.0 geschafft. Zu diesem Zeitpunkt dürfte der Weltrekord von Minaschkin, Moskau, bei 1:10.8 gestanden haben!

Neben dem Leistungssport im Schwimmen und Wasserball hatten wir den Winter über als Ausgleichs- und Kraftsport relativ intensiv Geräteturnen betrieben. So konnte ich im März einmal in der Schulleistungsriege für Geräteturnen meine Oberschule in der Moritzburg vertreten. Immerhin kam mir das auch zu Gute bei einer Sportprüfung möglicherweise schon im Rahmen des Abi. Hier erhielt ich in den Disziplinen Barren, Boden, Reck und Pferd leicht zwischen 9,4 und 9,7 Punkte – also insgesamt eine „Eins".

1955 nannte sich mein Schwimmverein Sportclub Wissenschaft Halle. Seine Zentrale war am Robert-Franz-Ring. Allerdings habe ich in diesem Rahmen universitäre Zusammenhänge nie erlebt. Früher hießen wir auch Lokomotive Halle Mitte, waren also der Bahn zugeordnet. Dies erwies sich insofern günstig, weil wir im Bahngelände hinter dem Hauptbahnhof bzw. hinter der Zuckerraffinerie einen alten Feuerlöschteich als unsere Trainingsstätte im Sommer allein zur Verfügung hatten. Nicht uninteressant war die Bahnlänge nur auf 33m ausgelegt. Dies war für Wettkämpfe auf der 25m-Bahn psychologisch und auch trainingsmäßig günstig.

Schon im Januar und im März wurden offensichtlich in der

Leitung des Sportclubs Organisationsprobleme deutlich. So gab es heftige Diskussionen mit unbekannten „Vorständen" des SC, der z.b. versuchte, die Traineranzahl zu reduzieren. Vielleicht sollten mißliebige Trainer auf diesem Weg überhaupt ausgeschlossen werden. Auch wurde bekannt, daß selbst Zuteilungen von geringfügigen Spesen auffallend unterschiedlich ausfielen und daß sich auch unklare Trainerkompetenzen ergaben, wobei z.b. unser beliebter Wasserballtrainer Kurt Martini deutlich benachteiligt wurde.

Mitte März fand als Rückkampf unserer Westfahrt 1954 Speyer-Freiburg ein Sportwettkampf im hallischen Stadtbad statt mit Freiburg im Breisgau. Hier war ich immerhin über 100 m Brust mit 1:13,8 und über 200 m Brust mit 2:47,8 nicht zu schlagen und auch im Männer-Wasserball, mit mir im Tor, als Jugendlicher, waren wir mit 8:1 dominierend.

Am 21. Mai wurde meine Wasserballmannschaft in Leipzig im Endkampf gegen Chemie (Leipzig?) mit 9:4 bei einer Außentemperatur von 3° plus ein 2. Mal Pokalsieger im Jugendwasserball der DDR.

Mitte Juni 1955 konnte ich in Hamburg an einem Internationalen Schwimmfest teilnehmen. Von dort war anschließend eine größere Ferienreise in die Nachbarschaft ermöglicht worden. In Bremen habe ich mir insbesondere den Dom St. Petri, das Rathaus, die berühmte Böttchergasse und die Bremer Stadtmusikanten angesehen. Von letzteren sollte in der Nacht zuvor das Gickelchen, der Hahn, abgehauen worden sein. Und dann ging es weiter nach Wilhelmshaven zu Familie Diakon August Gremmel, eine befreundete Familie der Eltern. Das Wattenmeer bei Ebbe am Südstrand des Jade Busen, aber auch der Handelshafen, machten auf mich einen großen Eindruck. Ein sehr aufschlußreicher Tagesausflug brachte mich über Wangerooge nach Helgoland. Als angehender Geologe war für mich vor allem die typische rotbraune Buntsandstein-Steilküste mit dem markanten Mönchfelsen besonders interessant, neben der total zerbombten Insel und wieder erkennbarem Aufbau. Fast erschreckend gestaltete sich die Rückfahrt über sieben Stunden, da das Schiff auf einer Sandbank stundenlang festlag. Mit Seekrankheit hatte ich eigentlich keine Probleme. Die Rückfahrt nach Halle startete am 30. Juni und ging über Bremen, Hamburg, Schwanheide und Magdeburg und verlief abenteuerlich. In Hamburg war noch ein Zwischenaufenthalt und Besuch bei Charlotte Schultz vorgesehen, der dortigen Besitzerin der Stonsdorfer Brennerei, ursprünglich aus dem Böhmerland. Es kann sogar sein, daß ich eine größere Flasche Stonsdorfer garnicht mitbekommen habe! Dann kam das große Fiasko: Einmal hätte ich in Hamburg Altona beinahe den Interzonenzug verpaßt. Ich stand auf dem angekündigten Gleis und der Zug fuhr aber vom Bahnsteig ab (oder umgekehrt)! Mit Mühe konnte ich mittels S-Bahn den für mich überhaupt letzten benutzbaren und abgefahrenen Interzonenzug noch am Hauptbahnhof einholen. Im Interzonenzug wurde mir dann zunehmend angst und bange, weil ich, merkwürdigerweise völlig unbedacht, in einer großen Netztasche und auch im Koffer diverse streng verbotene Lebensmittelbüchsen mit in die Zone rübernehmen wollte und deshalb natürlich an der Grenze größte Komplikationen zu erwarten waren. So verstaute ich die Netztasche unter meinem Sitz und den Koffer möglichst weit von meinem Sitzplatz. Die Grenzkontrolleure kamen offensichtlich wegen starker Überfüllung des Zuges zeitlich nicht durch. Zu allem Übel mußten wir möglicherweise deshalb plötzlich den Zug, ohne Gepäck verlassen und in der Dunkelheit auf den Bahnsteig treten. Das war vermutlich mein Glück und brachte auch größte akute Sorgen, denn der Zug war praktisch schon am Abfahren und da erst konnten wir auf den allerletzten Drücker wieder einsteigen. Bis zum Umsteigen, vermutlich in Magdeburg, saß ich mit allergrößter Unruhe und Angst da, jeden Augenblick erwartend, daß mein gefährliches Spiel doch noch rauskommen und ich wegen z.B. potentiellem Waffenschmuggel in den Büchsen mitgenommen werden würde. Nach Mitternacht war ich wieder in Halle. doch wohlbehalten, mit erfreulich vielen leckeren Beständen für die ganze Familie.

Wir waren überhaupt viel unterwegs, noch im Juli 1955 mit den Eltern und Freimut nach Rothenburg an der Saale und mit den Eltern Hopfe, Schwiegereltern meines Bruders Michael, nach Bad Klosterlausnitz und zur Hainspitze. Am 20. Juli ging es 6.15 Uhr zur Beerdigung von Tante Selma nach Dresden zusammen mit meinem Vater und Bruder Freimut. Dort konnten wir pünktlich 9 Uhr Onkel Herbert, Onkel Alex und Tante Lotte begrüßen. Auf der Rückfahrt machten wir natürlich einen kleinen Abstecher zur Albrechtsburg oberhalb Meißen. In dieser Zeit galt auch als schon bemerkenswerte Attraktion, daß unmittelbar vor unserem Haus in Halle im offenen Cabriolet die russischen Herrscher Bulganin und Chrustschow vorbeifuhren. Aus nur wenigen Metern Entfernung konnte ich sie mit meiner Praktika aufnehmen.

Auch nach dem Abitur gestaltete sich meine **berufliche Laufbahn mit dem Hauptziel eines Geologiestudiums** äußerst unübersichtlich und unklar. Scheinbar wollten die verschiedenen zuständigen Stellen vom Sport und Partei in meiner Sache keine endgültige Verantwortung übernehmen. Sie haben stets versucht, mich immer nur hinzuhalten und Entscheidungen auf andere Gremien und auf einen späteren Zeitpunkt zu schieben. Am 26. Juli erreichte mich die angeblich offizielle Mitteilung vom Prorektor der Medizinischen Fakultät in Halle, vermutlich doch nur mündlich, denn ein Schriftstück ist mir nicht erinnerlich, daß ich zum Medizinstudium nicht zugelassen sei. Diesbezüglich protestierte ich in zwei Eilbriefen noch am gleichen Tag bei der Schwimmsektion der DDR und beim Staatlichen Komitee für Kultur und Sport in Berlin.

Anfang August konnte ich mir bei Prof. Gallwitz im Geologischen

Institut der Universität in Halle eine Bescheinigung abholen, daß er mich als Geologiestudent ab WS 1955/56 an seinem Institut aufnehmen würde. Dies wurde durch besondere Beziehungen meiner Eltern zu ihm möglich, erwies sich später aber als verhängnisvoll und verheerend. Erst nach Jahren erfuhr ich, daß er sich offenbar über zentral von der Uni bzw. Berlin vorgesehene Vorgaben und Anweisungen hinweggesetzt hatte. Dies sollte wohl zu äußerst empfindlichen und ernsten Benachteiligungen und Bestrafungen nicht nur im universitären Rahmen geführt haben! Am 12. August fand ein intensives Gespräch im Prorektorat der Uni Halle statt. Von einer Frau Schmalz und einem Herren Böhm(e?), deren Funktionen mir nicht mitgeteilt wurde, konnte ich über meinen weiteren Werdegang unverändert nichts Überzeugendes erfahren, Es sei noch alles völlig „ungewiß". Schon zu diesem Zeitpunkt habe ich ohne irgendwelche Skrupel meine Position und meine Vorhaben eindeutig und offen dargestellt. Ich würde Konsequenzen ziehen und „Weggehen", freilich ohne genaue Richtungsangabe! Dann habe ich mir noch ein weiteres Treffen im hallischen Prorektorat am 19. August notiert, aber ohne nähere Angaben. Mit Sicherheit habe ich meine Situation erneut klar darstellen können, zumal ich etwas „lässig" und gewissermaßen „auf einem hohen Roß sitzend" auf meine noch am gleichen Tag notwendige Anreise zu DDR-Meisterschaften hinweisen konnte.

Persönlich habe ich in diesen Sommermonaten ein gutes und freundschaftliches Verhältnis zu Christel Hrabowski aufbauen und unterhalten können. Sie betätigte sich wohl auch im Schwimmsport und wohnte in der Zuckerraffinerie gleich hinter dem Hauptbahnhof. Wie weit sie mit ihrer Schule war, entzieht sich meiner Kenntnis, kam wohl in die letzte Klasse? Ihr Vater war Chef der Hallischen Zuckerraffinerie und war viel im

Ausland, z.B. in Südamerika und in China, wo er Zuckerraffinerien aus deutscher Hand aufzubauen hatte. Ich hatte ihn nie zu Gesicht bekommen.

Mitte Juli war in Zerbst die Bezirksbestenermittlung, wo ich jeweils erste Plätze belegte über 100 m Brust in 1:15,0 und über 200 m Brust in 2:49,7. In der Woche drauf fuhr ich jeden Tag mit der Bahn, meist in ganz modernen Doppelstockzügen, angeblich erstmals gebaut in Ammendorf südlich von Halle, nach Leipzig, um unter dem Nationaltrainer Herbert Schöner eine äußerst scharfe Trainingswoche zu absolvieren, Tagespensum um 4000 oder 2300m, wo ich doch üblicherweise in Halle nur maximal 1500m Training pro Tag gewöhnt war und durchsetzen konnte! Psychologisch und leistungsmäßig fühlte ich mich ja mehr als „geruhsamerer" Kurzstreckler, 50 und 100m, auch im Training. Noch im Juli stieg dann in Arnstadt eine Jugendwasserballrunde gegen Gera und Arnstadt, bemerkenswerterweise mit Beteiligung einer Mannschaft aus dem Westen, aus Schweinfurt. Alle drei Spiele gewannen wir mit insgesamt 25:5 Toren.
Bei den DDR-Jugendmeisterschaften im Schwimmen in Pirna wurde ich am 31. Juli mit 2:47,9 über 200m Brust DDR-Jugendmeister und auch sonst haben wir mancherlei Mannschaftstitel nach Halle geholt. Interessant, daß ich mich am darauffolgenden Montag an einer vom Sport angebotenen Dampferfahrt auf der Elbe in die Sächsische Schweiz zur Festung Königsstein beteiligen konnte. Für unsere "unteren" Sportfunktionäre war offensichtlich nicht nur der (einseitige) Sport, sondern auch Kultur und Umwelt, zum Glück nicht Parteipolitik, von Bedeutung.
Am 19. August bin ich abends noch nach Erfurt zu den DDR-Schwimm-Meisterschaften gefahren. Hier konnte ich mit 2:48,7 über 200 m Brust als Jugendlicher immerhin den dritten Platz unter den Männern belegen. Dadurch war mir relativ sicher eine Teilnahme in der DDR-4x200m-Bruststaffel bei der Olympiade

1956 in Melbourne in Aussicht, zumal ich wenige Tage vorheroffiziell sogar 2:45,3 geschafft hatte. In Erfurt schwamm ich ansonsten die 100 m Brust in 1:15,4, was wohl DDR-Jugendrekord bedeutete.

Mitte August 1955 unternahm ich mit meiner Mutter und den Eltern Hopfes eine Autofahrt ins sächsische Rochlitz und zum geologisch bemerkenswerten Rochlitzer Porphyr. Die Sommerferien konnte ich mit den Eltern vom 22.8.- 6.9. in Schöneck im Vogtland in einem Schwestern-Erholungsheim verbringen. Auf der Hinfahrt besuchten wir Tante Lotte, Vatis Schwester, in Plauen. In Schöneck standen viele Wanderungen und Ausfahrten auf dem Programm: Über Ölsnitz ging es zur Pirker Talsperre und über Klingenthal zum 936m hohen Aschberg nahe an der tschechischen Grenze, eine Wanderung zur Muldenbergtalsperre, dann eine Wanderung durchs Wolfsbachtal nach Zwotental und Zwota, Autofahrt nach Klingenthal und dann Wanderung nach „Kamerun" und an den Körnerberg, Autofahrt nach Markneukirchen zu den elterlichen Freunden Bergmann's und mit ihnen zusammen Wanderung nach Wernitzgrün zum „Hohen Stein", Autofahrt zur Trieblasperre bei Werda mit Rundgang. Obligatorisch war auch eine Fahrt zu den ehemals berühmten Kurorten Bad Elster und Bad Sohl. Schluckweise wollten wir in den „Genuß" der dortigen Heilquellen kommen! Vielleicht soll hier einmal festgehalten werden, wem ich einen Ferienkartengruß geschickt habe: Christel (zwei Karten und ein Brief), Pfr. Zeim von der Marktkirche, Patenonkel Martin Fischer in Berlin, Patenonkel Zebra in Hoechst, Patentante Almfriede in Halle, meinem Klassenlehrer Schich, meinem Schwimmtrainer Hans-Ulrich Richter, Tante Trudel, Helene Fischer, Hermine Schantl nach Graz, Kämpfs in der Schweiz, Iris, Frau Schultz in Hamburg und Gremmels in Wilhelmshafen, Dora Berger nach Jena.

Mitten während unseres Schöneck-Urlaubs fuhr ich am 27./28. August zu den DDR-Jugend-Wasserballmeisterschaften nach Schkopau. Unter unserem Trainer Kurtchen Martini konnten wir als Sportclub Wissenschaft Halle die Mannschaften aus Dresden, Leipzig und Skopau mit 6:3, 8:4 und 10:6 besiegen, sodaß wir wieder DDR-Jugendmeister im Wasserball wurden.

Schon am ersten Tag nach den Ferien mußte ich einer Staatlichen Geologischen Kommission einen Personalbogen zuschicken und fand eine eindringliche Aussprache mit meinem Sportclub in Halle statt. Zwei Tage später, am 9. September, habe ich ein Rückantwort-Telegramm zum Staatlichen Komitee nach Berlin, z.Hd. von Herrn Feicht, geschickt. Am 12. September erreichte mich eine schriftliche Ablehnung zum Geologiestudium von irgendeinem Unigremium.

Am 13. September dürfte ein „starkes Zerwürfnis" mit meinem Sportclub stattgefunden haben. An dem Gespräch hatten Personen namens Hellmann und Lehmann teilgenommen. Offensichtlich habe ich ihnen überdeutlich meine anhaltend verfahrene Situation mit dem Studium deutlich gemacht, zumal ja das Semester schon vor über einer Woche begonnen habe und insbesondere auch, daß ich mir dies nicht gefallen lassen würde. Ich würde auf keinen Fall, wie meine Schwester, Jahre vergeblich auf einen Studienplatz warten! Man drohte mir sogar, mich nicht mehr schwimmen zu lassen und man würde überhaupt nur noch mit meinen Eltern verhandeln. Am 14. September war wieder eine Sitzung vom Dekanat anberaumt, ohne weiterführendes Ergebnis.

Am Sonntag, 18. September 1955, kann ich mich noch sehr gut an die Verabschiedung des hallischen Probstes Johannes Jänicke in der Bartholomäuskirche erinnern. Er wurde Bischof in Magdeburg, Bischof von diesem eigenartigen landeskirchlichen Gebilde der Kirchenprovinz Sachsen. Meine Eltern hatten ihn hoch geschätzt. In seiner Lebensbiographie, „Ich konnte dabeisein" (Wichern Berlin, 1984) schildert er schonungslos und authentisch ein

185

erschreckendes Versagen kirchlicher Führungsstrukturen, nicht nur im Magdeburger Konsistorium, auch „angesichts unevangelischer restaurativer Entwicklungen nach 1945". Ich bin noch heute begeistert von diesem einmalig kritischen und überzeugenden Buch aus Bischofshand über Jahrzehnte meiner Heimatgeschichte. Ich kann es jedem nur empfehlen. Hier habe ich auch gelernt, daß die Kirchenprovinz Sachsen sich „mit der früheren preußischen Provinz … eine 1815 durch den Wiener Kongreß konstruierte Größe" deckte und offensichtlich umfaßte frühere Regierungsbezirke Magdeburg, Halle-Merseburg, Erfurt, die Altmark mit Stendal und Salzwedel bis hinter Torgau. Übrigens bin ich 2020 (BoD, S. 195-196) ausführlicher auf Johannes Jänicke eingegangen, auch auf sein persönliches Dankesschreiben an meinen Vater vom 4.11.1947.

Am 22. September wurde ich günstig von einem guten Bekannten der Eltern ab 5.50 Uhr mit dem Auto nach Berlin mitgenommen. Es war Max Hädrich, Chauffeur bei der Firma Holzmann, 300 m oberhalb von unserem Haus. Ich war zu einem Gespräch beim Staatlichen Komitee für Körperkultur und Sport in Berlin C2 eingeladen worden. Ich kann mich noch an eine ruhige und außerordentlich offene Aussprache erinnern, bei der ich eindeutig auch mitgeteilt habe, daß ich nicht Monate oder Jahre, wie meine Schwester vor Jahren, auf einen mir in Aussicht gestellten Studienplatz warten würde. Ich würde bei weiterer Nichtzulassung zum Studium, zumal dieses ja schon seit fast drei Wochen begonnen habe, sehr bald meine Konsequenzen ziehen. Offensichtlich war man nicht in der Lage, sich gegen vermutlich politische Vorgaben durchzusetzen und riet mir nur, doch mit Geduld weiter zuzuwarten. Am 26. September dürfte sich eine Staatliche Geologische Kommission in Halle nochmals mit mir befaßt haben, wo ich jedenfalls erfuhr, wie es mit einer geologischen Ausbildung weitergehen könnte: Zwei Jahre Praktikum in Halle, Unterstützung 243 DM monatlich, Fachschulenbesuch zum Geologie-Techniker zwei Jahre, und zum Geologie-Ingenieur drei Jahre, die Fachschule sei in Zwickau. Am Freitag, 30. September, fand dann eine weitere Sitzung in Halle statt mit Vertretern meines Sportclubs, der Partei und des Staatssekretariats, bei der man mir unverändert keinerlei Zusagen machen konnte und auch hier mich nur auf weitere Geduld verwies. Letztendlich habe ich meist nur widersprüchliche und nie eindeutige Auskünfte oder eine verwertbare schriftliche Absage erhalten. Bei allen Auseinandersetzungen war stets der Tenor, daß ich Geologie oder auch Medizin nicht studieren dürfe, weil man in diesen Fächern keinen Einfluß auf mich nehmen könne. In jedem anderen Fach, also Gesellschaftswissenschaften, Pädagogik etc. könne ich sehr wohl, ausnahmsweise auch mit freier Auswahl sofort in Jena, Leipzig oder Halle mein Studium aufnehmen. Am 3. und 5. Oktober stand dann offensichtlich doch noch ein „sehr fragliches Medizinstudium" bzw. ein Ferngespräch erneut mit Berlin im Raum.

An meinem letzten Sonntag in Halle, am 9. Oktober, waren wir früh in der Marktkirche und nachmittags zusammen mit den Eltern und Tante Trudel auf dem Petersberg nordwestlich von Halle. Unabhängig von allen Auseinandersetzungen um mein Studium hatte ich unter maßgeblicher Regie meiner Mutter systematische Vorbereitungen für eine offizielle Fahrt nach dem Westen vornehmen können: Ein neuer Anzug für die Teilnahme an einer Hochzeit, neue Cordhose, neue Passbilder, neuer sehr großer Koffer, Einkauf eines Führers (Baujahr um 1910) über die Lahn im Antiquariat der Lippertschen Buchhandlung. Und dann dürfte am 5. Oktober eine Karte von Marburg eingetroffen sein, auf der unglaublich offen dargelegt wurde von einem Studienkollegen meines Vaters, Ordinarius an einer großen Universitätsklinik in

Marburg, schicke doch den Ulrich nach Marburg, er kann hierstudieren und bei uns wohnen. Dabei war gerade in meinem Elternhaus über Patientinnen meines Vaters zuverlässig bekannt, daß in Leipzig in größerem Umfang mit Spezialmethoden Briefe geöffnet und ihr Inhalt kontrolliert werden würde. Auf dieser berühmt-berüchtigten Karte hätten es die Parteiorgane viel einfacher gehabt, zu Informationen zu kommen!

Am denkwürdigen **14. Oktober 1955,** Freitag, bin ich mit meiner Mutter, ab 19.47 Uhr in Halle, mit dem regulären Interzonenzug völlig unbehelligt **nach Marburg** gefahren, Ankunft dort gegen 8.00 Uhr. Nach ersten Erkundigungen und notwendigen ersten Schritten, also Besuch der neuen Wirtsleute und einiger Ämter, insbesondere des Flüchtlingsamtes und des Ausgleichsamtes für Ausbildungsbeihilfe in der Oberstadt, bin ich dann erst mit meiner Mutter weiter nach Ottrau in die nordhessische Schwalm zur Hochzeit von Anneliese und Otto Roth mit der Bahn gefahren. Da ja allgemein verlautet wurde, daß ich nach der schwälmer Hochzeit eine Radpartie die Lahn entlang machen wollte, mußte ich natürlich mein Fahrrad mitnehmen und zu allem auch sehr viel Zeug in meinem „Überseekoffer"!
Ja, wie war mir zu Mute? Es war gewiss eine äußerst eigenartige und ungewisse Situation, sich vermutlich ganz zu lösen von der Heimat, herausgerissen zu werden vom Elternhaus und Freundeskreis und hineingestellt zu werden in eine im wesentlichen gänzlich veränderte Umgebung, auch wenn mir die nahe Schwalm mit den Ottrauern und Weißenbörnern schon gut vertraut war. Auf jeden Fall machte ich mir keine Sorgen und schlichen sich keine traurigen Gedanken in meine Welt. Es war wohl fast ein ganz „normaler" und unbekümmerter, eher neugieriger

und freier Übergang ins studentische Leben, wobei mir eine stets im Leben vorherrschende (relativ) optimistische Grundstimmung entscheidend geholfen haben dürfte. Zumindest war ich in Marburg wohnungsmäßig versorgt und auch mit dem Essen meinte ich, trotz „unbändigen" Appetit schon über die Runden kommen zu können. Die finanzielle Seite konnte ich wohl ganz verdrängen, auch wenn ich über Monate kaum Geld in Aussicht hatte. Und das mir bald deutlich gewordene Problem, das Abitur zumindest teilweise nachholen zu müssen, ließ keine großen Bedenken aufkommen. Zuerst blieb ich ersteinmal bis Ende Oktober in Ottrau und im benachbarten Weißenborn. Am 1. November wurde dann das Leben etwas ernst. In vier Stunden, schwer bepackt, fuhr ich mit meinem Fahrrad über Alsfeld, Kirtorf und Kirchhain die 124 km nach Marburg und fühlte mich in meiner „Studentenbude" bei du Mesnil's, das Zimmer unter dem Dach von einem außerhalb studierenden Sohnes des Hauses, erstmals ganz wohl.

Nach meiner polizeilichen Anmeldung blieb mir dann ein Aufenthalt von zehn Tagen im Hessischen Landesdurchgangslager, **Notaufnahmelager in Gießen**, Flüchtlingslager, dann im Jugendlager Krofdorf, nicht erspart. Am 11.11.1955 wurde mir „„auf Grund eines Rechtsanspruches"" die entscheidende Genehmigung einer „Notaufnahme" gewährt und die Möglichkeit, meinen ersten Wohnsitz im Land Hessen zu nehmen. Dies war wichtige Voraussetzung für eine Erteilung dann am 23.12.1955 in Marburg vom Magistrat der Stadt – Flüchtlingsdienststelle – des sogenannten C-Ausweises, Nr. 6213/5369. Dieser Ausweis beinhaltete in der Bundesrepublik Deutschland die Anerkennung als Vertriebener und Flüchtling und letztlich auch die jahrelange finanzielle Unterstützung in meinem Studium. Von Krofdorf aus nahm ich schon ersten Kontakt zur Ricarda-Huch-Schule in Gießen auf, denn es wurde sehr bald klar, daß ich hier mein hallisches Abitur, zumindest z.T. nachholen mußte. Natürlich mußte ich auch die benachbarten kleineren Basalthügel mit ihren Burgruinen Gleiberg und Vetzberg erkunden. Hier wurde mir auch eine erste Arbeitsstelle vermittelt, für 13 Stunden Verdienst von 13 DM, zusätzlich bekam ich vom Lager ein Taschengeld von 2.20 DM. Sofort nach meiner Rückfahrt nach Marburg konnte ich praktisch ab 15. November nach einem persönlichen Gespräch mit dem Ordinarius des Geologischen Instituts in Marburg, Prof. Dr. Carl Walter Kockel, gleich hinter der Elisabethkirche, meine quasistudentische kostenlose Kollegteilnahme an einigen Vorlesungen (Historische Geologie und Wirbeltiere) und an einem Praktikum vormittags beginnen. Am Abend, viermal pro Woche, war dann der Besuch der Ricarda-Huch-Schule in Gießen angesagt. Hier mußte ich mich in Latein, Deutsch, Geschichte und Gegenwartskunde weiterbilden. Dies alles gestaltete sich als ein unglaubliches und unvorstellbares Fiasko, wie sich später herausstellte, ein geradezu riesengroßes und völlig unnötiges Fehlverhalten und verheerende Blamage westdeutscher Pädagogik.

Von der Ricarda-Huch-Schule war bekannt, daß sie schon drei Kurse für SBZ-Abiturienten durchgeführt habe. Man mußte also von einer ausreichenden Erfahrung ausgehen. In den rund 80 Doppelstunden in fünf Monaten wurde in Deutsch auf einen Probeaufsatz verzichtet. Für mich war dies kein Problem, ich erhielt bei dem dann anstehenden sogenannten Ergänzungsabitur die beste Note. ¾ aller Teilnehmer sollen das Thema verfehlt haben und erhielten die schlechteste Note. Im Mündlichen fragte man mich nach einem modernen Dichter und einem Buch, von dem ich nie etwas gehört hatte und den wir auch im Unterricht nicht behandelt hatten. Schlechteste Zensur, nur durch den Aufsatz konnte ich entsprechend ausgleichen! In Geschichte haben wir je einen Monat griechische und römische Geschichte ertragen und sind bis zur

Französischen Revolution gekommen. Geprüft wurde nur 19.-20. Jahrhundert. In irgendeinem Fach wurde ich nach Friedrich List befragt. Man gab mir die Möglichkeit, 10 oder 20 Minuten für die Vorbereitung. Ich konnte sofort antworten, daß er am 6.8.1789 geboren sei, worauf sie mich unterbrachen, sie müßten nachschauen, ob das stimmt. Über diesen wichtigen Nationalökonom hatte ich vor Jahren eine sehr ausführliche Jahresarbeit in Halle verfaßt, sodaß ich wohl mehr wußte als die 2-3 Prüfer. Insgesamt fielen von uns etwa 12 Prüflingen ¾ durch. Ein sympathischer Kollege hat sich noch am gleichen Abend deshalb umgebracht! Das war ein schrecklicher Schlag! So war freilich entscheidend und für lange Zeit auch belastend, daß ich am 27.4.1956 von der Ricarda-Huch-Schule Giessen, Realgymnasium für Mädchen, eine etwas provisorische, wirklich „Vorläufige Bescheinigung zur Vorlage bei der Immatrikulation im SS 1956" bekam, daß ich die Ergänzungsprüfung für SBZ-Abiturienten bestanden hätte und somit zur Immatrikulation zugelassen werden könne. Der Zusatz, daß diese Bescheinigung „mit dem 31.5.1956" seine Gültigkeit verlieren würde, bleibt mir noch heute rätselhaft. Den kostenlosen Besuch der Westdeutschen Bibliothek empfand ich immer als wohltuend und habe ich viel genutzt, auch für das dortige Zeitungslesen. Ab November habe ich wohl wieder begonnen mit Sportschwimmen, Bad-Eintritt für 0,50 DM. Im Dezember wurde mir zwei Tage eine Verdienstmöglichkeit bei der größten Marburger Möbelfirma Bubenheim ermöglicht. Für Tragen von schweren übergroßen Sesseln bis unters Dach, 4-5 Stockwerke hoch, erhielt ich ausgezahlt für 10 Stunden 10 DM. Im übrigen bekam ich fast wöchentlich Päckchen mit allen nur erdenklichen Esswaren, sodaß es mir meist nicht schwer fiel, mich früh und abends selbst mit Essen zu versorgen. So blieb meine finanzielle Einnahmen-Ausgaben-Situation nach penibler täglicher Buchführung überraschend günstig. Die Einnahmen beliefen sich im Oktober, November und Dezember auf je plus 3,00, 42,50 und 48,95 DM, während ich im gleichen Zeitraum nur minus 2,40,17,60 und 15,65 ausgegeben habe, sodaß ein stolzer Überschuß von plus 58,80 DM zum Jahresende 1955 resultierte. Da konnte ich mich schon fast königlich fühlen.

Als ein interessantes und auch lehrreiches Kapitel stellte sich die Situation bei meinen „Wirtsleuten" heraus. Das Mittagessen war in der Regel ungewürzt und fast, heute würde man sagen, alternativ-biologisch. Nach dem Essen wurden oft den Kindern Vitamintabletten verabreicht, vermutlich Ärztemuster. Ein großer Disput entstand z.B. dadurch, daß man versuchte, mir klar zu machen, daß ich unbedingt meinen Namen in meine Wäsche einnähen müsse, obwohl ich wesentliche Wäschestücke völlig privat von Elisabeth Dorn in Weißenborn waschen lassen konnte. Um die Jahreswende 1955/1956 war ich fast froh, die Feiertage wieder in der Schwalm zubringen zu können. Unmittelbar vor der „Abfahrt" per Anhalter meinte die Hausmutter, mir ausführlich deutlich machen zu müssen, daß Villigster (Studiengruppe im Ruhrgebiet) „anstrengende Fabrikarbeit" leisten müßten, wie ihr bekannt geworden sei. Schon Tage vorher wurde mir gesagt: „Nehmen Sie nur mehrere gute und weiße Hemden mit, denn auf dem Land sieht man sehr danach!" Es war ihr wohl entgangen, daß ich damals überhaupt kein weißes Hemd besaß. Über eine weitere Erfahrung war ich deutlich irritiert und sogar enttäuscht, denn ich hatte öfters aus einem der oberen Zimmer im Haus, wohl vom Hausherrn, klassische Musik von einem Harmonium gehört. Einmal wurde ich vom Hausherrn in sein Zimmer ganz oben geschickt, um etwas runterzuholen. Dabei mußte ich entdecken, daß dort ein Spezialharmonium stand mit Lochkarten-Papierrolle, sodaß als musikalische Leistung jedwede Musik nur durch intensives Treten eines Blasebalges erbracht werden mußte.

Ab 9.1.1956 war ich wieder in Marburg und da habe ich sofort bei der Begrüßung den Mut gehabt, fromm und frei meiner Gastgeberin mitzuteilen, daß ich mich für das zur Verfügung gestellte Zimmer außerordentlich bedanken würde. Ich wolle mich aber nunmehr ab sofort essensmäßig wie ein Student völlig auf mich allein stellen, ohne zu kochen, um insbesondere, das Essen betreffend, keine zusätzliche Arbeit zu machen. Dies wurde erstaunlich gut toleriert.

Meine Eltern hatten wohl über Jahrzehnte sehr gute Beziehungen zu mehreren deutschen Diakonissenmutterhäusern unterhalten. So gelang es ihnen offensichtlich in kurzer Zeit über das Diakonissenmutterhaus in Wehrda, mir zu einem „Spezialmittagessen" zu verhelfen. So habe ich das erstemal am 12. Januar 1956, günstig nah, oberhalb vom Bahnhof in den christlichen Brudereinrichtungen Tabor Mittagessen bekommen. Versorgt wurde ich regelmäßig in einem Extrazimmer von einer ausgesprochen freundlichen Diakonisse, die stets mit einem Turmbau von 5-6 Töpfen ankam, sodaß ich großartig mit nicht geringen Portionen Suppe, Gemüse, Fleisch, Kartoffeln und Nachtisch schwelgen konnte. Das reichte jedenfalls mehr als für einen halben Tag. Auch in potentiell kritischen Situationen ließ ich mich dort nicht unterkriegen: Die Diakonisse lud mich regelmäßig von Donnerstag bis Samstag zum Gottesdienst am Sonntag in Tabor ein und bedauerte von Sonntag bis Mittwoch, daß sie mich nicht beim Gottesdienst gesehen hätte. Einigemale habe ich ihr dann den Gefallen getan, auch um alles persönlich kennenzulernen, und habe den Lese- und Erbauungsgottesdienst besucht, worüber sie natürlich sehr erfreut war. Schon damals bin ich gern in den Akademischen Gottesdienst in die Universitätskirche gegangen. Als das wieder einmal der Fall war und die Diakonisse am Sonntag beim Bringen des Mittagessen tief bedauerte, daß sie mich nicht in Tabor gesehen hätte, sah ich keine Veranlassung, ihr nicht zu erzählen, daß ich auch gern in die Universitätskirche gehen würde. Kam dann ganz spontan: „Was, zu diesen Heiden!?" Jedenfalls war ich mir wohl recht sicher, daß sie es nicht wagen würde, mir mein Mittagessen zu schmälern. Aber traurig stimmt mich noch heute, wie letztlich so aufdringlich evangelikal und einseitig mit Mitmenschen umgegangen werden kann.

Ab Mitte Januar bekam ich vermutlich über den Schwimmverein, in den ich in Marburg eingetreten war, dem Marburger Schwimmverein, MSV, erstmals eine Monatsfreikarte für das Luisa-Hallenbad. Dadurch konnte ich wieder mehrfach pro Woche einem etwas geregelten Schwimmtraining mit Trainingsdistanzen von 800-1400m/Tag nachgehen. – Gerade im industriearmen Marburger Raum war es stets fast ein Wunder, wenn man als Student die Möglichkeit bekam, Geld zu verdienen. So war ich froh, daß ich an zwei Wochenenden bei der Speditionsfirma Auto-Scholz arbeiten konnte. Dabei mußten in erster Linie in der ehemaligen Munitionsfabrik in Stadt Allendorf in über 1 Zentner schweren Papiersäcken Kohlenstaub unter oft schwierigen Wegeverhältnissen vom LKW auf der Schulter abgeladen werden. Dabei waren an 2-3 Tagen pro Arbeiter je 80-90 Säcke pro Tag zu bewältigen. Wie wir aussahen, als so der eine oder andere Sack von der Schulter in den Dreck fiel und auseinanderbrach, kann man sich vorstellen. Jedenfalls war auch meine Schulter ausgedehnt wund. Für rund 55 Stunden solcher Arbeit bekam ich dann meine beiden ersten Lohntüten über 39,43 DM und 35,64 DM. Da hat es mich dann nicht mehr hingezogen, zumal ich auch den Bescheid vom Bundesstudentenring erhielt, daß mir eine Hilfe in den Monaten Januar und Februar von je 100,- DM gewährt werden könne. So konnte ich mir insgesamt ein Guthaben Ende Januar von 311,93 DM und Ende Februar von 419,19 zulegen. Gleich neben dem Auto-Scholz befand sich übrigens das bedeutsame Vilmarhaus. In dieser bemerkenswert schönen Fachwerkvilla hatte die ESG, Evangelische Studentengemeinde, ihr Domizil und ich konnte es schon in dieser Zeit erstmals kennenlernen. Ende Februar 1956 sind mehrere ganz entscheidende Vorgänge festzuhalten. In einem ersten Schwimmwettkampf in Kasselkonnte ich für den MSV, allerdings als Staffelzeiten, über 100 m Brust 1:13,2 und über 100 m Schmetterling 1:14,2 in der Halle Zeiten erreichen, die im hessischen Raum noch nie gesehen wurden. Gleichzeitig habe ich mir in meinem Taschenkalender den Namen „Bimbo" notiert. Er war mein Freund lebenslang, **Dieter Hulitschke**. Er war vorwiegend Wasserballer und Krauler im MSV, damals noch Autoschlosser beim Opel-Nau in Marburg, dann aber sehr bald Bademeister und Masseur in den Marburger Bädern. Bis 2020, wo er unter Coronabedingungen verstarb, verband sich mit ihm ein gutes freundschaftliches Verhältnis. Dies kam mir insofern günstig, da sich zumindest in den Anfängen meiner Zeit in Marburg zeitweilig mit meinem Sportfreund Wolfgang Schaake und seinem Trainer, Werner Sell, eine gewisse Konkurrenzsituation ergab, denn dieser Wolfgang war bislang der beste Brustschwimmer weit und breit und das war natürlich jetzt vorbei. Bei einigen in diesem Zusammenhang entstehenden Problemen hat mein Dieter bestens ausgeglichen und sich für mich eingesetzt.

Und dann konnte ich mich am 28. Februar von meinen gastlichen universitären Wirtsleuten in der Heinrich-Heine-Straße am Ortenberg mit großem Dank verabschieden und meine bisherige 1. „Bude" nach immerhin rund vier Monaten verlassen. Der Umzug erfolgte mit dem Fahrrad ohne Probleme in das nur rund 1 km entfernte Jugendwohnheim der Christlichen Nothilfe äußerst günstig in der Mitte des Lahntales und überhaupt in der Mitte der Stadt gelegen. Einen Tag später konnte ich mich dann auch von meinem opulenten Mittagstisch bei den „Tabor-Brüdern" bzw. von meiner Diakonisse mit großem Dank verabschieden. Jedenfalls hatte ich somit die ersten, nicht immer ganz leichten vier Monate in Marburg mehr als gut und dankbar überstanden. Schon Ende 1955 war es offensichtlich möglich, eine Thematik visionär und prophetisch aufzugreifen, die für mich und uns und Deutschland sehr vielspäter, nämlich erst ab Mitte der 80er Jahre eigentlich richtig virulent wurde, die **potentielle Gefahr nuklearer Industrie und atomarer Waffen.** So habe ich im Nachlaß der Eltern zwei Predigten entdeckt von **einem Gottesdienst in der Palmenwald-Kapelle in Freudenstadt, gehalten von Dr. med. August Knorr im Dezember 1955.** Er war Leiter des bekannten evangelischen Kurhauses. Es ist davon auszugehen, daß meine Eltern die beiden Predigten um 1955 zugeschickt bekommen haben und insofern auch entsprechend sensibilisiert wurden: **„Ja, tatsächlich, das kann der Mensch: Den Erdball wegwerfen, wenn er ihm nicht mehr gefällt. Ja, er kann die Luft mit radioaktivem Staub verseuchen. Er kann das Grundwasser und das Meer mit radioaktivem Uranabfall vergiften."**

„Aus dem Irrweg, aus der Selbstverirrung in der Wüste unseres modernen Lebens, aus der Sackgasse unserer pausenlosen Lebensarbeit, gibt es noch einen Rück- und Ausweg ... Heute, bevor es zu spät ist! Heute, bevor euer neugebautes Haus, bevor das aufgebaute Wunder von Westdeutschland von einer unsichtbaren, unterirdischen Bombe in die Luft gesprengt wird, ... Heute, bevor der radioaktive Atomstaub eines nationalen oder europäischen oder eines globalen Eigenruhmes in Wissenschaft und Kunst eure geistigen Atmungsorgane vergiftet hat." Es ist schon bemerkenswert, daß August Knorr von der Bekennenden Kirche her kam und mit den Anfängen der Evangelischen Akademie Tutzing 1946/1947 beauftragt wurde.

7. Marburg als meine zweite Heimat 1955 – 1959

Vom 15. Oktober 1955 bis März 1959 entwickelte sich das altehrwürdige, liebreizende und überschaubare nordhessische Studentenstädtchen Marburg an der Lahn während meiner Studentenzeit dort zu meiner bleibenden zweiten Heimat. Dies verstärkte sich durch meine spätere 10-jährige Hochschultätigkeit in den Jahren von 1967 bis 1977. Mir sei eine etwas überschwängliche und barocke Erzählung zur bleibenden Erinnerung erlaubt. Ich habe so richtig liebgewonnen die heimelige Innenstadt-Fachwerkarchitektur, die vom wuchtigen und geschichtsträchtigen gotischen Landgrafenschloß aus dem 13. Jahrhundert überragt wird. Im Schloß wurde 1504 der Landgraf Philipp der Großmütige von Hessen geboren. Er hatte 1527 die erste protestantische Universität, „meine" Philips-Universität Marburg, gegründet. Auf seine Veranlassung fand 1529 im Landgrafschloß das berühmte Marburger Religionsgespräch zwischen Luther, Zwingli und Melanchthon statt. Man konnte sich bezüglich „Realpräsenz" im Abendmahl im entscheidenden 15. Artikel nicht einigen. Damit war der bedeutsame Plan des Landgrafen Philipp von Hessen gescheitert, dogmatische Differenzen der verschiedenen reformatorischen Richtungen schon damals zu überbrücken und damit eine Einigung der Protestanten zu erreichen. Interessant, daß Landgraf Moritz 1605 das reformierte Bekenntnis im Marburger Land eingeführt hat und daß in diesem Zusammenhang vier Marburger Professoren, die sich weigerten, die Verpflichtung auf diese z.T. unbeliebte Konfession einzugehen, dann nach Gießen gingen und dort im damaligen Hessen-Darmstadt die Universität Gießen gegründet haben.

Im Tal wird das Städtebild dominiert von der alles mächtig überragenden Elisabethkirche, einem der sehenswertesten frühgotischen Bauten auf deutschem Boden. Sie wurde ab 1235 zu Ehren der Elisabeth von Thüringen, nachdem sie von der

Wartburg vertrieben wurde, über deren Grab errichtet. In Ihr befindet sich gleich links die endgültige Grabstätte von Hindenburg mit seiner Lebensgefährtin und ein bemerkenswertes Kruzifix von Barlach. Unmittelbar hinter der Elisabethkirche, also im nordöstlichen Schatten der Kirche, stehen noch Gebäudeteile vom Deutschorden aus der Zeit des 13. Jahrhunderts. Im Komturhaus befand sich ausgerechnet „mein" Geologisches Institut. Westlich von der Elisabethkirche erstreckt sich der Ketzerbach Richtung früher bedeutender Behringwerke. Mir ist erst in den letzten Jahrzehnten deutlich geworden, daß es sich hier um den berüchtigten Dominikanermönch Konrad von Marburg handelt. Er wurde von einem Papst in Rom zum Ketzerrichter in Deutschland ernannt und verbreitete von Marburg aus mit seinem finsteren Tun der Inquisition und mit Ketzerfeuern Angst und Schrecken. Er soll 1233 von aufgebrachten Edelleuten in der Nachbarschaft des Frauenberges erschlagen worden sein. Auch dieser Frauenberg, südöstlich von Marburg, hinter den Lahnbergen am Ebsdorfer Grund, war mit seiner Ruine ein sehr beliebtes Ausflugsziel.

Unvergeßlich bleiben die Lahnpartien an der Weidenhauser Brücke, wo auf dem jetzigen Gelände der Mensa auch das Jugendwohnheim der Christlichen Nothilfe stand. Hier hatte ich von 1956-1958 gewohnt. Gleich in der Nachbarschaft östlich steht meine vertraute St. Jost-Kapelle, offiziell die Evangelische Studentenkapelle aus dem 13. Jahrhundert. Weiter nordöstlich ragen die Lahnberge mit dem 1890 errichteten Spiegelslustturm, dem Lahnspargel, auf 390m Höhe über das Tal. Wie oft bin ich von der Talsohle, 190m, die 200 Höhenmeter zum Turm hoch gestiegen, um die großartige Sicht bis zum Vogelsberg und Taunus in Süden, zum Westerwald im Westen, zum Rothaargebirge und Knüll im Norden und zur Rhön im Osten, sogar bis zum Inselberg im Thüringer Wald, zu genießen. Durch den Wald der Lahnberge hinweg war man rasch östlich im fruchtbaren Ohmtal, in deren Mitte auf einem markanten Basaltfelsen, auch nur um 360m hoch, das Städtchen Amöneburg ein beliebtes Ausflugsziel war. Riesenschnitzel, über tellergroß, waren besonders für uns Studenten das Markenzeichen. Hier hatte Bonifazius 732 ein Kloster gegründet.

Vom Jugendwohnheim ging es auf der westlichen Landgrafenschloßseite in nur wenigen Schritten über die alte Lahnbrücke oder auch einen schmalen Fußgängersteg dann steil die Reitgasse oder eine steile Treppe und ein Törchen hinauf, an der Theologischen Fakultät und Universitätskirche, an der alten Mensa und einer evangelikalen Studentengemeinde-Gruppierung vorbei, und auf grobem holprigem Kopfsteinpflaster zum stets beeindruckenden Marktplatz. Hier in der Oberstadt erfreuten Fachwerkhäuser und am Marktplatz zusätzlich die spätgotische Rathausfassade. Bei studentischen Festen mit Tischen auf dem gesamten Marktplatz brandete nachts 24 Uhr ein ohrenbetäubender Lärm vielleicht über die ganze Innenstadt, wenn der Hahn der Turmuhr des Rathauses 24 mal herauskam und krähte und das studentische Volk „Zugabe" forderte. Das waren und bleiben alles Eindrücke und Erfahrungen an viele, sehr viele gute Erinnerungen bis auf den heutigen Tag.

Das **Jugendwohnheim der Christlichen Nothilfe, Am Krummbogen 39 ¾** stand unter der Leitung der außerordentlich beliebten und fürsorglichen Leitung von Schwester Martha. Sie war die mütterliche Seele des Hauses und für jeden fast jederzeit erste Ansprechpartnerin für praktisch alle Probleme und Fragen. Sie trug eine Haube und war wohl eine freie Schwester. Verwaltungsmäßig fungierte stets korrekt Herr Zinn und quasi seelsorgerlich war ein eher hölzerner Dr. Vanja eingesetzt. Er war Philologe und studierte zusätzlich Theologie, hatte also kaum Einkünfte. So nutzte er am Samstag das Abendessen, um mit dem Abfüllen von größeren

Restbeständen des Essens für seine Familie mit einigen Kindern zusätzlich zu sorgen. Seine Frau war Schweizerin und sollte große Kirchenfenster im Berner Münster besitzen. In einer normalen Baracke und in einem 2-stöckigen Steinhaus dürften insgesamt um die 30 junge Menschen in 1- bzw. 2-Bett-Zimmern untergebracht gewesen sein. Die Zusammensetzung war schon hochinteressant und geradezu wertvoll. Es handelte sich um etwa 1/3 Studenten, meist aus der Gegend um Lippstadt, allerdings auch mehrere, die offensichtlich in der DDR schon jahrelang als gestandene Lehrer offiziell nur in einem Fach unterrichtet hatten, und die jetzt nochmals ein 2. Fach studieren mußten! Das nur einfach-examinierte Lehrerdasein in der DDR wurde in der BRD nicht anerkannt. Es gab auch einige Arbeiter, Lehrlinge und Hotelfachschüler von der nahen Hotelfachschule am Ortenberg. Mit dieser bunt zusammengewürfelten Schar habe ich in gut zwei Jahren nie schwerwiegende Probleme erlebt. Wir haben wohl alle voneinander eher gelernt. An anfangs einmaligen, später 2-maligen und sogar 3-maligen Festen in Form einer sogenannten „Semesterkneipe" haben sich alle mit viel Freude beteiligt. Auch wenn das Essen für manche öfters etwas zu wünschen übrig ließ, fand ich dies überhaupt nicht. Besonders morgens kam mir eine Haferflockensuppe (ohne Spelzen!) gerade recht, zumal ich sie mit viel angebotener salziger Butter aus USA, die alle zunehmend ablehnten, enorm und reichlich bereichern konnte. Auch an die jahrelangen roten Beete stets am Donnerstagabend konnte ich mich gewöhnen, war dann allerdings froh, sie nach Marburg längere Zeit nicht mehr essen zu müssen. Günstigerweise hatten wir im Haus auch einen mittelgroßen Saal mit Klavier, sodaß ich regelmäßig Stückchen aus meinem alten Sonatinenbuch spielen konnte. Schon damals kam es mir mehr als merkwürdig vor, daß in diesem Saal, dicht gedrängt, etwa an vier Tagen in der Woche von 9 – 16 Uhr die „Kiekebusch-Studenten" Nachhilfestunden bekamen. Es waren

Juristen, die sich neben ihrem offensichtlich praxisfernen „Fehlstudium" zusätzlich Stoff einpauken lassen mußten! Nachdem ich am 28. Februar 1956 im Jugendwohnheim in einem kleinen Einzelzimmer in der Baracke eingezogen war und einen Schrank, Stuhl, Tisch und Bett eingerichtet und ein kleines Regal und einen kleinen schwarzen Wechselrahmen mit einer Postkarte vom Marktplatz Halle angebracht hatte, war ich mehr als zufrieden. Schon nach wenigen Stunden ging die Tür auf und wurde ich von einem Heimnachbarn freundlich begrüßt, in wohl auch nicht unerheblicher Neugier. Dieser Reinhard Oswald sah bei mir an der Wand sofort das Hallebild und dann stellte sich heraus, daß er auch aus Halle kam und sogar in die Klasse meines Bruders Michael gegangen war! Das war natürlich eine riesengroße Überraschung und Freude. Der Blick vom Fenster reichte östlich über die benachbarte Essensbaracke zum Ortenberg mit Spiegellustturm. Reinhard und ich sind später sogar zeitweilig im Steinhaus in ein Zimmer zusammen gezogen. Dort kam es allerdings zu einem gewissen Eklat, ohne daß ich ihn eigentlich ärger angegangen hatte. Zwischen unseren beiden Tischen am großen Doppelfenster stand ein Papierkorb. Einmal war dieser spurlos verschwunden, nur im Holzboden genau in Papierkorbgröße eine 2-3 mm tiefe, wie ausgestanzte schwarze Brandspur. Wochenlang hatte das ganze Haus gerätselt, was da wohl abgelaufen sei. Meiner Reinhard gegenüber geäußerten Theorie, daß er einen Liebesbrief über dem Papierkorb verbrannt haben könnte und der dann in den Papierkorb gefallen sei, sodaß er der Situation nur noch notdürftig Herr werden konnte, hat er nie widersprochen. Zum Glück ist das Haus nicht abgebrannt.

Im Mai 1956 begann in Marburg **mein erstes offizielles Studentensemester im Fach Geologie**. Laut Urkunde vom Rektor der Universität vom 16.5.1956 soll ich „durch Handschlag feierlich gelobt" haben, „den akademischen

Gesetzen und Behörden Gehorsam zu leisten, den akademischen Lehrern die schuldige Achtung zu erweisen, einen seines Standes würdigen Lebenswandel zu führen … als Student der Naturwissenschaften" und als „akademischer Bürger". Vom Geologischen Institut aus waren die üblichen Schwerpunkte zu belegen und starteten verschiedene Tagesexkursionen ins Gelände, z.B. mit Prof. Kockel nach Borken bei Fritzlar. Auf dem Programm stand regionale aufwendige Kartographierung verschiedener Erdformationsschichten. Wenn wir sonntags am Spätnachmittag über die Lahnbrücke am Bahnhof, der Defiliermeile in Marburg, müde und staubig heimkehrten, war mir das schon unterschwellig etwas ungemütlich.

Und dann erfolgte schon im Mai 1956 ein frohes Wiedersehen mit meinen Eltern in Bad Hersfeld bei der befreundeten Kollegenfamilie Dr. Achenbach. Anschließend fuhren wir mit ihrem DDR-PKW nach Marburg. Gemeinsam konnten wir die Amöneburg, sogar mit Schwester Martha über Biedenkopf die Sackpfeife (674m), die Innenstadt von Marburg und das Emil von Behring-Mausoleum sowie die Staufenberg-Ruine bei Lollar aufsuchen. Auf der Heimreise der Eltern stand natürlich ein Besuch bei unseren befreundeten nordhessischen Schwälmerfamilien in Weißenborn und Ottrau mit einem Abstecher zum Knüllköpfchen (633m) als höchsten Berg im Knüll-„Gebirge" auf dem Programm. Auf meiner Rückfahrt konnte ich noch den historischen Umzug der Salatkirmes in Ziegenhain/ Schwalm bewundern.

Besonders aufmunternd bleibt mir im Gedächtnis das erstmalige Miterleben des traditionellen Marburger Brunnenfestes im Juli 1956 im Schatten des Rathauses. Der ganze Marktplatz war besetzt, vor allen Dingen auch mit großen studentischen Verbindungsgruppen, von denen es um die 60 gehabt haben soll, mit entsprechender alkoholischer Lautstärke.

Nach der ersten beeindruckenden Teilnahme an einem Deutschen Evangelischen Kirchentag (DEKT), Leipzig 1954, war es für mich selbstverständlich, daß ich auch den DEKT Frankfurt/Main im August 1956 aufsuchte, zumal auch meine Eltern anwesend waren. Sie waren mit meiner Schwester Iris und einem sehr gut bekannten Nachbarn aus Halle, Herrn Kaiser, angereist. Wertvoll, daß es auch zu einer Begegnung mit unseren Verwandten aus Frankfurt gekommen ist, mit Tante Hanna und Onkel Jacob, aus der Eschersheimer Landstraße, schön, auch mit Elisabeth Dorn aus Weißenborn. Beim Schlußgottesdienst auf dem Rebstockgelände sollte man Kontakt zu Nachbarn aufnehmen. Diese Begegnungsmöglichkeit wurde bedauerlicherweise später auf den Kirchentagen nicht fortgesetzt, habe ich jedenfalls nicht mehr erlebt. Von uns war ich der einzigste, der dies wahrnahm. So erfuhren wir von zwei Fremden mit etwas grauer Hautfarbe, daß sie aus Assuan am Nil kamen und ausgerechnet die Augenärztin Dr. Elisabeth Herzfeld kannten, eine Freundin der Eltern!

Wohl noch im August gelang es mir, einen günstigen Ferienjob über drei Wochen bei der Maler- und Verputzerfirma Horn in Marburg aufzunehmen. Von dem Geld konnte ich mir ein gebrauchtes Motorrad, Adler M 100, zulegen. Und dann ging es gleich im September über Karlsruhe nach Lörrach zu einer Übernachtung bei Freunden der Eltern. Als ich von den südlichen Schwarzwaldhöhen bergabwärts fuhr, ging abends im Dunkeln mit dem Motor beängstigend das Licht aus. Bei der Weiterfahrt über Basel nach Bern, Spitzengeschwindigkeit 60 km/h, zu einer mir vom Thuner See bekannten Familie Andrist-Amstutz, schien alles in Ordnung zu sein. Ich bemerkte aber unverändert Probleme beim Bergabwärtsfahren mit dem Licht! Eine Motorradwerkstatt in Bern verlangte von mir für das Ausleihen eines Zündkerzenschlüssels ein Fränkli, sodaß ich nur noch neun in der Tasche hatte. Das Lichtproblem hatte sich nicht gebessert. Auf ein empfohlenes Auseinandernehmen des

Motors konnte ich mich so selbstverständlich nicht einlassen. Einem benachbarten KfZ-Meister erzählte ich meine Beobachtung und der wußte sofort Bescheid. Für fünf Fränkli brannte er mit einem Lötkolben den Auspuff aus, und die ganze einzigste Chrompracht an meiner Adler war weg, aber viel Dreck-Ruß viel heraus und meine M 100 fuhr besser wie früher! So konnte ich unbesorgt und noch mit etwas Geld in der Tasche das 2. Mal mit großer Erwartung und Freude an den Thuner See fahren zu meinen Kämpfs im Bündi. Für die Rückfahrt hatte ich mir eine neue Route über Interlaken und Brünig-Paß, anfangs noch mit 20 cm Schneefall, 616 km in 18 Stunden, ausgesucht.

Es bleibt mir noch heute unklar, warum sich berufsmäßig etwa drei Wochen nach Semesterbeginn Ende **November 1956 ein totaler Wandel meiner Berufsvorstellungen** eingestellt hat. Im Sommersemester waren wir im Fach Geologie zehn Neu-Studenten im überhaupt nur sehr kleinen, deshalb auch günstigen, geradezu familiären Institutsbetrieb. Herr Kockel hatte mitgeteilt, daß er nur vier Studenten dauerhaft übernehmen und ausbilden werde. Nur für diese Vier könne er sich nach dem Examen für eine passable Stelle einsetzen, die ohnehin sonst wenig aussichtsreich sein würde. Ich war unter diesen Vieren! Trotzdem besann ich mich, wohl ausschlaggebend weit weg von Halle und meinen schon drei vorhandenen Medizinern in der Familie, mich auch mal in der **Medizin** umzusehen. Nach einem sehr offenen Gespräch mit dem Oberassistenten des Präparierkurses in der Anatomie wurde mir völlig überraschend noch nach Wochen des Kursbeginns und, nachdem hier schon ein Numerus klausus ausgeübt wurde, also Kollegen abgewiesen wurden, der Zugang ermöglicht. Wenn dies nicht der Fall gewesen wäre, hätte ich ein Jahr verloren, da nur im Wintersemester Präparierkurse angeboten werden konnten. Nachdem mir dann auch noch von der Uni eröffnet wurde, daß ich das vergangene Geologiesemester auch für die Medizin wegen der vielen belegten naturwissenschaftlichen Fächer anrechnen lassen könne, war das geradezu spontane Umsatteln innerhalb praktisch einer Woche überwunden und erledigt. Offensichtlich wurde mir statt relativ toter Erdmaterie die Begegnung mit dem Menschen und mit dem Leben existentiell.

Dann war mir innerhalb von drei Semestern möglich, mein vorklinisches **Medizinstudium** abzuwickeln, da ich allen notwendigen Vorlesungen, Praktika und Famulaturen im zweiten bis vierten Semester erfolgreich nachkommen konnte. So habe ich z.b. ab März 1957 im Kreiskrankenhaus Eschwege auf der internistischen Abteilung von Prof. Ulrich Wetzel fünf Wochen famulieren können, wie übrigens auch Anfang August über drei Wochen. Wetzel war aus Halle! Am gleichen Hause absolvierte meine Schwester Iris ihre Assistenzarztzeit. Es war eine schöne gemeinsame Zeit mit meiner Schwester in diesem interessanten Zonengrenzgebiet an der Werra, geologisch bedeutsame „Blaue Kuppe", Meißner, Bad Soden-Allendorf.

Im 5. Semester konnte ich mich also in Ruhe und gezielt auf die anstehenden Examina des Physikum vorbereiten. Systematisches Pauken stand auf der Tagesordnung. Aber an den Feiertagen ließ ich es mir nicht nehmen, zum Abschalten mir regelmäßig stundenlanges und nächtelanges Schachspielen zu genehmigen.

Neben der üblichen alltäglichen Lebensbewältigung und neben den eher routinemäßigen Studienbelangen ist mir wohl erstmals 1957 die Notwendigkeit eines bürgerlichen und gesellschaftspolitischen Engagements deutlich geworden. Unser Physikordinarius, Prof. Wilhelm Walcher, hatte sich in einem normalen Kolleg plötzlich ausführlich bekannt, die **„Göttinger Erklärung"** unterschrieben zu haben. Unter der Federführung von Carl Friedrich von Weizsäcker hatten 18 führende Physiker und Atomwissenschaftler zum Stopp der Atomwaffenentwicklung und Atomwaffenproduktion aufgerufen und sich gegen atomare Aufrüstung der Bundeswehr ausgesprochen. Wir Studenten waren begeistert und stolz und haben sehr lang applaudiert. In diesem Zusammenhang habe ich auch den berühmten Religionswissenschaftler Friedrich Heiler (1892-1967) in den Akademischen Gottesdiensten in der Universitätskirche und in der Kapelle des Landgrafenschlosses, vermutlich mit Rudolf Bultmann, bei einer mir allerdings fremden Deutschen Messe, z.B. mit Einsatz von Weihrauch, erlebt. Erst später ist mir seine prophetische Aussage von 1967 entscheidend wertvoll geworden: „Heute sehen wir klar: die christliche Ökumene genügt nicht mehr, wir brauchen eine größere Ökumene. Nach all den Fehlschlägen der Politiker, den Frieden der Welt zu garantieren, kann nur noch eine **Ökumene der Weltreligionen** diesen der Menschheit schenken." (In: Vom Werden der Ökumene, Beiheft Nr. 6 zur Ökumenischen Rundschau. Evangelischer Missionsverlag Stuttgart 1967, S. 54).

Im Studium war mir von den Prüfungsfächern die Biochemie unter Prof. Theodor Bücherfast das Liebste. Er hatte später einen excellenten Ruf nach München erhalten. Für seinen interessanten Oberassistenten, Dr. Schmitz, war es ein besonderes Hobby, in jedem Sommersemester zur Erhaltung des Gemeinschaftsgefühls z.B. eine Schnitzeljagd zur Damm-Mühle zu veranstalten. Die Biochemieklausuren waren immer ein Ereignis. Einmal erhielt dabei meine Zweier-Gruppe bei einem Fettzahlen-Experiment die beste Note.

Neben dem Studium konnte ich in unglaublich großer studentischer Freiheit und mit großem Interesse vielfach wertvolle Lebenserfahrungen sammeln und auch spannenden Aktivitäten nachkommen. Bemerkenswert, daß ich trotz „Republikflucht" schon ab Ende 1956 jährlich mindestens einmal eine DDR-Aufenthaltsgenehmigung bekam und zu meinen Eltern nach Halle fahren konnte. Dabei wurde ich mehrfach von hohen SED-Funktionären in das Polizeipräsidium am Hallmarkt vorgeladen.

Man war offensichtlich bemüht, mich als Hochleistungssportler wieder für die DDR zurückzugewinnen! Um nichts zu gefährden, habe ich mich meist bedeckt und, alles etwas offen haltend, verhalten. Nur bei der wohl letzten Vorladung, 1958, habe ich kaum ein Blatt vor dem Mund genommen und von meinen westdeutschen Studentenmöglichkeiten berichtet, z.b. von der Möglichkeit eines Wechsel des Studienortes oder auch des Studienfaches. Glatt wurde mir gegenüber daraufhin behauptet, daß mir das auch in der DDR möglich sei. Freilich wurde mir auch aufs Schärfste mitgeteilt, daß ich auf der Stelle entsprechend DDR-Gesetzgebung schon seit etwa 1951, die als Erlaß zur Zeit noch nicht umgesetzt würde, verhaftet werden könnte!

Im Nachfolgenden möchte ich mir selbst einige wichtige Ereignisse aus der Zeit 1957-1959 ins Gedächtnis zurückrufen:

1957 wurde ich vom Kreiswehrersatzamt Marburg zur Musterung im Januar 1957 und dann erst endgültig ein Jahr später vorgeladen. Ich war die 2. Person überhaupt in Marburg. Jedesmal wurde ich mit Tauglichkeitsgrad III zurückgestellt. Schon von vorneherein stand für mich fest, daß mir ein Wehrdienst z.B. gegen meine Brüder in der DDR nicht zumutbar sein konnte.

Mitte April startete von Halle aus eine Osterfahrt mit den Eltern und meinem Bruder Freimut über Pulsnitz nach Bautzen in die Südostecke der DDR. Im Lausitzer Bergland wurde der Czorneboh, 552m, erwandert, die Ortschaften Oybin und Jonsdorf besucht und die Lausche, 793m, der höchste Berg im Zittauer Gebirge, bestiegen. Nachdem wir uns auf den Höhen des östlichen deutsch-tschechischen Erzgebirges südwärts an den Ausblicken auf die geheimnisvollen Böhmischen Lande mit ihren Bauden und nebligen Gebirgsformationen erfreuen konnten, ist mir Caspar David Friedrich mit seinen Bildern von dort noch mehr ans Herz gewachsen. Ich denke z.B. an mein großes Bild vom Milleschauer, das prächtig über meinem Bett seit der Konfirmation gehangen hat. Abschließend wurde Herrnhut mit der Herrnhuter Brüdergemeine und ihrem Hutberg aufgesucht.

Anfang September konnte ich die BRD bei den Studenten-Weltmeisterschaften im Schwimmen in Paris vertreten. Die zehn Tage konnte ich eher kulturell nutzen, um die wesentlichsten Sehenswürdigkeiten kennenzulernen, bis hin zur bombastischen Abschlußfeier im Schloß Versailles. Bei einem Gang am Ufer der Seine lag vor mir ein Clochard, der offensichtlich schlief. Beim vorsichtigen Nähern für eine Großaufnahme wachte er auf, mir wurde es etwas ungemütlich und sprach so etwas fragend und mit heimischem Dialekt mit meinem Fotoapparat – da hat dieser Mensch sofort geantwortet: „Auch aus der DDR?"

Anschließend wurden meine Verwandten in Frankfurt/Main besucht. Mit ihnen ging es in den Palmengarten, in den Taunus und auf den Großen Feldberg. Ende September startete eine weitere Erkundung des Rheinischen Schiefergebirges durch eine großartige Herbstrundfahrt über eine Woche durch und um den Westerwald, wieder mit meinen Eltern und meinem Bruder Freimut. Es war die Zeit, als der russische Sputnik erstmals um die Erde kreiste.

Am 11. Oktober 1957 bin ich in Ottrau in der Schwalm 4.40 Uhr aufgestanden, um mit meiner Adler 5.30-7.50 Uhr rund 80 km nach Eschwege zu fahren. Zum Geburtstag meiner Schwester habe ich mir als besondere Überraschung ein Flötenständchen früh gegen 8 Uhr nicht nehmen lassen. Der Kontakt zu meiner Schwester war so gut, daß sie mich über Weihnachten eine Woche in Marburg besuchen konnte. Die Christvesper erlebten wir in der Elisabethkirche und den 1.Weihnachtsfeiertag in der Universitätskirche. Sogar ein Besuch in einer benachbarten Milchbar war möglich. Dort wurden 5,30 DM ausgegeben. An Sylvester waren wir in der urigen St. Jost-Kapelle und anschließend bei meinem Freund Bimbo eingeladen. Mich wunderte, daß wir wohl bis 3 Uhr morgens dort geblieben sind!

1958 im Sommersemester blieb mir also relativ viel Zeit, sodaß ich mich neben weiteren Physikumsvorbereitungen verschiedenen Interessen und Aufgaben widmen konnte. Meine monatliche finanzielle Unterstützung vom Ausgleichsamt Marburg war von 177,- DM noch in 1957 dann im Jahr 1959 auf 221,-DM angestiegen, sodaß ich geradezu fürstlich leben konnte. In diesem Zusammenhang muß mit großer Dankbarkeit besonders hervorgehoben werden, daß mich ab 1955 bis etwa 1958 meine Eltern intensiv unterstützt haben. Über diverse Kanäle konnten sie permanent viele Freunde, Bekannte und Institutionen mobilisieren, die mich mit Naturalien und sogar Geldbeträgen versorgt haben. Dies war insofern günstig und notwendig, da mein Leistungssport noch immer eine deutlich erhöhte Kalorienzufuhr nötig machte, z.B. durch herrliches Holzofen-Landbrot und Schlachtereien aus Weißenborn und Ottrau oder durch eine große Kiste Äpfel aus Ingelheim.

Im Heim konnte ich mit einem ausgeliehenen Projektor einen ersten Diavortrag halten. Schwerpunktmäßig zeigte ich Natur- und Reiseaufnahmen, die ich mit meiner ostdeutschen ausgezeichneten, aber schweren Spiegelreflexkamera Praktika machen konnte. Ende April wurde ich beauftragt, den Heimleiter über eine Woche zu vertreten. In guter Erinnerung bleibt eine schöne Fahrt mit dem befreundeten Martin Kleinitz, dessen Markenzeichen eine unbändige und überlaut-anhaltende, wohl befreiende Lache war, zum Edersee. Weitere Namen aus dieser Zeit klingen mir angenehm im Ohr, Herr Stölzer vom Heim, mit dem ich fast nächtelang Schach gespielt habe, und Apotheker Herbert Opfer, der uns Jugendliche und Wasserballer vom Marburger Schwimmverein vielseitig unterstützt hat, nicht nur mit einem speziellen Vitamintrunk. Jahrelang war ich befreundet mit dem Jurastudenten Günter H., der aus dem stark evangelikal geprägten Dillkreis kam. Mit ihm entwickelte sich viel später eine mich äußerst beunruhigende persönliche Lebensgeschichte – bis heute. -- Rein informativ hatte ich mich über eine Woche mit penetrant agierenden Vertretern der „Kirche Jesu Christi der Heiligen der letzten Tage" auseinandergesetzt. Mein Vater hatte mir mit Recht davon abgeraten. Über einen Chinavortrag in der Stadtmission von Missionsinspektor Sanders von der China-Innlandmission hatte ich sogar einen kleinen Artikel für die Oberhessische Presse geschrieben und unterbringen können. -- Nach meinen Taschenkalender-Aufzeichnungen hatte uns im Juli 1958 eine größere studentische Aufregung bezüglich einer „Irak-Resolution" im Zusammenhang mit einer „Invasion der Amerikaner im Libanon" beschäftigt. In dieser Zeit bekam ich vom Hessischen Regierungspräsidenten (endlich) die Bestätigung einer deutschen Staatsangehörigkeit. Im August 1958 hatte ich mein Physikum bestanden.

Da mir seit längerer Zeit die Arbeit der **Evangelischen Studentengemeinde** (ESG) in Marburg wichtig geworden war, stellte ich mich 1958 der Wahl zu einem leitenden Vertrauensstudenten. Ich bekam 41 Stimmen von 55 Stimmberechtigten und wurde gewählt zusammen mit Imke Roggisch, Ingrid Quehl und Reiner Weiß. Wir hatten unser Zentrum am Ortenberg im Vilmarhaus. Studentenpfarrer war Wolfgang Philipp, ein Systematischer Theologie. Ich hielt es also für gerechtfertigt, mein 1. klinisches Semester noch in Marburg zu verbringen, um mich im Wintersemester 1958/1959 vorrangig der ESG-Tätigkeit zu widmen. Deshalb zog ich auch am 1. September ins ehrwürdige, aber baumäßig schon damals etwas überholungsbedürftige Vilmarhaus um. Nicht uninteressant, daß ich für Logie dort für sechs Monate mit 105,- DM „davon gekommen bin"! Der Preis für studentisches Mittagessen lag damals bei 0,83 DM im Abonnement und 0,90 DM bei Einzelkarte. Trotz ESG konnte ich viele anstehende medizinische Kollegs und Untersuchungskurse wahrnehmen.

An Veranstaltungen und Themen in dieser Zeit bleiben mir in Erinnerung stets ausgezeichnete Akademische Gottesdienste, Semester-Einführungs- und -Schlußgottesdienste, auch damals schon ein Ausländerabend, ein Abend mit H.-D. Wendland: „Kirche in der modernen Gesellschaft" und mit Pastor Dr. Rothermund: „Die biblischen Darstellungen Marc Chagall's aus theologischer Sicht". Nachdem es Jahre vor unserer Zeit zu großen Auseinandersetzungen und äußerst problematischen Ereignissen zwischen ESG und Studentenmission in der Reitgasse gekommen war, haben wir versucht, hier wieder normale Kontakte zu knüpfen. Deshalb nahmen wir auch teil an einem Abend vom SMD im Juni 1958 über „Unsere Verantwortung gegenüber der organisierten Kirche". Ein versuchter M(issions)kreis mußte offensichtlich wegen mangelhafter Beteiligung aufgegeben werden. Wertvoll für uns waren zwei Tagungen, im Winter 1958/59 in Dassel: Zentrales BRD-Vertrauensstudententreffen, an dem ich auch meinem Patenonkel Martin Fischer wieder begegnet bin, und ein Regionaltreffen in Darmstadt mit dem Studentenpfarrer Horst Symanowski unter dem Thema „Gemeinden ohne Mauern". Die Semesterschlußfreizeit Mitte Februar in Hohensolms mit Pastor Jochen Margull (Hamburg) stand unter dem Thema „Ökumene und wir".

Im ESG-Vilmarhaus ist mir der Theologiestudent Gottfried Bickel begegnet. Ich war begeistert, daß er sich bei Pfarrer Horst Symanowski in Darmstadt für das Arbeiterpfarrersein interessiert hat und weiterbilden ließ. Als späterer Pfarrer in der Wetterau blieben wir Jahrzehnte in freundschaftlicher

Verbindung. Lebenslang war ich seit dieser Zeit auch befreundet mit Dr. Lothar Süß. Er kam aus dem Erzgebirge und war Archäologe. In diesem damals brotlosen Erwerb hauste er längere Zeit in einer aufgelassenen Kureinrichtung in Bad Nauheim, worüber ich mich persönlich überzeugen konnte. Auch in seinem Alterswohnsitz im Odenwald konnte ich ihn besuchen. Ich möchte annehmen, daß ich im Vilmarhaus auch den Jurastudenten Dr. Robert Fritz kennengelernt habe. Wir haben mancherlei gemeinsam unternommen und bis in unsere Zeit mehrfach miteinander zu tun gehabt. Bekannt war, daß er ein übliches Jurarepetitorium nicht notwendig hatte. Noch immer ist er im Vorstand der Evangelischen Akademikerschaft Württemberg tätig.

Zwei großartige „Ferienerlebnisse" 1958 bedürfen einer besonderen Erinnerung. Einmal war es eine voll gepackte Ferien-Studienreise über rund zwei Wochen Mitte August direkt nach dem Physikum zusammen mit den halleschen Eltern und ihrem IFA-PKW und meiner Schwester, ausgedehnt in den westlichen deutschen Mittelgebirgen. Von Eschwege an der Werra am östlichen Hessischen Bergland und nahe der damaligen Zonengrenze ging es über Bad Soden-Allendorf und Witzenhausen nach Fritzlar mit Dombesichtigung und über den Edersee im Waldeckschen nach Marburg, 207 km. Dann fuhren wir an der Lahn aufwärts nach Hohensolms und Braunfels und über Wiesbaden zu unseren Freunden, Rosemarie und Dr. Otto Jacob, HNO-Arzt in Ingelheim am Rhein und mit großer heranwachsender Familie. Von dort startete eine Rundreise über das Nahetal nach Bad Kreuznach und Bad Münster am Stein nach Ebernburg und zum Donnersberg, 687m, als höchsten Punkt des Pfälzer Berglandes. Hier hatten wir eine grandiose Abendfernsicht auf Hunsrück, Westerwald, Taunus, Odenwald, nördlichen Schwarzwald und unbekannte Nordvogesen. Fast eine Gewalttour, 297 km, führte uns nach Bingen, Stromberg,

Simmern, und über die Hunsrückhöhenstraße an die Mosel nach Burg Landshut, Bernkastell-Kues, Traben-Trabach, Kröv mit seiner anrüchigen Weinlage, über die Zeller Mosel Schleife nach Burg Elz und dann moselabwärts nach Koblenz. Einmal wurde die Mainmündung und der Dom zu Mainz, aufgesucht, anschließend rechtsrheinisch im Rheingau Kloster Eberbach und Schloß Johannesburg und Rüdesheim mit dem Niederwalddenkmal besucht. An einem Tag ging es speziell in den Spessart und nach Mespelbrunn.

Zwei Tage dürften für meinen Vater, der immer von „Ins Land der Franken fahren" träumte und sang, und natürlich für meine Mutter besonders wertvoll gewesen sein, ging es doch in ihre Main-Tauber-Heimat. Über Wertheim bewunderten wir im Taubertal die berühmten Riemenschneideraltäre in Creglingen (Marienaltar in der Herzogskapelle), Detwang (Kreuzigungsaltar) und Rothenburg (Heilig Blutaltar in St. Jacob), Plönlein und Markustor. In Bullenheim wurde der Bullenheimer Berg aufgesucht, denn die Urgroßmutter Stang war eine geborene Bullmer.

Bei einer anderen Ausfahrt gingen wir in Marktheidenfeld in die Kirche und besuchten dann in Würzburg die Frankenwarte, Marienfeste und die Innenstadt. Zu diesem Zeitpunkt stand überhaupt noch garnicht fest, daß es mich sehr bald nach Würzburg zum weiteren Studium verschlagen würde. Ein kleiner Sprung war es dann den Main aufwärts nach Marktbreit, der Heimat der Eltern meiner Mutter. Eine ausgesprochen freundliche Tante Lisette Häusler wurde besucht, auch der Bruder meiner Mutter, Onkel Christian, vielleicht noch Lehrer am Ort, mit Tante Babetta. Natürlich mußte auch das exponierte Käppele auf der Mainhöhe erwandert werden. Die Gräber der Großeltern waren zu diesem Zeitpunkt bedauerlicherweise wohl schon aufgelassen gewesen. Das zweite Ferienerlebnis war dann ein großartiger Ferienaufenthalt auf der **Nordseeinsel Borkum** über ganze drei Wochen, August-September 1958. Die Eltern hatten dies wohl über eine norddeutsche Landeskirche eingefädelt, kostenlose Ferien, als Beaufsichtiger einer kirchlichen Jugendgruppe! Das war also mehr Meeresurlaub als eine anstrengende Tätigkeit. Die Unterbringung war exklusiv im Hotel Köhler direkt zentral am Weststrand, etwa 30m vom Wasser entfernt, in einem ursprünglich teuersten Hotel, was von der Kirche gemietet worden war. In einem kleinen windigen Schrank neben einem Bett, kleinem Tisch und zwei Stühlen blank aus Eisen fand ich eine frühere Preisübersicht, die bei 200 Merk pro Tag und pro Person lag. Die Brandung und Himmelsstimmungen waren überwältigend, besonders auch bei einer mehrtägigen Sturmphase.

1959 März-April wurde wieder eine Fahrt nach Halle ermöglicht, um in der Universitäts-Frauenklinik sechs Wochen zu famulieren. Die Klinik lag ganz nah, nur schräg oberhalb meines Elternhauses. Ich war etwas überrascht, wie bei den täglichen Besprechungen einmütig und offen sehr kritisch die politische Lage angesprochen wurde. Es blieb viel Zeit für die Eltern. So konnte ich z.B. meinen Vater zur Synode über die Dübener Heide nach Wittenberg fahren. Weitere Autofahrten brachten uns über Eisleben ins nord-östliche Harzvorland um Hettstedt und nach Ballenstedt – Friedrichsbrunn. Die traditionelle Osterfahrt führte uns über fünf Tage in großer Thüringischer Runde über Sangerhausen und die Goldene Aue mit Kyffhäuser nach Erfurt und über Ohrdruff und Friedrichsroda zum Inselberg, 916m. Nach einer ausgiebigen Rennsteigwanderung ging es auf der Rückfahrt im Thüringer Becken zum Großen Hirschberg und zu den Mühlberger Gleichen. An einem Sonntag fuhren wir gesondert nach Buchenwald auf dem Ettersberg. In Halle wurde mein Bruder Michael mit Traudel und Stefan aufgesucht, in Löbejün Freigangs in der Motorenmühle und natürlich auch unser Petersberg. Einmal wurde ich zu einem Prorektor der Uni Halle vorgeladen. Was er konkret wollte, ist mir nicht mehr erinnerlich.

8. Student in Würzburg und Freiburg im Breisgau 1959-1961

In Marburg ist man als Medizinstudent gerne im Wintersemester nach Innsbruck gegangen. Neben Skilaufen stand auch die medizinische Fakultät in hohem Ansehen. Diese Möglichkeit hatte ich nun mal der ESG geopfert. Meine intensiven Bemühungen im Frühjahr 1959, mein Studium in Innsbruck und alternativ in München und sogar in Athen (bei einem deutschsprachigen Chef einer Frauenklinik) fortzusetzen, konnte ich aus der Ferne nicht realisieren. Es war so keine „Bude" aufzutreiben und war ich ja auch der griechischen Sprache nicht mächtig. Mir ist garnicht mehr klar, warum ich auf Zimmersuche vor Ort in Innsbruck oder München verzichtet habe. Vielleicht kamen die bewegenden Eindrücke vom Frankenland von 1958 und auch eine angenehme und bequeme „Absteige" bei einer Freundin der Eltern, Elisabeth Friedebach, Jahrgang 1890, in Rothenfels am Main zum Tragen!? Sie war eine Freundin der Eltern und früher Lehrerin gewesen. Sie war nie verheiratet und hatte keine Kinder. Einmal zeigte sie mir mit Schmunzeln eine bombastische Ehrenurkunde, weil sie sich für den Nazistaat mit vielen Kindern verdient gemacht habe. Jedenfalls fuhr ich am 22. **April 1959 nach Würzburg zum Sommersemester.** Freilich mußte ich auch hier den Mai über mit einem Zimmer außerhalb von Würzburg, im ländlich-fürstbischöflichen Veitshöchheim, auch am Main, vorlieb nehmen. Immerhin konnte ich Ende Mai nach Würzburg in den Stadtteil Grombühl, oberhalb vom Bahnhof, umziehen, 70,- DM/Monat. Dies war jetzt mit einer finanziellen Unterstützung vom Ausgleichsamt Marburg über jetzt 254,-/Mo ab Mai bestens zu schaffen.

In Würzburg sprachen wir Mediziner von den drei „großen W"-Ordinarien, also der interne Wollstein, der chirurgische Wachsmut und der HNO-Wullstein. In diesem SS 1959 habe ich es noch erlebt, daß in der internistischen Hauptvorlesung mittags 12 Uhr der Vorlesungsassistent allzuoft wegen angeblich falscher Wiedergabe der Dias zu scharf kritisiert wurde. An ein hörbares Grummeln der Studentenschaft kann ich mich nicht erinnern. Wenn dann gegen 12.30 Uhr die Kollegenehefrau von Wollstein erschien, mußte die Hälfte der Oberärzte und Assistenten, deren obligater Platz in der obersten Reihe war, mit nur seitlichem Zugang, aufstehen, damit sie ihren Stammplatz in der Mitte einnehmen konnte. Und dann war unser Internist plötzlich wie umgewandelt superfreundlich! Übrigens wurde chirurgisch günstig schon in studentischen Kleingruppen gearbeitet, was zu dieser Zeit noch überhaupt nicht üblich gewesen sein dürfte.

In Würzburg konnte ich mir sehr bald eine gebrauchte BMW-Isetta für 1.500 DM zulegen. Damit war ich natürlich großartig mobil. So stand einer Teilnahme an einer überregionalen ESG-Tagung, Schwanberg II mit Hermelink und Margull und in Erlangen nichts im Wege. Und Mitte Mai konnte ich zusammen mit Gottfried Bickel sogar einige Tage zu einer ESG-Tagung (?) nach Oegstgeest in die Niederlande fahren. Hier besuchten wir in Amsterdam das van-Rjik-Museum und auch Leiden. Für mich war die evangelische Diasporasituation im Würzburger ESG-Geschehen neuartig, spannend und lehrreich. Der Studentenpfarrer Müller war ein lokaler Gemeindepfarrer. Eingeschränkt beteiligte ich mich in einem Kirchentagskreis, thematisch ging es z.B. auch über Martin Buber „Zwei Glaubenswelten" und stand, was ich damals noch garnicht richtig einschätzen konnte, ein Islamnachmittag auf dem Programm. Er wurde immerhin von 20 Personen besucht. Ein Prof. E. Kinder aus Münster wurde zum Thema „Das Ringen um die Einheit der Kirche in der heutigen ökumenischen Bewegung" eingeladen.

Jedenfalls nutzte ich die Zeit, um Verwandtschaft in Marktbreit, Onkel Christian, Bruder meiner Mutter, und wohl eine „Großtante", Lisbeth Häußler, zu besuchen. Mehrfach wurde ich von der Familie Knorr, jetzt in Würzburg, Vater August war vor geraumer Zeit gestorben, eingeladen. Sie war mir ja von Freudenstadt 1950 bekannt, Seite 140, 196. Auch wurde der Kontakt zu Elisabeth Friedebach hinter der Burg Rothenfels am Main vielfach aufrecht erhalten, zumal ich hier nahrungsmäßig stets bestens alimentiert wurde. Ansonsten erhielt ich in diesem Zusammenhang nach wie vor, fast 2-wöchentlich Päckchen aus Halle mit Essenssachen, Kleidungsstücken und vielen Dingen für den alltäglichen Gebrauch, wie seit 1956.

Bei meinem spontanen Vorhaben, die Bamberger Symphoniker bei den traditionellen Mozartfestspielen im Kaisersaal der fürstbischöflichen Residenz in Würzburg aufzusuchen, erlebte ich vor der Kasse 5-10 Personen, die auch auf eine Karte spekulierten. Es gab nur noch Karten ab Preisklasse um 60-80 DM. Mir gab jedenfalls die freundliche Dame an der Kasse den Rat, für wenige DM einen Stehplatz zu nehmen und mich an die vorderste Säule rechts zu stellen. Beim Applaus, wenn der Dirigent hereinkommen würde, würde ich sicher einen freigebliebenen Randplatz in den ersten Reihen ergattern. So war es und war damals den Studenten gegenüber in Würzburg noch möglich!

Einmal hatten wir 3-4 Studenten den Plan ausgeheckt, uns doch mal eine gute Weinflasche zu leisten. So wurde uns in einem gelobten Weingut-Restaurant im Weinbaugebiet nördlich von Würzburg vom Küfermeister persönlich eine besondere Marke und wertvolle Lage eingeschenkt, die wir gemeinsam herausgesucht und auf der Weinkarte markiert hatten. Eher durch Zufall hatten wir dann festgestellt, daß uns ein falscher Jahrgang eingeschenkt wurde. Wir tranken jedenfalls 4/5 aus und meldeten dann erst den Irrtum und bekamen dann prompt eine zweite Flasche kostenlos. In den benachbarten Weinbergen standen neben der Straße Kirschbäume mit vollem Obst, was ich mir merken konnte, um einigemale in der frühen Nacht da hoch zu fahren, um, leicht auf den Baum geklettert, mit bestem Blick auf Würzburg mir reichlich Kirschen einzuverleiben.

Anfang August fuhr ich über Ingelheim und Höchst, um hier meinen Patenonkel Zebra zu besuchen, nach Eichen an der Nidda zur Schwester meiner Mutter, Tante Maria und Onkel Fritz. Sie hatten dort eine gut gehende Tankstelle. Nachdem auch meine Eltern mit ihrem IFA eintrudelten, fuhren wir gemeinsam auf den DEKT vom 12.-16.8.1959 nach München. In Pasing sind wir privat als persönliche Gäste des Abtes in einem katholischen Kloster in ausgezeichnet ökumenischem Klima untergekommen. Er war beeindruckend weltoffen und wissenschaftlich interessiert (weltweite Schmetterlingssammlung), sodaß wertvolle Gespräche zustande kamen. Sonst blieb mir vom Kirchentag eigentlich nur noch eine wirklich bemerkenswerte hocharistokratische Begegnung bei der Besichtigung einer leeren Kirche in Erinnerung. Es dürfte wohl die letzte habsburgische Exkaiserin Zita von Bourbon Parma (1892-1989) mit ihrem Lakaien gewesen sein.

Nach dem Kirchentag konnten wir mit großer Begeisterung über zwei Wochen weite Teile des Alpenvorlandes erkunden. Dazu gehörte eine Tagesfahrt zum Chiemsee, Berchtesgaden, Königssee und Bad Reichenhall. An zwei Tagen ging es über Starnberger-, Kochel- und Walchensee nach Mittenwald und Garmisch-Partenkirchen, Kloster Ettal, Oberammergau zur Wies und dann zum Alpsee bei Füssen mit Schloß Hohenschwangau und Neuschwanstein sowie über Immenstadt und Queralpenstraße nach Lindau am Bodensee. Hier wurden wir im Martha-Maria-Stift unter der excellenten Leitung von Oberin Melanie Specht allerbestens versorgt. Von hier aus standen auf dem Programm insbesondere eine große Fahrt über Bregenz nach Trogen zum Kinderdorf Pestalozzi und über St. Gallen mit Besuch der Stiftsbibliothek zur Schwägalp, wo der Gipfel des Säntis, 2.501m, im Alpsteingebiet mit der Bergbahn mitgenommen wurde. Die Rückfahrt erfolgte über Chur, Lichtenstein und Vaduz. Eine Fahrt ging auch am Bodensee entlang nach Meersburg und zur Mainau.

Auf jeden Fall mußte auch der Bregenzer Hausberg, der Pfänder, 1.064m, erwandert werden.

Ab 28. August 1959 begegnete ich im Martha-Stift in Lindau einer Hauswirtschaftslehrerin in spe, Gisela Fuchs, aus Memmingen im Allgäu, geboren 1. Juni 1941 in Memmingen. **Dies war wohl Liebe auf den ersten Blick**. Am 31. August konnte ich noch die Eltern über Augsburg und Bayreuth in die Nachbarschaft von Kulmbach chauffieren, wo wir uns in Neuenmarkt-Wirsberg (? verabschieden mußten. Nicht nur die Eltern waren vom Erlebten begeistert.

Im September 1959 hatte ich auch in Freiburg im Breisgau große Probleme mit der Zimmersuche. Offiziell war nichts zu bekommen. So habe ich mich überwunden, um im günstig im Westen gelegenen Stadtteil einfach von Haus zu Haus zu ziehen und Bewohner im Garten mit meinem Wunsch anzusprechen. Erfreulich rasch wurde ich auf die Elsässer Str. 48 in die Nachbarschaft verwiesen, wo ich dann ein ordentliches Zimmer mit Blick nach Norden zum Kandel für drei Jahre beziehen konnte. Aus dieser Zeit stammte über die ESG auch meine Freundschaft zu Reinhold Brunzema aus Minden/ Westfalen, an der Weser, auch angehender Mediziner, Neurologe, die bis heute gehalten hat. Wir haben viel gemeinsam unternommen, erste Fahrten zum Titisee und Feldberg, ins Glottertal, zum Schloßberg und Rosskopf sowie auf den Schauinsland und natürlich in und auf den Kaiserstuhl. Auch zwei Filme hatten uns beeindruckt, „Wir Wunderkinder" und „Der Rest ist Schweigen".

Auf einer Kurzvisite zu meinem beliebten Bündi am Thuner See konnte ich allein (endlich den nahen Sigriswiler Grat mit seinem Rothorn, 2.064m, eine leichte 3-stündige Tour, besteigen. Das Ausgraben von Kartoffeln mit Hacke und den Händen war mir mit Erdreich unter den Nägeln lange Zeit mehr als unangenehm. – Zwei Wochen Famulatur in der berühmten inneren Klinik von Prof. Ludwig Heilmeyer brachten mir einen zwiespältigen Eindruck von meinem zukünftigen Arbeitsfeld. In einem „Zimmer"-Saal waren noch 1959 neun bis elf Männer untergebracht, von denen nachts zwei wegen unerträglichem Schnarchen herausgeschoben werden mußten!

Ende 1959 und 1960 beinhaltete für mich eine total neue und stark bewegende Zeit. Ohne Zweifel bedeutet der Rückblick jetzt für mich eine schwere und schwierige Aufgabe. Gesegnetes Leben und großartige Eindrücke vermischen sich mit Wehmut und Sorge. Das **Allgäu** wurde für mich zu einem Teil meiner bleibenden Heimat, auch wenn es mich unglaublich schwer verletzt hat. Damals begann für mich ein ganz anderer neuer Lebensabschnitt, mit einem ganz anderen Du und Wir. 2021, heute, würde ich sagen, ohne einseitige Verklärung, im Sinne von Marin Buber „Beziehung und Begegnung". Ich glaube und bin mir sicher, daß ich und wir alles ganz ernst genommen haben. Später und mit der Frage, ab wann und warum, könnten sich allerdings bittere Ungereimtheiten und Verquerungen eingestellt haben, insbesondere auch im Blick auf das Heranwachsen der Kinder. So kann das Leben sein. Dies wird wohl nur unser Herrgott wissen und zu beurteilen haben. So sei es ihm allein – und auch jetzt noch in die Hände gelegt werden und gelegt bleiben.

Ende Oktober 1959 startete eine erste Fahrt wieder nach Lindau und von dort dann mit Gisela nach Memmingen, um Mutter Sofie Fuchs, Volksschul-Oberlehrerin, und die liebenswerte Großmutter Höfle – ihr Mann war Steinmetz und schon verstorben – kennenzulernen. Wir haben uns bestens verstanden. Ich wurde geradezu vielfältig verwöhnt. Vater Fuchs war Pfarrer und im Krieg geblieben. Ich war sehr enttäuscht, als ich vor einigen Jahren feststellen mußte, daß das exponierte Familiengrab auf dem nahen Friedhof aufgelassen worden war. Auch ein Großvater war Pfarrer und Dekan in Lohr am Main, später im oberbayerischen Trostberg. Eine Schwester von Mutter Fuchs lebte mit Familie im nahen Biberach an der Riß, also im württembergischen „Ausland" jenseits der

Iller. Anfang Dezember konnte ich nochmals für fünf Tage nach Lindau und Memmingen fahren. Wir waren überaus glücklich und einer baldigen Verlobung stand nichts im Wege. Sehr viel war zu entdecken und zu bewundern. Das von den Welfen um 1050 gegründete Memmingen kam um 1191 zu den Staufern und wurde um 1268 freie Reichsstadt. Im harmonisch-lieblichen Stadtbild war es die anheimelnde Altstadt mit alten Mauern und mächtigen Toren der gotischen und Renaissancezeit, am Marktplatz ein prächtiges Rathaus und Steuerhaus mit italienischen Arkaden, bemerkenswerte Patrizierhäuser, das Siebendächerhaus und dann unsere evangelische gotische Martinskirche. Im Umland war die 764 gegründete Benediktiner-Abtei Ottobeuren mit einem Kaisersaal um 1775 berühmt und Grönenbach, wo wohl Pfarrer Kneipp seine alternative Wassertherapie entwickelt haben soll. Auf winterlichen Fahrten durch das tief verschneite Allgäu war ich stets begeistert von der idyllischen Landschaft mit Dorfkirchen und ihren Zwiebeltürmen. Von verschiedenen Aussichtspunkten auf Endmoränen glänzte unter allen Himmeln meine geliebte Alpenkette im Süden. Ich schwärme von Ost nach West: die Zugspitze, die Thannheimer Gruppe und von den Allgäuern Daumen, Großer Krottenkopf, Hochvogel, Mädelegabel, Biberkopf und Widderstein bis hinüber zum schweizerischen Säntismassiv.

Im November 1959 begann mit einem Semester-Anfangsgottesdienst und –Eröffnungsabend von der ESG mein achtes Semester **Medizin in Freiburg/Breisgau**. Und auch Anfang Dezember war wieder eine Fahrt über Lindau für einige Tage nach Memmingen möglich. Sonst konnte ich schon am 17.12. früh vor Weihnachten nach Halle fahren. Der Fahrpreis lag, offensichtlich studentisch verbilligt, bei 23,30 DM! Unsere Verlobung mußte auch etwas vorbereitet werden. Nachdem Gisela am 27.12. allein nach Halle gefahren ist, fand unsere Verlobung am Neujahrstag 1960 statt. Von Halle aus konnten wir dem Galgenberg, dem Petersberg und dem

Kyffhäuser einen ersten Besuch abstatten. Eine Nach-Verlobungsfeier war im Januar 1960 im Martha-Stift in Lindau ermöglicht worden. – 1960/1961 habe ich mich dann in Freiburg intensiver auf mein medizinisches Staatsexamen vorbereitet. Trotz schon damals beginnendem Numerus clausus bin ich in jeden Kurs gekommen. Meine bedeutendsten universitären Lehrer waren neben Ludwig Heilmeyer in der Inneren Medizin sicher auch der Pathologe Franz Büchner. Retrospektiv darf freilich auch ihre Naziverstrickung nicht unter den Tisch gekehrt werden. Ab etwa Februar konnte ich mich nebenher meiner **Promotion** in der Heilmeyerschen Medizinischen Universitätsklinik unter dem Kardiologen und Sport-mediziner Herbert Reindell und seinem Oberarzt Robert Bilger widmen. Das Thema lautete "Elektro- und vektorcardiographische Befunde und Herzvolumen beim Sportler". 1961 dürfte ich sie weitgehend abgeschlossen haben. Erst 1963 ist mir die Urkunde von der Medizinischen Fakultät der Albert-Ludwigs-Universität Freiburg zugegangen. Für einen Mediziner notwendige Famulaturen konnte ich 1960 in Freiburg in der Chirurgie und nochmals in der Inneren absolvieren.

1960 wurde mir mein Fahrrad, noch aus Halle, vor dem Haus gestohlen. Es hatte mir fünf Jahre lang gute Dienste geleistet. Im März habe ich mir für 1.350 DM eine gebrauchte Heinkel-Kabine kaufen können, nachdem ich für meine Isetta noch 1.080 DM bekam. Diese Heinkel-Fahrmöglichkeit schien mir irgendwie besser, besaß auch schon vier Räder und hatte einen modernen Einstieg von vorn und nicht von oben. Insbesondere mit Reinhold Brunzema konnten mancherlei Ausfahrten gestartet werden, zum bemerkenswerten volkstümlichen Fastnachtsumzug in St. Georgen mit typischen Holz- und Gummimasken, zum Schauinsland und eine Fahrt ins Glottertal zum Kennenlernen einer kleinen Dorforgel

In dem Kirchlein wollte er am Sonntag den Gottesdienst begleiten. Hier leisteten wir uns einen sicher nur einfachen echten Glottertäler (Schnaps) und hatten dann prompt leichte Probleme beim Aufstehen. Meine staatliche Unterstützung belief sich 1960 monatlich um 260 DM, während ich für die Zimmermiete 65 bzw. 95 DM bezahlen mußte. Im Freiburger Schwimmverein FC 05 hatte ich mich neben eigenen Aktivitäten im Schwimmen und Wasserball anheuern lassen zum Trainingsleiter für die Jugend und als technischer Leiter. Bei einem Hochschul-Wettkampf Uni Freiburg – TH Karlsruhe schaffte ich noch über 50 m Brust 32,5 und 50 m Kraul 28,1.

Mit Gisela bestand ein äußerst reger Briefwechsel. Im April 1960 in den Semesterferien war ein längerer Besuch über Lindau in Memmingen möglich, wo wir den Ottobeurer Wald, das Kornhofer Bänkle, den Fuchsweiher bei Rot an der Rot und den Buxheimer Weiher besuchen konnten. Im Frühsommer stand sogar eine wohl erste größere Bergtour auf dem Programm. Sie führte uns von Oberstdorf über den Faltenbachtobel und Seewände auf das Nebelhorn, 2.224m. Im Oktober und November konnte ich sogar dreimal nach Memmingen fahren. Für die 227 km benötigte ich über den Schwarzwald, Tuttlingen, Meßkirch und Mengen, ganz nah südlich am Bussen, 767m, vorbei und über Biberach/Riß, meist 3-4 Stunden.

Am 6. August 1960 konnten auch meine Eltern erstmals nach Memmingen fahren. Es begannen ausgiebige Ferienwochen. Von Oberstdorf sind wir über das Söllereck und Fellhorn bis zur Kanzelwand gelaufen. Bei der Bierenwangalm war mein Vater gestürzt und hat sich einen leichten Mittelhandbruch zugezogen. Trotzdem haben wir uns nach einigen Tagen auf eine tolle achttägige Karwendel-Rundtour begeben können: Mittenwald, Einquartierung ganz spontan bei einem wenig bekannten Kirchenrat,

Sonderausflug nach Seefeld, Mösern mit einmaligem Blick aufs Inntal, trotz Regen zu Viert unter einem Schirm, und weil wir uns ganz schön zeitlich verkalkuliert hatten, Taxirückfahrt durchs Leutaschtal. Und dann stiegen wir über den Jägersteig zur Krinner-Kofler-Selbstversorgerhütte, zwei Übernachtungen, Bergtour auf die Soiernspitze, 2.259m. Anschließend ging es über den Wörnersattel sehr steil hinab zum Fermersbach, wo die auf der Karte angegebene Brücke fehlte. Schwierig gelang uns doch die Überquerung des reichlich Wasser führenden Wildbachs. Im Alpenhof sind wir in Hinterriß in einem Nebengebäude ordentlich untergekommen. Über das Johannestal erreichten wir das Karwendelhaus. Von dort ging es einmal rüber zur Falkenhütte und, zum anderen, fast weglos, nordwestlich in ein „Privat"-Kar bis zum Kamm, der uns den Blick nach Norden zum Walchensee und ins bayerische Alpenvorland eröffnete. Der Abstieg erfolgte nach Scharnitz, wo wir die Abgase von der schon damals viel befahrenen Nord-Süd-Straße, ohne sie zu sehen und zu hören, im Wald schon etwa 100m vorher in der Nase zur Kenntnis nehmen mußten. Ein Spezialvorgang dieser Karwendelwanderung war, daß meine Mutter unbedingt im Rucksack eine dicke und schwere Normalausgabe eines „Schiwago" mitgeschleppt hat. Er mußte unbedingt gelesen werden, denn in die DDR konnte sie ihn nicht mitnehmen. Am Bodensee entlang fuhren wir dann zu mir nach Freiburg, mit Abstecher zum Belchen und Schauinsland sowie Kaiserstuhl, und schließlich in den Frankfurter Raum nach Eichen zur Tante Maria Wörner und Onkel Fritz. Ende August ging es über Eisennach und die Wartburg nach Halle. Eine Fahrt in den Nordharz brachte uns nach Ballenstedt und zum Mägdesprung bei Wernigerode. Am 6.9. mußte Gisela allein wieder nach Memmingen zurückfahren, während ich noch zwei Wochen in Halle famulieren konnte.

Vom 23.12.1960 bis 9.1.1961 hatte ich wieder eine Aufenthaltsgenehmigung für Halle erhalten. So konnten Gisela und Mutter Fuchs Ende Dezember für zehn Tage nachkommen. Am Neujahrstag steuerten wir über Ascherleben und Bad Suderode für einige Tage gemeinsam Friedrichsbrunn an, um dort den Nordharz kennenzulernen, insbesondere Hexentanzplatz, Viktorshöhe und auch die Stiftskirche in Gernrode, frei nach Caspar David Friedrich. Am 22.1.**1961** bleibt eine herrliche letzte Ausfahrt zusammen mit Reinhold über Staufen zum Belchen und Schauinsland in Erinnerung. Wir hatten einen grandiosen Blick auf die Schweizer Zentralalpenkette im Süden. Am nächsten Tag mußte sich Reinhold von seiner Freiburger Zeit verabschieden. Als Neurologe und Psychiater hatte er sich später in Wuppertal niedergelassen. Samstags hatten wir regelmäßig von der ESG angebotene Wochenschlußandachten besucht. Der Studentenpfarrer hieß wohl Jutzler.

In den Semesterferien konnte ich mich März-April 1961 einige Wochen in Memmingen aufhalten. Auch Gisela hatte in München während ihrer dortigen Ausbildungszeit frei. Gemeinsam besuchten wir Schloß Zeil bei Leutkirch, wo ich später einmal eine zu eingeschränkte Chefarztstelle in den Waldburg-Zeil Kurkliniken in Isny-Neutrauchburg angeboten bekam, die ich aber abgelehnt habe. Bei nur wenig Schneeresten konnten wir über Burgberg den „Wächter vom Allgäu", den Grünten 1.738m, besteigen und von Pfronten-Steinbach aus den Breitenberg, 1.838m, mit seiner Ostlerhütte erwandern. Im Frühsommer waren an verlängerten Wochenenden unsere Ziele insbesondere Ulm, mit Donaupartie, Münster und Rathaus, im Allgäuer Vorgebirge südwestlich von Immenstadt die Hörnerkette, Steineberg bis zum Stuiben, 1.749m, und schließlich schon hochalpin vom Kleinen Walsertal aus und dann über die schon steinschlaggefährdete Südschlucht der Widderstein, 2.536m, aber auch Schloßkaffee Grönenbach. Bei den Gebirgsrückfahrten sind wir gern im Dietmannsrieder Keller eingekehrt.

Eine unvergeßliche Ausfahrt mit dem Freiburger Schwimmverein bedarf ganz besonderer Erwähnung. Wettkämpfe hatten bei einem internationalen Vergleichskampf in Konstanz stattgefunden. Anschließend konnte sich der Verein mit der ganzen Mannschaft und Privat-PKW eine ganztägige, einmalig herrliche Ausflugsfahrt bei strahlendem Sonnenscheinwetter ins Berner Oberland nach Mürren und Lauterbrunnen leisten.

Dann freilich setzte schon sehr bald der Ernst des Lebens ein: **Medizinisches Staatsexamen 1961 in Freiburg im Breisgau.** Die ersten vier Fächer konnte ich zwischen 24.7. bis 17.8. – Pharmakologie, Pathologie, Hygiene und Augen – sehr ordentlich abwickeln. Dann mußte der unsägliche **Mauerbau der DDR am 13. August 1961** verkraftet werden UND die Verwirklichung einer lang geplanten Spezialreise meiner Eltern. Wir hatten uns von Pfronten im Allgäu aus großartige Bergferien vom 17. – 28.8.1961 in erweiterten Allgäuer Landen vorgenommen. Anschließend hatten sie bemerkenswerterweise eine Teilnahme auf einem Gynäkologenkongreß in Wien bewilligt bekommen und wahrgenommen. Schon vom ersten Tag an stand fest, daß mein Vater selbstverständlich wieder nach Halle zurückkehren wollte. Dies hatten mancherlei Mitbürger kaum verstanden! Mit dabei war neben Gisela auch meine Schwester Iris, die gerade nach einem 2jährigen Aufenthalt in den USA zurückgekehrt war. Nur stichpunktartig sollen hier die Fahrten und Wanderungen, Reiseziele und Bergbesteigungen aufgezählt werden: Reutte – Plansee – Heiterwangersee – Gaichtpaß – Vilsalpsee Besteigung der Schlicke, 2.060m, von Vils aus, Überwindung ein kurzes Stück am Stahlseil! Einkehr in der Otto Mayer Hütte–Musau.
Besteigung des Säuling, 2.048m, von Hohenschwangau aus, über Belatschlucht, Säulinghaus und um Pilgerschrofen herum zurück Füssen, Neuschwanstein, Baden im Hopfensee und Weißensee

Besuch der Ruinen Freiberg und Eisenberg, Besuch einer der „schönsten" Dorfkirchen, Rokoko, aber ungemein schlicht, Seeg 3-Pässe-Fahrt Flexen – Arlberg – Fernpass.

Im Inntal haben wir einmal Halt gemacht und an einem kleinen Nebenweg im Gras Proviant verspeist. Etwa 200m entfernt hatte ein Bauer sein Feld bestellt. Es war jedenfalls so weit, daß wir ihn nicht grüßen konnten. Nach Stunden bemerkte plötzlich mein Vater, daß seine Brille fehlte. Sie konnte nur, so wurde angenommen, im Gras beim Picknick liegen! So hat mein Vater von Pfronten aus den Ortspfarrer angerufen und ihm vom benachbart arbeitenden Bauer erzählt. Der hatte sich tatsächlich an uns erinnert und die Brille im Gras gefunden – das darf wohl nicht wahr sein! Umgehend konnte die Brille nach Wien geschickt werden, damit mein Vater wieder ordentlich sehen konnte.

Nach allem habe ich dann ab 8.9. bis 14.11.1961 meine restlichen zehn Fächer in der Medizin deutlich weniger überzeugend, aber auf jeden Fall gut bestanden! Meine glückliche Studentenzeit in Marburg, Würzburg und Freiburg war zu Ende!

Am 15.11. hatte ich meine Heinkel-Kabine in der Elsässerstraße so schwer beladen, daß ich praktisch nicht anfahren konnte. Dies gelang mir erst, nachdem ich 2-3 schwere Kisten mit Büchern wieder bei Frau Hetzel, meiner Wirtin, unterstellen konnte. Erst dann konnte ich mich überhaupt Richtung Memmingen in Bewegung setzen in der Hoffnung, über das Höllental und den Schwarzwald hinüber zu kommen!
Ende November startete dann eine gewissermaßen letzte Abschiedsrundfahrt nach Marktbreit zu den Verwandten und Würzburg. Hier besuchte ich den Studentenpfarrer Müller. Über Rothenfels, Elisabeth Friedebach, ging es nach Gelnhausen, wo meine Schwester ihre ärztliche Tätigkeit am Kreiskrankenhaus aufgenommen hatte. Auf dem Weg zu den Verwandten nach

Eichen ereignete sich eine kräftige Autokarambolage: In einem kleinen „funkstillen" Tälchen blieb meine Kabine plötzlich stehen und von hinten kam eine erdrückend große amerikanische Limousine. Dessen Fahrer fühlte sich wohl in die USA versetzt und fuhr einfach ganz langsam auf mich auf. „To helb" waren seine Worte, denn er wollte mich einfach anschieben. Neben dem erheblichen Blechschaden hatte der Motor hinten auch Schaden erlitten. Ich konnte aber weiterfahren. Deutsche Polizei wurde gerufen und setzte einen Funkspruch ab, daß zuständige amerikanische Militärpolizei kommen solle. Für diesen Funkversuch war offensichtlich die minimale Tallage überhaupt nicht geeignet. Die Amerikaner kamen über eine Stunde nicht. Dem Amerikaner selbst war es dann sehr lieb, daß wir uns über eine recht großzügige Reparaturabfindung von etwa 500 DM einigen konnten. Mit der Militärpolizei wollte er nichts zu tun haben. Damit war auch die Motorüberholung bzw. die vorhandene Abgas-Heizunsgproblematik voll abgedeckt. Nach einigen Tagen ging es schließlich problemlos über Karlsruhe, Stuttgart und Ulm nach Memmingen zurück.

9. Assistent in Ochsenhausen und Mindelheim 1962-1967

Nach dem Staatsexamen hatte ich für die obligate, 2jährige Medizinialassistentenzeit ab 1962 ursprünglich bemerkenswert die Medizinische Poliklinik in Freiburg (Prof. Hans-Joachim Sarre) ernsthaft in Erwägung gezogen. Nachdem ich dort als „Anfangsgehalt" 250 DM/Monat in Aussicht gestellt bekam und sogar meinen Kittel hätte mitbringen müssen, war dies rasch ausgeschlossen. Dies war ja weniger, als ich 1961 als Student vom Ausgleichsamt bekam, nämlich durchgängig 262 DM. So habe ich äußerst kurzfristig eine Alternative gesucht und gefunden, natürlich auch günstig in der Nachbarschaft von Memmingen.
So konnte ich vom 15.1. – 14.11.1962 meine Medizinialassistentenzeit auf der **Chirurgischen Abteilung des Kreiskrankenhauses Ochsenhausen**, bei Biberach an der Riß**,** unter Chefarzt Ludwig Gauckler beginnen. Interessant, daß dieser Chirurgie auch eine Tbc-Nachsorgeabteilung mit rund 100 Betten angegliedert war, also eher ein internistisch-pneumologischer Bereich. In Ochsenhausen lag das Gehalt bei 659,35 DM/Monat! Hier dürfte sogar Unterbringung und Essen im Haus eingeschlossen gewesen sein. Dies hatte natürlich auch hausintern bezüglich sofortiger Anwesenheit im Dienst positive Gründe. Herr Gauckler war ein äußerst erfahrener, maximal selbstständiger Kriegschirurg, dem man freilich praktisch jahrelang Tag und Nacht als alleiniger Facharzt Dienstbereitschaft zugemutet hat. So habe ich einmal bei einer offiziellen Feierlichkeit in der vollen, sehenswert-barocken Kirche im Ort miterlebt, wie er mit seiner Frau den Mittelgang vor bis zur 1. Reihe lief und einen einzigen Platz erspäte und dort Platz nahm, wobei seine Frau allein wieder zurück in eine hintere Reihe gehen mußte. Blutabnahmen hat man auf jeden Fall excellent erlernt. In jedem Monat war es, aus welchem Grund auch immer, üblich, in der Tbc-Abteilung morgens in maximal einer Stunde bei 50 Patienten eine

Blutsenkung abzunehmen. Stationär war es Sitte, daß bei notwendigen Injektionen die Kanüle durch den alkoholisierten Tupfer durchzustoßen. So ist mir selbst ein deftiger Spritzenabszeß im Gesäß bei einer gutmütigen Wirtsfrau passiert, der das freilich nach kurzer Zeit nichts ausgemacht hat. Was ich sonst in meinem ganzen Leben nie mehr erlebt habe, die Frauen von den großen Bauernhöfen hatten durchgängig 10-12 Kinder. Mit den katholischen Ordensschwestern habe ich mich bestens verstanden. Es waren Franziskanerinnen von Reute bei Bad Waldsee. Zweimal habe ich sie gerne zu Exerzitien nach Reute gefahren. Sie wurden damals von ihrem Orden noch äußerst, für mich zu streng gehalten – Briefkontakt mit den Angehörigen war nur alle paar Jahre erlaubt. Einmal durfte ich sie sogar mit einem Dia-Lichtbildervortrag über Blumen, Gotteshäuser, Isenheimer Altar und Besteigung des Widdersteins im Allgäu erfreuen.

Im März 1962 habe ich praktisch das 1.mal auf Skier gestanden. Wir beide fuhren zum Mittag bei Sonthofen und nach einigen Übungsliftversuchen unten im Tal im flachen Gelände bildete ich mir gleich eine große Waldabfahrt ein. Sie war mit Stürzen bei jeder Kurve ein gewaltiges Fiasko, da für mich sogar ein Stemmschwung ein Fremdwort war. Immerhin konnte ich dann noch mehrmals am Oberjoch, Iseler und Widhag, die Pisten ordentlicher bewältigen.
An Ostern, Mitte April, mußte ich offensichtlich Dienst schieben. So konnte Gisela mit ihrer Mutter und Schwester nach Halle fahren und mit den Eltern und unserem Pudel Akko eine Woche im HO-Hotel Hohnstein in Neustadt bei Stolberg im Südharz zubringen. Großartig, daß in Halle auch ein Besuch bei meinem Bruder Michael mit Traudel und ihren Kindern Dorle und Stefan möglich gewesen ist.
Bei dem fürstlichen Gehalt konnte ich mir im Frühjahr einen gebrauchten VW für 2.250 DM bei einem Tachostand von 58.320 km leisten. So waren wir doch angenehmer und sicherer mobil.

Nach sechs Jahren in der ESG habe ich im Mai 1962 meinen ersten Hauskreis in der Nachfolgeorganisation, in der Evangelische Akademikerschaft, in Biberach/Riß besucht. In der Studentenzeit lag mein Körpergewicht konstant bei 76 kg. Unter den oft schwereren Op-Arbeitsbedingungen auch mit vermehrt Flüssigkeitsaufnahme, meist Milch, war mein Gewicht bedenklicherweise auf 81 kg angestiegen. Zwei schöne Bergtouren führten uns im Juli über die Staufener Hütte auf den Hochgrat, 1.833m, und aus dem Thannheimer Tal über den Vilsalpsee im Nebel auf das Geishorn, 2.249m. Im Juli 1962 hat mich Gisela des öfteren in Ochsenhausen besucht, insbesondere auch nachweislich Ende Juli. Dies bleibt in einer äußerst markanten Situation, also etwa 38 Wochen vor der Geburt von Andrea, festzuhalten und könnte auch heute noch bedeutsam sein.

Unsere **Hochzeit fand am 25. August 1962 in Lindau im Bodensee** im Martha-Maria-Stift statt. Die Trauung in der Stephanskirche konnte noch der Opa, Friedrich Fuchs, Dekan und Kirchenrat a.D. in Lohr am Main, durchführen. Auf Bildern von damals sind zu sehen, die Trauzeugen Obi Melanie Specht und Siegfried Howe, Biberach, und dann Mutter Sofie Fuchs, Oma Höfle und Schwester Ursel, Tante Erika mit Brautmädele Angelika und Sabine, Tante Lieselotte Roll mit Dorothe, sowie Freundinnen Irmi und Margit – und von meiner Seite Schwester Iris, Tante Maria und Onkel Fritz, Rosemarie und Otto Jacob aus Ingelheim, Tante Hanna Bergmann mit Annegret aus Weingarten, Hermine Schantl aus Graz und Elisabeth Dorn aus Weißenborn, Andreas Benckert. Die Eltern aus Halle konnten offensichtlich nicht kommen, ich nehme an, wegen verweigerter Westfahrt!? Nach einer verregnet-schönen Bootspartie in die Bregenzer Bucht setzten wir uns gegen 22 Uhr ab in die Schweiz. Am 1. Tag der Hochzeitsreise ging es über Chur und Thusis, Via Mala und Splügenpaß nach Como. Gisela hat in meinem Kalendernotizbuch folgende Hauptorte in Oberitalien hineingeschrieben, die wir aufgesucht haben, insbesondere Mailand, Gardasee, Riva und Lazise, Verona, Lido di Jesolo und Venedig. Die Rückfahrt ging. über Cortina, Lienz an der Drau, Großglockner-Hochalpenstraße, Pass Thurn, Kufstein und München.

Mitte November haben wir uns eine herrliche Wochenend-Herbstfahrt nach Plangeroß im hintersten Pitztal in den Ötztalern geleistet. Dort sind wir links in einem der vereinzelten Bauernhöfe, wo jetzt ein riesengroßes, fast berüchtigtes „Sporthotel" steht, ganz urig untergekommen mit Familienanschluß beim Abendessen in der Stube. Zu diesem Zeitpunkt reichte der Mittelbergferner nur wenige km entfernt bis zur Talsohle. Unmittelbar nach und bei unserer Rückfahrt am Sonntagabend hatte es dort so viel geschneit, daß die Straße wegen Lawinengefahr für Tage gesperrt werden mußte.

Ab 15. November 1962 setzte ich auf der **Inneren Abteilung des Kreiskrankenhauses in Mindelheim/Schwaben** meine 10monatige Medizinalassistentenzeit unter Chefarzt Eugen Jäger fort. Uns standen 2-3 möblierte große und hohe Zimmer zur Verfügung, sodaß uns meine Schwester Iris an Weihnachten für fünf Tage sogar aufsuchen konnte. In Memmingen besuchten wir alle gemeinsam die Christmette und den Gottesdienst am 1. Weihnachtsfeiertag in St. Martin mit dem beliebten Pfarrer Aldebert. Jäger kam aus Siebenbürgen. Die zwei Hauptstationen waren nach Süden ausgerichtet, sodaß sich, wohl im 5. Stockwerk, ein oft sagenhafter Blick auf die Zugspitze in rund 60 km Luftlinie auftat. Bei langatmigen Visiten oder auch sonst schweiften meine Blicke mehr als üblich auf die Alpenkette, insbesondere die Allgäuer Berge. Schon als Medizinalassistent wurde ich zum Unterricht an der hauseigenen Schwesterschule eingesetzt.

Anfang 1963 konnten wir die Nähe zum Breitenberg bei Pfronten, nach Nesselwang und zum Oberjoch zum Skifahren nutzen. – Unter einem lieben Bild im Fotoalbum hatte Gisela notiert: „Unser erstes Kind, unser Mausleinfitz **Andrea Sabina, erblickte am 2. Mai 1963** das Licht der Welt im Kreiskrankenhaus zu Mindelheim." Und wenig später: „Tip-top im neuen Gewand glänzt der alte traditionelle Stubenwagen aus Halle [, in dem auch ich schon gelegen habe]. Neben ihm in unserem Schlafzimmer in Mindelheim die Wickelkommode – Juni 1963. Vor dem Fenster reicht der Blick im Winterhalbjahr bis zur Zugspitze hin." Zur Taufe von Andrea am 7.7.1963 in der Kinderlehrkirche in Memmingen durch Pfarrer Aldebert waren versammelt: Iris, Tante Maria, Otto Jacob, Obi aus Lindau und die Biberacher. Uropa Fuchs, der sein 1. Urenkelchen selbst taufen wollte, lag im Sterbebett. Sein Todestag war der 13.7.1963.

Zur Taufe von Andrea kam aus Halle nachfolgendes Schreiben. Es hatte als Briefkopf ein symbolisiertes Blumen-Bändergebinde, in dem zentrale Herkunftsorte der Festgemeinde vermerkt waren: Dresden, Tautenburg, Rostock, Memmingen, Mindelheim, Biberach, Frankfurt, Eichen und Halle:

„Lieber, verehrter Kirchenrat! Liebe und verehrte Frau Oberin! Ihr Lieben aus Memmingen unter dem Mau! Unsere lieben Drei aus Mindelheim, Du, Gis, Du, Uli, und Euer Andreale! Ihr Lieben beiden vom Main her!

Bindet die bunten Bänder zusammen, daß sie munter flattern im Wind und uns alle vereinen aus Nord und Süd, aus Ost und West unserer deutschen Lande! Denn nun ist der jüngste Sproß Börngen in Eurer Mitte und in der Gemeinde getauft worden im Namen unseres dreieinigen Gottes.

So wollen wir halleschen Großeltern Euch alle in der lieben Taufrunde von ganzem Herzen grüßen. In Lindau hat es einmal begonnen nach dem großen Kirchentag in München unter der überaus freundlichen Ägide unserer allseitig verehrten Frau Oberin. Am 25. August wurde dann im Vorjahr Hochzeit gehalten im Bodensee. Immer wieder kommt einem in letzter Zeit der alte Volksreim in Erinnerung: Hochzeit machen, das ist wunderschön! Ei, das muß man sehn! Da blüht der Flieder. Da blüht der Flieder. Und wenn der Frühling kommt, da blüht er wieder. So ist es denn auch zum 2. Mai gewesen. Und heute zum 7.7.1963 kommt die Krönung darauf im lieben Memmingen und in Ochsenhausen. Auch alle lieben Festgäste, von denen wir nicht wissen, daß sie dabei sind, sollen ganz herzlich von uns vom Saalestrand gegrüßt sein. Euch allen wird es eine große Freude bedeuten, daß Urgroßvater Fuchs persönlich die Taufe übernehmen konnte, etwas, was Ihr alle zeitlebens nicht wieder vergessen werdet. Ihr sollt Euch dessen bewußt sein, daß unser aller Segenswünsche mit Euch Dreien in Mindelheim gehen. Eure halleschen Großeltern Mutti"

Unsere Sommerferien zehn Tage im Juli brachten uns über Fernpaß und Brenner nach Italien, insbesondere Bressanone, Bozen, Trient, Arco, Riva, zum Gardasee, Europacamping in Pacengo (?). Die Rückfahrt ging über Meran, Jaufenpaß, Sterzing und Brenner. In weiteren zehn Tagen konnten wir Anfang September über Zwiefalten und Tübingen nach Ingelheim und Eichen sowie Frankfurt/Main, Seckbach/Bornheim, Bad Nauheim (Lothar Süß) und Gelnhausen (Iris) Freunde und Verwandte besuchen. In Mindelheim sind wir selbst auch besucht worden von Bimbos, Reinhold, Patenonkel Zebra und Otto Jacob. Auch fanden regelmäßig Einladungen statt von Kolleginnen, Familie Sangha (?) oder unserem Pater Gerhard, besuchten wir Kinos, Eisdielen und regionale Jahrmärkte. Am 19. Oktober ließen wir uns das 30jährige Jubiläum des FFC 05, Schwimmabteilung, in Freiburg nicht entgehen und konnten dabei meiner Wirtin in der Elsässer Straße einen Besuch abstatten. Zum Altjahresabend 1963 leisteten wir uns Skilaufen auf dem Zugspitzplatt, Auffahrt mit der Tiroler Zugspitzbahn und damals noch notwendiger mühsamer Gang durch einen nichtbeleuchteten Tunnel. In dieser Zeit bekam ich über BAT III-Gehalt beachtliche 1.125 DM/Monat.

Nach vier Monaten auf der **geburtshilflich-gynäkologischen Abteilung des Kreiskrankenhauses** unter Günter Weishaupt war dann im Januar.1964 meine Medizinalassistentenzeit beendigt. So konnte mir das Innenministerium des Landes Baden-Württemberg mit Datum vom 5.2.**1964 die Bestallung als Arzt**, zur Ausübung des ärztlichen Berufs, also die **Approbation,** erteilen. Mit dem Gedanken, vielleicht doch den gynäkologischen Facharzt anzustreben, bin ich anschließend noch weitere fünf Monate, bis 30.7.1964, gynäkologisch-geburtshilflich tätig geblieben. In diesen neun Monaten mußte ich mindestens jede 2. Nacht zu einer Geburt in den Kreissaal, wobei ich insgesamt rund 450 Kinder mit auf die Welt gebracht habe. Neben allemal größten postpartalen Glücksmomenten war mir dann endgültig klar, daß ich mir diese nächtlichen Belastungen auf Dauer doch nicht zumuten könne. Alles stand praktisch unter einer Dauerdienstbereitschaft, wobei ich nur an jedem 2. Wochenende von Samstagfrüh bis Sonntagabend frei hatte! Wenn wir Sonntagabend von Memmingen oder auch einer Reise nach Mindelheim zurückgekehrt waren, war mein erster Blick aus dem Fenster rechts hoch zum Kreissaal. Dort war praktisch immer Licht. Dies bedeutete stets ein sofortiger Gang dorthin, wie weit die Geburten vorangeschritten waren!

1964 habe ich meinen ersten Dia-Vortrag in der hauseigenen Schwesternschule über „Quer durch Süd-Deutschland" gehalten. Sehr bald auch vor den Mindelheimer Diakonissen im Altersheim Mayenbad. Im Februar konnte ich bei Berwang, oberhalb von Bichelbach, schon besser Skilaufen. Im April hatte uns mein Freund Günter aus Marburg mit drei Griechen besucht. Auch konnte ich im April einen gebrauchten, aber noch immer luxuriösen Opel Kapitän, eine hellblau-weiße, flache Sportlimousine mit besonders großem Kofferraum erstehen. Er war gerade eingefahren mit einem neuen Motor und denkbar günstig ausgerechnet von einem Kölner Sportmediziner zu haben.

Auf die breiten Hintersitze passte wunderbar eine Kinderbettmatratze, sodaß die Kinder später dort bestens spielen und schlafen konnten. So gestaltete sich unsere Pfingstfahrt nach Gelnhausen, Eichen, Frankfurt – Besuch der Verwandten Stangs und der Verwandten mit ihrer Metzgerei in Seckbach, Wanderung auf den aussichtsreichen Lohrberg – sowie nach Ingelheim und Marburg, sehr komfortabel. – Zwei schöne Bergtouren führten uns von Pfronten auf den Aggenstein, 1.987m, und nach Hinterstein, dann über das Giebelhaus zum Prinz-Luitpold-Haus und auf den Hochvogel, 2.593m. Im Juli ging es wieder nach Halle, und von dort nach Meißen und Dresden. Typisch für die DDR-Situation war, daß eine AG (Aufenthaltsgenehmigung) am 20.6. zuerst ohne Autobenutzung erteilt wurde, dann, wohl erst auf Intervention, am 25.6. mit Auto! Für Andrea war in Memmingen ein großes steinernes Planschbecken sehr beliebt. Es stammte noch aus der Meisterhand des Urgroßvaters.

Zum geplanten Facharzt mußten Praxisvertretungen absolviert werden. Hier konnte ich überaus wertvolle Erfahrungen sammeln über vier Wochen im August im hessischen Gönnern und dabei im ausgesprochen abseitigen Hochwesterwald unweit von Biedenkopf zehn Dörfer versorgen. Der Kollege leistete sich erstmalig mit seiner Familie Ferien, dann aber gleich in Baden-Baden. Die fast erwachsenen Kinder sollen über Marburg, Kassel und Frankfurt nie weiter hinausgekommen sein. Täglich waren fest eingeplant ca. zehn Besuche zu erledigen! Statt Karteikarten existierte ein Oktavheft, wo jeder Patient nur eine Zeile Platz brauchte, für Datum, Namen und den Blutdruck. Die Praxistätigkeit erschöpfte sich praktisch nur in Rezeptausstellungen. Die Scheinzahl soll bei mehreren 1.000 gelegen haben! Auf der Rückfahrt über Marburg mußte selbstverständlich Schwester Martha, Günter und Bimbo besucht werden. Demgegenüber war die Vertretung in einer bestens durchorganisierten Landpraxis im September in Unterthingau, östlich von Kempten, ein Hochgenuß und mehr

Ferien als Arbeit. Angeschlossen war auch eine etwas problematische Apothekenverteilungsstelle. Neuerdings durften als praktischer Arzt sogar EKG's abgerechnet werden. Ich konnte gleich 40-50 liegengebliebene beurteilen. Die Praxis lag in wunderbarem Seitenmoränengebiet fast direkt zu Füßen der Allgäuer Alpen und Zugspitze. So nutze ich bei nur 2-3 Besuchen pro Tag selbstverständlich öfters „Ruhepausen" auf Anhöhen, mit phantastischem Blick auf das Ammergebirge, Zugspitze und Säuling. Ende September leisteten wir uns noch fünf Tage geruhsame Herbstferien im bewährten Pfronten im Allgäu. Wenig danach konnte die Uroma Höfle mit großer Freude ihren 77. Geburtstag mit ihrem 1. Urenkelchen Andrea begehen.

Um 1964 mußte ich eine ernste und geradezu unglaubliche Erfahrung machen, die mich Jahrzehnte zutiefst erschreckt hat. Ein guter Freund aus Marburg hatte mich fromm, frei und frontal gefragt, ob er eine Ausländerin aus Südosteuropa heiraten könne – seine ganze Familie aus dem evangelikalen Marburger Hinterland sei dagegen. Ich war offensichtlich der einzigste, der sein Vorhaben selbstverständlich voll unterstützte. Sie war zumindest pietistisch, wie sich später herausgestellt hat, also keinesfalls z.B. orthodoxen oder muslimischen Glaubens! Unvorstellbar, daß die Eltern und alle Geschwister sich offensichtlich initial nicht die Mühe gemacht haben, näheres und entscheidendes über die zukünftige Frau meines Freundes in Erfahrung zu bringen!

Mit dem 1. Oktober 1964 setzte eine grundsätzlich andere und neue Zeit- und Lebensentwicklung ein. Die besonders nachts anstrengende und belastende chirurgische und gynäkologisch-geburtshilfliche Tätigkeit war beendet. Mit einem total anderen Lebensrhythmus begann die im allgemeinen deutlich ruhigere **internistische Facharztweiterbildung**. Es konnte die Familie mit Kindern wachsen, auch der Hausstand, das Umfeld als gemeinschaftlich orientierte Mitwelt, unsere Liebe zu den Bergen und sogar spezifizierte Medizin und Wissenschaft. Ich denke, daß dies betont ohne Übertreibungen und mit großer Nachhaltigkeit erfolgte.

In diesem Sinne soll zusammengefaßt und locker die Zeit zwischen **Oktober 1964 bis September 1967 in Mindelheim,** angenähert chronologisch, dargestellt werden: Am **18. Januar 1965 wurde Stefanie Maria im Kreiskrankenhaus Mindelheim geboren.** Bei der Taufe am 18.4. konnten von außerhalb die hallischen Großeltern, Iris und Tante Maria anwesend sein. Unsere anfangs günstig fremdmöblierte Wohnung im Erdgeschoß des Altbaus des Krankenhauses wurde möbelmäßig schrittweise auf Vordermann gebracht. Gegen den Widerstand der Verwaltung war eine Vergrößerung auf vier Räume mit Flur sehr bald möglich, insgesamt 75 m^2. Hier haben gute Kontakte zu einem Landrat entscheidend geholfen. Er erhoffte sich, daß ich länger mit entsprechendem Aufstieg am Hause bleiben würde. Zur Überwachung des Kinderzimmers war eine Gegensprechanlage sehr dienlich. Bei unseren ausgiebigen Aktivitäten außerhalb erwies sich die Kinderbetreuung durch die Omi in Memmingen, Biberacher Verwandtschaft oder auch durch junge Schwestern aus dem Haus als zuverlässig.

Andrea und Steffi hatten in der „geräumigen Parkanlage" mit großer Wiese direkt hinter unserer Wohnung ihre große Freude. Dort konnte man gemütlich, z.B. mit der Uroma sitzen oder gefahrlos Roller fahren, Wasserpritscheln in zwei Wannen oder später in einem großen aufblasbaren Planschbecken und sich auf einer mobilen Kinderschaukel bewegen. Dort konnten Andrea's Kindergartenfreundinnen Cornelia und Bettina Hug, die Kinder des chirurgischen Oberarztes, oder die Kinder Monika und Thomas Jaeger am Sonntagfrüh, während der Chef mit mir Visite bei den Privatpatienten machte, empfangen werden. Besonders eindrucksvoll war die in der Stadt hoch gefeierte Kinderfasnacht, Andrea und Steffi als Seemann und Eisprinzessin, am Marienbrunnen am Marktplatz, oder auch das Frundsbergfest mit historischem Umzug durch die Maximilianstraße zwischen den mittelalterlichen Stadttoren. Natürlich wurde auch das Kinderfest der Stadt Memmingen besucht, wo die Omi mit ihrer Klasse vorbeikam, und das Wahrzeichen, der Memminger Mau, bestaunt werden konnte. Für die Kinder stand sonst im Winter Rodeln an der Mindelburg in hohem Kurs. Eine Attraktion war auf jeden Fall auch der Jahrmarkt in Mindelheim. Andrea hatte einmal als 2 ½-Jährige während einer Autofahrt zusammen mit Pater Gerhard laut und deutlich verlauten lassen: „Da stinkt da wer – is wohl der Pater?" In dieser Zeit zeigte Andrea großes Interesse am Struwwelpeter. Als Steffi an Weihnachten 1966 Masern hatte, bin ich allein mit Andrea in die Christmette im Ort gegangen.

Medizinisch arbeitete ich ab 1. Oktober 1964 als Stationsarzt im Kreiskrankenhaus in Mindelheim, überwiegend auf der inneren Männerstation, zeitweilig auch auf der Frauenstation. Beide Stationen mit jeweils rund 35 Betten mußten von zwei Ärzten versorgt werden. Außerdem hatten wir noch eine kleine Infektionsstation. Dies bedeutete, daß ich gehaltsmäßig auch nach BAT II bezahlt wurde. Damals wurde bei Herzschwäche noch Strophantin 1/8 bzw. 1/4 mg intravenös gegeben. Zur Arbeitserleichterung wurden die 10-er Packungen in zwei Kästen, je nach Stärke getrennt, griffbereit ausgepackt. Verwundert mußte ich dabei beobachten, daß eine Vermischung der beiden Stärken für einen älteren Kollegen keine Rolle spielte. Eine oft verordnete Mischinjektion eines beliebten Schmerzmittels mit Vitamin B-Komplex (Novalgin-BVK) mußte lange Zeit befolgt werden. Gott sei Dank habe ich diesbezüglich keine Komplikationen erlebt. Schon nach wenigen Jahren wurde medizinisch in Deutschland die intravenöse Gabe wegen lebensbedrohlicher Nebenwirkungen als obsolet angesehen. Meine Stationsschwester hieß Galicana. Einmal konnte ich bei offenen Türen ihr persönliches Gespräch mit einer Stationshilfe mit anhören. Diese klagte ihr scheinbar großes Leid, daß sie einen evangelischen Freund habe. Daraufhin tönte die Nonne über den ganzen Stationsflur: „Das macht garnichts, wir haben alle den gleichen Gott." Da wußte ich, woran ich bin. Diese Meinung konnte sie freilich im Refektorium der franziskanischen Schwesternschaft nicht äußern. Übrigens reihte sich mein Chef ganz regulär in die allerdings nicht übermäßig belastende Dienstbereitschaft ein. Am Wochenende hielt er sich gerne in seinem Garten zu Füßen der Mindelburg auf. Wenn er dann mal gerufen werden mußte, war es zu dieser Zeit noch möglich, daß die diensthabende Schwester am Ende des Flures auf der internen Station ein weißes Betttuch hinaushängte, was er einsehen konnte. Als einmal freilich eine mit ihm befreundete hohe Mindelheimer Honoration mit einer suizidalen Intoxikation eingeliefert wurde, mußte ich allein mit der äußerst routinierten Op-Hauptschwester die Versorgung bewältigen. Nachweislich hatte er sich unerreichbar abgesetzt.

Eine Erfahrung besonderer Art war für mich, daß wir jahrelang praktisch etwa zwei Patienten pro Monat mit einem frischen Herzinfarkt aus dem 10 km nahen Bad Wörishofen aufnehmen mußten! Dies waren meist insbesondere lukrative Privatpatienten, die damals noch streng vier Wochen im Bett liegen mußten. Auf der anderen Seite begegneten wir beim Besuch in einer beliebten Gaststätte in der Nachbarschaft öfters übergewichtigen Kurgastgruppen aus Wörishofen, die lautstark verkündeten, daß ihnen eine Diät empfohlen wurde, weshalb sie jetzt wieder einmal ordentlich essen müßten. Übrigens mußte ich mich 1964 doch noch einigen Prozeduren bezüglich Militärdienst unterziehen.

In diesen Jahren wurden intensiv persönliche Begegnungen und Kontakte mit möglichst vielen Zeitgenossen durch gegenseitige Einladungen und Besuche im Sinne einer gemeinschaftlich orientierten Mitwelt gepflegt. Für mich persönlich war eine starke Freundschaft zu einem Franziskaner, **Pater Gerhard** (1906-1978), von besonders bewegender Bedeutung. Heute würde ich sagen, ein fast einmaliges ökumenisches Geschenk. Er kam aus relativ banalen und doch gravierenden gesundheitlichen Gründen (riesiger inoperabler Bauchwandbruch) aus Nordost-Brasilien als Hausgeistlicher zur gesundheitlichen Überwachung ans Krankenhaus. Er war in Duisburg-Ruhrort geboren und war allgemein äußerst beliebt, lebenslustig und ernst, und konnte mit starker Welterfahrung enorm viel, damals noch keinesfalls übliche Eine-Welt-Aussagen machen. Von 1939-1961 war er in Brasilien bzw. am Amazonas tätig. Ich habe seinen Ansprachen über den Hausfunk sonntags beim Spritzengeben oft mit großem Gewinn zugehört. Wenn er z.B. bei hausinternen Weihnachtsfeiern zu Wort kam, vermochte er das ganze Personal einschließlich Ärzteschaft bewegend ansprechen. Wenn demgegenüber der katholische Hauptpfarrer vom Ort sprach, lichteten sich sehr rasch alle Reihen. Bei einem Betriebsausflug des Krankenhauses konnte er im Kloster Andechs ganz spontan völlig unerwartet auf dem Klavier flotte Musik präsentieren. Dabei mußte die Oberin mit einem Finger das unsägliche Klavier berühren, damit mein Freund Gerhard nicht vollends ausrasten möge! 1967 sprach er mich einmal an, „Ich halte es hier nicht mehr aus – kann ich wieder nach Brasilien zurück?" Da ich ihn gewissermaßen als Hausarzt betreute und um seine Gesundheit Bescheid wußte, mußte ich ehrlich bekennen, daß dies aus medizinischer Sicht unter entsprechenden Auflagen möglich sei – alle Kollegen im Haus hatten das verneint. Noch am 30.8.1967 mußten wir uns von ihm verbschieden. Er ging zurück in sein Kloster Bardel an der deutsch-holländischen Grenze bei Bad Bentheim und dann sehr bald auch wieder nach Brasilien. Elf Jahre lang konnten wir noch in gutem brieflichen Kontakt stehen. Ich bin heute oft noch traurig, daß ich ihn nie in Brasilien besuchen konnte.

Wir hatten sehr gute Kontakte zu den meisten Kollegen und auch

zu den Ordensschwestern im Haus. Ich denke 1965 an einen gemütlichen Fondue-Abend mit unserem Pater und Kollegenehepaar Schweiger, mit letzteren sind wir auch nach Lindau aufs Tanzschiff gefahren. 1966 wurde der Pater zu Pasteten eingeladen, später auch einmal meine Stationsschwester Galicana und Schwester Hildegard. An diesem Silvester war uns der katholische Jahresschluß in der Krankenhauskapelle mit unserem Pater kein Problem. 1967 besuchten wir einen großen TSV-Ball im Kolpinghaus und fand auch ein großer Kindergeburtstag bei uns statt mit Thomas und Monika Jaeger sowie Bettina und Cornelia Hug. Kollege Hug war unser äußerst angenehmer chirurgischer Oberarzt. Die Hugs waren z.B. auch an meinem Geburtstag 1967 unsere Gäste. Auch wir selbst wurden öfters von beiden Kollegenehepaaren eingeladen. Als unsere Nonnen neu eingekleidet wurden, mußte ich sie natürlich fotographieren, sodaß ihre Namen festgehalten wurden: Bonula, Gwinburga, Xapheria, Gunesinda und Eliazara!
Interessante Begegnungen ergaben sich mit einigen Kollegen im Ort Mindelheim, z.B. mit Dr. Niklas und mit dem Leiter vom Gesundheitsamt, Dr. Szika. Kollege Niklas wurde landläufig nicht ohne Grund „Wurzelsepp" genannt. Er überholte uns einmal beim Aufstieg zur Rappenseehütte im Allgäu im Hochsommer, um mit Kurzski am Hohen Licht auf einem 200 Meter langen Firnfeld auf der Nordseite am nächsten Tag Ski zu laufen. Obwohl es den ganzen Tag geregnet hat, ließ er sich davon nicht abhalten..
Seit mindestens 1962, nach ihrem USA-Aufenthalt, hatte ich sehr viel guten Kontakt zu meiner Schwester Iris. Wir konnten mancherlei gemeinsam unternehmen, nicht nur im Zusammenhang mit den regelmäßigen Ferien der hallischen Eltern im Westen. Ich konnte ihr sogar beim Umzug von Eichen nach Gelnhausen helfen und 1966 hat sie uns im März zur

Erholung zwischen Gelnhausen und Bad Kissingen bzw. Neustadt besucht.

Jährlich nutzten wir die Möglichkeit einer ein- zweimaligen Fahrt nach Halle zu den Eltern. Dabei fanden auf den Rückfahrten stets Treffen mit meinem Bruder Freimut und seiner Familie in Tautenburg bei Jena statt. Im Juni 1966 mußte ein äußerst herber Vorgang verkraftet werden. Wir waren gerade einen Tag wieder in Pfronten und am 17.6.1966 mit der Bergbahn auf den Hahnenkamm bei Reutte im Außenferner gefahren. Dort erreichte uns am Abend die Nachricht, daß mein Bruder Mila als Kinderarzt in Gransee bei Berlin unter dramatischen Umständen mit 34 Jahren ganz plötzlich an einem später gesicherten Herzinfarkt/Reinfarkt verstorben sei. Er hatte übermäßig viel geraucht. In einem mir damals vorgelegenen Autopsiebericht wurden pathologisch bemerkenswert keine Veränderungen an den Herzklappen gefunden! Dies steht im gravierenden Gegensatz zu einer seit den Kriegsjahren kinderärztlich festgestellten Diagnose eines Herzklappenfehlers! Bei der Beerdigung am 22.6.1966 auf dem Laurentiusfriedhof in Halle durch Pfarrer Gabriel jun. dürften 400 Personen, 40 Autos und unzählige Kränze zu zählen gewesen sein. Zwei größere Zweige von einer Latschenkiefer aus dem Allgäu konnte ich ins Grab geben. Bei der Verabschiedung waren aus Dresden Volkmar, Wolfram, Tante Friedel und Bärbel anwesend. Auf jeden Fall sah ich mich genötigt, am 8.7. bei einem Anruf von Augsburg den für den Herbst geplanten Antritt dort im Westkrankenhaus abzusagen. Im März hatte ich bei einer persönlichen Vorstellung beim deutschen „Steroid-Kaiser" in Augsburg eine Weiterführung meiner internistischen Ausbildung für den Herbst vereinbaren können.

Wir wurden in Mindelheim besucht, z.T. mehrfach, von Reinhold, Bergmanns aus Weingarten, Bimbos aus Marburg, sogar vier Tage, Hermine Schantl aus Graz, mit der wir eine Extrafahrt nach Lindau auch zur Obi einlegen konnten, und durch Günter aus Marburg. Von Kultur konnte man in Mindelheim nicht überaus viel erwarten. So konnten wir wenigstens in Ottobeuren den „Messias" und Kammerkonzerte, auch in München, besuchen. An Filmen stand damals hoch im Kurs „Frühstück im Doppelbett", „Feuerzangenbowle", „Quo vadis", „Lausbubengeschichten", „Ben Hur", „Der Ölprinz" „Der Kardinal", „Heidi", „Im Reich der Viertausender", Calderon „Das große Welttheater", und mit dem Pater konnten wir uns an „Maria Stuart" und „Provence" erfreuen. Es war die Zeit, als auch uns vom Mainzer Fasching 1967 das Kinderlied „Heile, heile Gänsje Es is bald widder gut" bewegte.

An größere **Bergfahrten** kann ich mich noch heute gut erinnern: Juli 1965 vom Thanellerkar über den schon alpinen Werner-Riezler-Steig durch die Nordwand mit fast bedrohlichen Schneeresten auf den Thaneller, 2.343m, bei Reutte. Zwei Wochen später Begehung des Heilbronner Höhenweges. Über das Stillachtal und Einödsbach ging es über den brutigen Latschenhang unterhalb zur Enzianhütte. Hier höre ich heute noch den Mindelheimer Kollegen „Wurzelsepp", jedesmal, wenn er Orchideen entdeckte, laut hallendes „bärig" rufen. Er wollte ja am Hohen Licht Skifahren. Über die Rappenseehütte ging es dann auf das Hohes Licht, 2.652m, zum Hochrappenkopf, und im Regen zur Kemptner Hütte. Sie hatte zwar einen Wärme-Trockenraum, der aber vorsätzlich kalt gelassen wurde – ganz mies, unglaublich, und wahrlich kein Aushängeschild für die zuständige DAV-Sektion Kempten! Im August 1965 fuhren wir nach Scharnitz, um mit dem Hüttenzubringer abends bequem das Karwendelhaus, 1.765m, zu erreichen. Am nächsten Tag wurde über das (in der Tat) Schlauchkar steil 1.000m aufwärts der höchste Gipfel des Karwendel, die Birkkarspitze, 2.749m, bestiegen. Der weitgehend weglose Abstieg von 1.800m, über das Hinterautal in fünf Stunden bis nach Scharnitz, 964m, hatten wir so nicht erwartet und hat nur mir nicht unerheblich zugesetzt. Ich war tagelang beim Laufen behindert.

Im August 1966 ging es nach Garmisch-Partenkirchen zur Kreuzeckbahn. Wir kletterten über die Schönen Gänge auf die Alpspitze, 2.628m, um dann über das Höllental wieder abzusteigen. Noch im Oktober konnte auf dem Bäumenheimer Weg vom österreichischen Hinterhornbach aus der markante Hochvogel, 2.594m, erstiegen werden.

Im September 1967 startete unsere letzte größere Bergfahrt von Mindelheim aus mit Andrea auf das Nebelhorn, 2.224m. Richtung Großen Daumen mußten wir am Koblat umdrehen.

Die Alpennähe lud natürlich in jedem Winter zu reichlich **Skifahren** ein: Am Mittag, bei Nesselwang und am Kreuzeck, auch an der Kanzelwand bei Regen. Am Nebelhorn wagte man allgemein trotz Lawinengefahr von rechts wegen oberhalb Gemsen die Abfahrt Richtung Seealpe, was mir wegen schwerem Nassschnee einmal einen Kapitalsturz einbrachte. Beide Bindungen an den Skiern rissen fast komplett heraus, aber Knochen und Gelenke blieben heil, sodaß ich günstig von der Mittelstation wieder mit der Bahn ins Tal abfahren konnte.

Anfang Januar 1966 ließen wir uns in Oberstdorf an fünf Tagen von Minusgraden um 15° nicht abhalten von täglichem Skifahren an Söllereck, Kanzelwand, Nebelhorn und Mittag, mit z.T. Abfahrten von 1.400m, 1967 von Pfronten aus am Breitenberg (Standartabfahrt) und Hahnenkamm. – März 1967 fanden Ski-Stadtmeisterschaften von Mindelheim am Unterjoch statt. „Natürlich" habe ich mich beteiligt, obwohl ich verständlicherweise – ohne jeglichen Skikurs – praktisch fast noch nicht skilaufen konnte. Von rund 120 Teilnehmern erreichte ich den ca. 70. Platz, da 50 schon bei der einsehbaren ersten Kurve stürzten und dann aufgaben. Das hatte mich bewogen, da ganz besonders vorsichtig und langsam durchzufahren, um schön gemütlich auch unten anzukommen – mehr ein großes Gaudi für alle! Bei einmal Skifahren mit Kollegen auf dem Hahnenkamm haben wir selbstverständlich auf der Rückfahrt den chirurgischen Oberarzt Hug in seinem heimatlichen Pfronten mit nach Mindelheim mitgenommen. Einmal blieb mir Skifahren auf dem Nebelhorn äußerst schmerzhaft lange Zeit in Erinnerung. Ich hatte die Sonnenbrille vergessen, sodaß sich schon nach wenigen Stunden ein starker Insolationsschaden (Schneeblindheit durch Sonnenstich) einstellte. Ich hatte dann noch wochenlang Sehprobleme! So geht es einem Flachlandtiroler!

Fast selbstverständlich habe ich in Mindelheim auch durch Beteiligung an **anderen Sportarten** reichlich schönen Kontakt im Ort entwickeln können, Turnen, nur passager, Fußballspiel in der Turnhalle, später sogar kurzzeitig „Raufball", auch Korbball. Natürlich unterstützte ich auch den örtlichen Schwimmverein, z.B. bei einem VOW

(Verein ohne Schwimmbad)-Schwimmfest, was ja eigentlich bei meiner Schwimmvergangenheit fast unfair hätte sein können. Auf jeden Fall hatten wir auch beste Kontakte zur DAV-Sektion Mindelheim. Hier bleibt mir ein alpiner Zustieg auf den Großen Piz Buin, 3.312m, in der Silvretta von der Wiesbadener Hütte aus über die Westflanke und Buinlücke in markanter Erinnerung. Vermutlich in diesem Zusammenhang habe ich 1966 von Verwaltung und Ärzteschaft des Hauses die Erlaubnis bekommen, 113 Jugendliche, Sportler und Schwimmer an elf Tagen quasi sportärztlich ehrenamtlich im Interesse der Stadt zu untersuchen.

Bei größeren **Autorundfahrten** standen in der Regel stets Besuche von Freunden, Bekannten und Menschen im Vordergrund, aber auch die Neugier und Freude über Landschaften und Berge, vor allen Dingen exponierte Aussichtspunkte, sowie Kultur und Geschichte, Romanik mit ihrer Schlichtheit und Mächtigkeit hat mich stets besonders angesprochen, auch die aufstrebende Gotik, am wenigstens noch der überladene Barock.

So nahmen wir im Mai **1965** an der Trauung meines Freundes aus der Marburger Zeit, Gottfried Bickel, in Gießen teil und ging es nochmals über Freiburg und den Südschwarzwald zum Hegaublick, und über Stockach nach Lindau. Dort stand bis zum Stift Bodenseewasser! Später führte uns eine Herbstwoche wieder nach Eichen zu Tante Maria. Hier ging es auch nach Königstein, zum Feldberg und nach Friedberg mit seiner Burg. Im Oktober 1965 konnten wir günstig mit einer Teilnahme an einem Internistenkongreß in Leipzig per Auto während zwei-wöchiger Herbstferien in Halle meinen Bruder Michael mit Familie in der Zwinglistraße besuchen. Hier existieren schöne Bilder der vier Enkel der hallischen Großeltern, Andrea, Steffi, Dorle und Stefan. Auch konnte eine schöne Harzfahrt über fünf Tage nach Friedrichsbrunn angeschlossen werden. Unterkunft im Hotel Brockenblick. Auf dem Programm standen: Karlshaus, die Bärenhöhe, 619m, Benneckenstein mit Aussichtsturm, die Hermannshöhle in Rübeland und Elbingerode. In dieser Zeit hatte mein Bruder Michael in Gransee, nördlich von Berlin, die Leitung einer Kinderabteilung in einem Krankenhaus übernommen.

1966 stand Anfang April eine Osterfahrt über fünf Tage wieder in den Oberwiddersheim, Verwandtschaft unserer Schwälmer Familien, auf dem Programm. Dabei wurden die beiden höchsten Berge des Vogelbergs erwandert, der Hoherodskopf, 763m, und der Taufstein, 774m. Nach Ingelheim besuchten wir in Marktbreit Verwandtschaft, Berta Schenkel, auch in Obernbreit, sowie in Gnötzheim. Im Juli fuhren wir über Kaufbeuren und Schongau zur phänomenalen

Aussichtskanzel im Alpenvorland, den Hohen Peißenberg, 998m. Im Oktober 1966 waren meine Eltern von ihrem Studienfreund Eberhard Müller in die Evangelische Akademie Bad Boll am Rande der Schwäbischen Alb eingeladen. Dort besuchten wir sie zweimal und lernten dabei die beiden Kaiserberge Hohenstaufen, 684m, und den Hohen-Rechberg, 707m, kennen sowie das lokale Fleckchen Silberpappel.

1967 im April ging es über Blaubeuren nach Unterlenningen zu Verwandtschaft, Lehrer Onkel Waldemar, Tante Lieselotte, Hans-Ehrhard und Dorothee. Zusammen besuchten wir die Burg Teck. – Die Sommerferien verbrachten wir Mai/Juni über zwei Wochen am Lido di Jesolo an der Adria. Im Juni ging es erneut nach Eichen und Marburg. Unterwegs wurde mit Tante Maria der Frankfurter Zoo besucht und in Bornheim das großelterliche Haus, unverändert eine Metzgerei, besichtigt.

Die **internistische Weiterbildung** in Mindelheim erschöpfte sich praktisch in üblicher Stationsroutine. Rö- und EKG-Diagnostik blieben in Chef- und OA-Hand. Immerhin haben wir von der inneren Abteilung regelmäßig Fortbildungsveranstaltungen in Kaufbeuren und München aufgesucht. Ende 1966 konnte ich an einer Wissenschaftlichen Ärztetagung in Nürnberg teilnehmen. Ansonsten bleibt bemerkenswert, daß ich mich schon ab 1965 speziell mit Lungenfunktionsdiagnostik beschäftigen konnte, zumal auch ein alter Spirograph plötzlich zur Verfügung stand. Diesbezüglich konnte ich noch im März 1967 eine erste vergleichende lungenfunktionsanalytische Publikation aus dem Kreiskrankenhauses Mindelheim abschließen. Sie wurde in der renommierten Zeitschrift „Medizinischen Klinik", München, 1967 veröffentlicht.

10. Zehn Jahre wieder Universität in Marburg 1967 – 1977

Nachdem ich meine ärztliche Tätigkeit am 2. Oktober 1967 in der Uni-Strahlenklinik Marburg begonnen hatte, konnte am 1. November der Umzug der Familie nach Marburg erfolgen. Wir sind im obersten von drei kleineren Häuserblocks am Waldrand fast noch auf der Talebene südlich vom Ortenberg günstig untergekommen, Alter Kirchhainer Weg 25a. Eine kurze Stichstraße endete bei uns mit einem kleinen Kinderspielplatz. Unsere Neubauhäuser mit jeweils nur zwei Etagen lagen nur wenige 100 Meter von meinem alten Jugendwohnheim und von der Weidenhäuser Lahnbrücke und alten Universität bzw. der Oberstadt entfernt, fast mitten in der Stadt.

Wir hatten vier Zimmer und einen Balkon nach Süden mit Blick auf die Zahlbach-Straße, die zu den östlichen Lahnbergen mit Hansenhäusern und Richtung Spiegelslustturm führt. Die Nachbarn, rund zwölf Parteien, waren wohl ausschließlich junge Universitätsangestellte mit ihren Familien. Mit mehreren von ihnen konnten wir über Jahre beste Verbundenheit und Freundschaft aufbauen und pflegen.

Im Folgenden soll weitgehend nur in Ergänzung zu meinen traditionellen Familien-Jahresberichten, ab 1968, BoD 2018, über das weitere familiäre Werden in dieser Zeit und den medizinisch-wissenschaftlichen Fortgang berichtet werden. Dies versuche ich, geeignet zusammengefaßt und chronologisch darzustellen. Dies betrifft zuerst die Familiengeschichte und dann universitäre Abläufe, auf jeden Fall auch aus meiner Sicht, soweit dies getrennt werden kann.

Letztlich habe ich trotz Universität meist erfreulich viel Zeit für die Familie aufbringen können. Dies bedeutete, daß ich in der Regel abends zwischen 17-19 Uhr daheim war und wir meist auch die Wochenenden mit vielen Unternehmungen mit der ganzen Familie gestalten konnten. Von Kollegen habe ich vielfach gehört, daß sie regelmäßig erst gegen 23 Uhr abends nach Hause gekommen sind.

Auch Anfang **1968** plagte mich, wie etwa zwei Jahrzehnte lang 2-3mal pro Jahr, eine heftige Lumbalgie, die meist unter konsequent Wärme abklang. Es gab typische Auslöser, schwereres Heben, z.b. Räderwechsel am Auto oder ungeschickte Rucksackbewegungen. Im Februar wurde die Faschingsveranstaltung meines MSV (Marburger Schwimmverein) im Waldecker Hof und der offizielle Fasching in der Oberstadt besucht. Eine 1. Ausfahrt praktisch mit unserem neuen gebrauchten, weißen FIAT 1500 L ging selbstverständlich über Hephata nach Weißenborn zur Elisabeth Dorn, zum Konrad und Willi und dann auch zum in Marburg traditionellen Schlachteessen auf die Amöneburg. Ein erstes Skifahreführte uns auf die Sackpfeife, 674m, bei Biedenkopf. Noch im März besuchte uns mein Freund Reinhold mit Magdalena.

Schon Anfang April konnten wir an Ostern eine Skiausfahrt über zwei Wochen wieder ins Allgäu und nach Gaschurn im hinteren Montafon unternehmen. Auf der Hinfahrt wurde die Aussichtskanzel im westlichen Voralpenland, Bussen, 767m, bei Riedlingen und Verwandtschaft in Biberach aufgesucht. Im Montafon hat uns Skilaufen mit den Bergbahnen Versettla, Hochjoch und Schafberg erfreut. Es war die Zeit, als am 5.4. Martin Luther-King und am 11.4. Willi Dutschke ermordet wurden, was auch uns sehr bewegt hat. Später leisteten wir uns eine Extrafahrt über Memmingen ins Allgäu zur Kanzelwand und auf den Breitenberg.
Im Mai besuchten wir mit Bimbos die Seen bei Klosterhaina und den Kel- lerwald. Jetzt kamen auch die ersten Besuche zu uns, die Eltern aus Halle, Omi Sofie, meine Schwester Iris, sogar Tante Trudel aus Halle, die über die Elisabethkirche und das Landgrafenschloß begeistert war.

Im Sommer bewanderten wir den Dünsberg, 500m, bei Gießen, führten erneut eine große Westerwaldrundfahrt durch – Koblenz, Festung Ehrenbreitstein, Rhein-Mosel, Erpel, Beuel mit romanischer Doppelstockkirche, Bonn, Köln und zurück über das Sieg- und Lahntal – und mit der Omi eine Nordhessen-Zonengrenzfahrt: Bad Hersfeld mit seiner Stiftsruine, Eschwege, Werra, Meißner und Fritzlar. Wir besuchten Günter in Marbach hinter der Ketzerbach auf der Höhe der östlichen Ausläufer des Westerwaldes, von wo sich überraschend ein bemerkenswerter Blick nach Süden bis zum Feldberg des Taunus und zum Hoherodskopf des Vogelbergs ergab. Die Kinder waren von Bootsfahrten auf der Lahn begeistert, Steffi kam am 5.8. in den Kindergarten zu Tante Minni. Ende September war noch eine gute Woche Adriaferien wieder am Lido di Jesolo möglich, Andrea und Steffi erstmals in Venedig.

Noch Ende 1968 besuchten uns die Biberacher Verwandten und Elisabeth Dorn aus der jetzt nahen Schwalm. Im Audimax konnten wir uns am Mozarteum Salzburg und als Film an „Anna Karenina" erfreuen. Gisela hatte im November in vier Wochen ihren Führerschein gemacht, was wir mit den Bimbos im Jägerhaus in Wetter entsprechend feiern konnten. Öfters habe ich mit dem Fahrrad, hinten Steffi und vorn Andrea auf üblichen Sitzen mitgenommen. Dabei brachte einmal Andrea ihr rechtes Füßchen mit großer Aufregung und Schmerzen in die Speichen. Nach 1-2 Wochen war alles vergessen. Aber für mich war es eine große Lehre, zumal in dieser Zeit auch ein äußerst schwerwiegendes und beunruhigendes Unglück passierte. Zwei Kollegen aus der Nachbarschaft verunglückten auf ihrer Fahrt, die auch die meinige war, mit dem Fahrrad in die Klinik derart schwer, daß der chirurgische Oberarzt ums Leben kam und der Kinderarzt noch jahrelang aus seinem Koma nicht herauskam. Seitdem habe ich mein Radfahren überhaupt stark eingeschränkt und weitgehend zurückgenommen. Unsere Hallefahrt über Sylvester mußte wegen verweigerter Autobenutzung mit der Bahn erfolgen, wobei uns die Eltern in Weißenfels abgeholt haben.

Das Jahr **1969** startete mit dem Kauf unseres ersten Neuwagens. Es war ein tiefblauer OPEL 1.9 L mit dem schönen Kennzeichen MR S – 999. Auf dieses einprägsame Nummernschild hatte ich gewissen Wert gelegt, damit es von zwei Patientinnen von mir, die in Marburg den polizeilichen Ordnungsdienst versahen, leicht gemerkt werden konnte. Sie wußten dann sofort, wo sie bei meinem falschen Parken in der engen Oberstadt, Gnade walten lassen konnten. Der Opel kostete damals 5.112 DM. Bei der Auslieferung bestaunte die ganze Belegschaft des Autohauses Nau die neuste Errungenschaft, ein erstmals eingebauter Vergaser von Peugeot. Ausgerechnet auf der 1. Ausfahrt nach Eichen sollen hier französische Zündspulen versagt haben, sodaß wir bei erheblichen Kältegraden auf der Autobahn bei Friedberg liegen geblieben sind. Und da wurden wir unmittelbar Beteiligte einer einmaligen Hilfsbereitschaft. Plötzlich hielt ein großer Wagen vor uns und übergab uns Plätzchen und heißen Tee. Es war ein Herr Wolf von Süd West Metall, Frankfurt. Er hatte uns auf der Fahrt nach Norden auf der Gegenseite der Autobahn (!) liegen geblieben gesehen und war auf der nächsten Ausfahrt umgedreht und an uns vorbei nach Hause gefahren. Hier holte er die für uns geradezu wichtige „Versorgung". Nach Jahren habe ich dies einmal leserbriefartig medial hervorheben können. Erst nach Stunden konnte uns der Autohauschef persönlich nach Marburg abschleppen. Unser Opel war freilich ein „Montagsauto", mit dem wir permanent eine Katastrophe nach dem anderen erleben mußten. – In diesem Frühjahr pilgerten wir gerne bei der Tannenbergkaserne und fuhren Boot auf der Lahn. Mittags wurde öfters in der Niedlingsmühle oder in der DammMühle gegessen. Eis schmeckte gut in Gladenbach.

Am 19. April 1969 wurde Thomas Alexander geboren in der Frauenklinik der Universität. Es verlief alles weitgehend komplikationslos. Rund 80 Anzeigen wurden „in alle Welt" verschickt. Seine Taufe erfolgte erst am 31.8. in der St. Jost-Kapelle, anschließend größerr Feierlichkeit in Gladenbach. 1969 haben wir uns besonders gefreut über einen Besuch von Tante Friedel mit Gabriele aus Dresden und natürlich von unseren Ingelheimern. Anfang August konnten wir bei Oberstdorf per Bergbahn das Söllereck, 1.706m, und die Breitachklamm aufsuchen. Über Fulda, Besichtigung von Michaelskirche und Dom, ging es zu meiner Schwester Iris in Bad Neustadt. Am 4.9. hatte Andrea ihren 1. Schultag. Mehrfach konnte ich freitags mit den Kindern ins nahe Luisa-Hallenbad gehen. Gisela hatte sich in einer Volleyball-Sportgruppe beim VfL, Verein für Leibesübungen, in der Oberstadt angemeldet. Im Winter 1969/70 nahmen wir uns die Möglichkeit, während Steffi und Thomas schliefen, mittags zufriedenstellend am Frauenberg Ski zu laufen, unter Flutlicht abends auch mehrmals in Hartenrot mit befreundeten Seilers, an Sylvester sogar bei einem Blitzbesuch in Memmingen am Grünten im Allgäu. In dieser Zeit kauften wir uns unseren 1. Fernseher für 578 DM.

Im Frühjahr **1970** setzten wir unsere Besuchsreisen nach Eichen, Ingelheim und nach Ottrau fort. Plötzlich wurde tatsächlich ein „Pernod"-Fahrrad kostenlos angeliefert. Ich hatte schon vergessen und überhaupt nicht erwartet, bei einem banalen Rätsel einer Alkoholfirma ein komplettes Fahrrad zu gewinnen. Freundschaftliche Treffen fanden mit Lothar Süß, mit Webers und Seilers statt, letztere konnten wir am 17. Juni zusammen mit Bimbos am Edersee besuchen. Ein erster Zirkusbesuch, Zirkus Safari, hatte auf die Kinder einen großen Eindruck gemacht. – Am 14.4.1970 war meine Mutter überraschend in Halle gestorben. Zu Ihrer Beerdigung am 18.4. auf dem Laurentiusfriedhof, in unmittelbarer Nachbarschaft zu meinem Bruder Michael, mußten wir wegen verweigerter Bewilligung einer Autobenutzung durch die DDR umständlich mit dem Zug fahren.

Zwei Wochen Sommerferien im August in Wremen an der Nordsee ließen etwas zu wünschen übrig. Wir hatten einen Strandkorb gemietet, was nur selten vorkam, und einen Ausflug nach Bremerhaven unternommen. Am Wasser hatte man wohl mit einem Lastwagen eine Fuhre Sand aufgeschüttet. Anschließend konnten wir einige Tage im Thannheimer Tal verbringen und ohne Thomas auf den Iseler am Oberjoch wandern und im Haldensee baden. Zur wesentlichen häuslichen Arbeitserleichterung wurde eine Geschirrspülmaschine und eine Gefriertruhe angeschafft. Auch war mein Vater mit Pudel Akko eine Woche zu Besuch. Mit ihm ging es insbesondere zu du Mesnil's, Pfarrer Schnepel im Diakonissenmutterhaus in Wehrda und zum ehemaligen Missionar Martin Thomsen in Lich. Wir erkundeten auf dem Christenberg die frühkarolingischen Ausgrabungen, das Schloß Rauischholzhausen und auf dem Weg über Ottrau und Weißenborn die Burg Herzberg am Rimberg und besichtigten erneut auf dem Petersberg bei Fulda die stets beindruckende romanische Rotundakirche. Diesmal stand in Marburg auch das Schloß und ein Essen im traditionellen „Karzer" auf dem Programm. Im Oktober wurde Andrea und Steffi in meinem Schwimmverein, MSV, angemeldet. Über Weihnachten besuchten wir in Memmingen, vier Tage, die Kronburg und das Gunzesrieder Tal. Unser weihnachtlicher Jahresbericht ging an 30 bzw. 45 Verwandte und Freunde. Eine „rauschende Silvesterpartie" soll bei unseren juristischen Freunden, Elke und Hansjörg Weber, in Marburg stattgefunden haben.

Auch **1971** fanden regelmäßig Konzertbesuche statt, z.B. Borodin-Quartett, Teilnahme am traditionellen Sommerfest in Marburg und an einem Filmball im Herbst. An Ostern mußten wir wieder mit dem Zug in die DDR fahren, nach Tautenburg mit Besuch der Dornburger Schlösser, und nach Halle. Im Juli/August ging es über zwei Wochen ins Ostseebad Grömitz an der Lübecker Bucht. Es war mit dem zweijährigen Thomas ein eher gemütlicher Strandkorburlaub. In Lübeck konnten wir das letztemal meine Patentante Almfriede im Altersheim besuchen, und Fehmarnsund und Kiel kennenlernen. Mitte August haben wir meinen Vater in Bad Neustadt/Saale abgeholt und mit ihm sehr schöne Ferientage auf der Wasserkuppe in der Rhön, in Paderborn, am Hermannsdenkmal im Teutoburger Wald und an den Externsteinen erlebt. Am 30. August wurde Steffi eingeschult. Im Herbst haben uns dann die Ingelheimer, die Ottrauer und Elisabeth Dorn aus Weißenborn besucht und konnten wir eine schöne Fahrt zum Edersee mit Schloß Waldeck und zur Edertalsperre unternehmen. Im November habe ich in Frankfurt/Main als „außerordentliches Vorstandsmitglied" das erstemal an einer Vorstandssitzung von der EA (Evangelischen Akademikerschaft) Hessen teilgenommen.

1972 führten uns unsere Kurzausflüge und Spaziergänge nach Niederwetter, Hartenrot, Ronhausen, nach Hallenberg, in den Ebsdorfer Grund, Schloßpark Rauischholzhausen, und mit Bimbos in den Burgwald. Am 22. Januar wurde der Olympiaball in der Stadthalle besucht. Für mich ist hochinteressant, daß ich der bedeutenden deutschen Theologin Dorothee Sölle am 26. Januar 1972 in Marburg das erstemal begegnen durfte. Ihr Glaubensbekenntnis von 1968 wurde mir besonders in den letzten Jahrzehnten bedeutsam, „Ich glaube an Jesus Christus, der aufersteht in unser Leben, dass wir frei werden von Angst und Hass."
Auf der Jahresversammlung meines Marburger Schwimmvereins am 29.1.1972 ließ ich mich zum 2. Vorsitzenden wählen. Mindestens bis zum November 1973 dürfte ich an den Vorstandsitzungen teilgenommen haben. Nachdem ich im

Schwimmverband Hessen meine Lizenz als Wettkampfrichter erlangt hatte, konnte ich mich 1972 in Offenbach, beim Schulschwimmfest in Marburg und beim „Springer"-Schulschwimmfest aufstellen lassen. Andrea hatte hier einmal einen 1. Platz belegt. Natürlich nahmen wir auch am MSV-Frühlingsfest am „Runden Baum" teil.

In den Märzferien war über Memmingen wieder Skilaufen angesagt, am Walmendinger Horn und sogar die etwas abenteuerliche südseitige Frühjahrsabfahrt von der Valluga, 2.647m, am Arlberg. In den letzten Passagen mußten wegen fehlendem Schnee die Ski getragen werden. Viel mehr Schnee hatte es nordseitig am Saloberlift am Hochtannbergpass.

Am 31.3., Karfreitag, habe ich ein Telegramm nach Halle zum Klassentreffen im Moritzburgkeller geschickt: „Habe heute Dienst, allen trotzdem herzliche Grüße." In dieser Zeit haben wir abends relativ viel Rommee gespielt. Im April habe ich die Vertreterversammlung der EA in Königstein im Taunus besucht und mich gefreut, Onkel Martin Fischer aus Berlin wiederzusehen. Während meines Arbeitsurlaubs im Mai konnten wir in Kassel die Wilhelmshöhe mit dem Herkules und an Pfingsten auf der Fahrt nach Memmingen den Fernsehturm in Stuttgart sowie zurück den Hohen Asperg bei Ludwigsburg und den Flugplatz Frankfurt aufsuchen. Am Hessentag, Juni 1972, wagte ich mit Andrea zur 750-Jahrfeier der Stadt Marburg einen Hubschrauberrundflug um Marburg. Gleich danach wurden Opa und Margarete in Steinbergen bei Rinteln abgeholt. Wir besuchten du Mesnil's und waren unterwegs auf der Amöneburg, auf der Sackpfeife und in Bad Hersfeld, einschließlich Festspiele, wo Danton's Tod, gegeben wurde. Die Hallenser haben sich über den Besuch der Ingelheimer gefreut und gemeinsam haben wir durch einen Dia-Abend alte Erinnerungen aufleben lassen. Besucht haben wir auch die Johanniter-Generaloberin, Frau von Consbruch, gleich in der

Nachbarschaft, zumal ja Margarete ursprünglich Schwester beim Johanniterorden gewesen ist.

Die Sommerferien im August führten uns wieder an die Ostseeküste, diesmal ins dänische Haderslev, mit allerdings nur schmalem steinigen Strand. Um so schöner waren Ausflüge nach Aarösund und die Insel Römö auf der Nordseeseite, auch Aarö, Fyn, bei Halk herrlicher Sandstrand und Steilküste. Unvergeßlich und aufregend für die Kinder blieb lange, daß noch vor dem Einzug ins Ferienhäuschen der „Rohrer" kommen mußte wegen total verstopfter Abwasseranlage. Sonst waren wir im Sommer oft im Sommerbad und auch am Kahlen Asten sowie am Edersee. Anfang Oktober kam Thomas zu Tante Mini in den günstig sehr nahen Kindergarten. In der Herbstferienwoche konnten wir wieder nach Pfronten im Allgäu fahren zu Babels. Diesmal waren wir unterwegs in der Eng/Fallmühle, am Breitenberg mit Aufstieg zur Ostlerhütte, und besuchten die Tegelbergbahn bei Füssen, die Ehrwalder Alm und Schloßanger Alp. Fast merkwürdig, daß wir von Marburg aus Mitte November schon bei Hartenrot im Gladenbacher Bergland, bei Endbach, westlich von Marburg Skifahren konnten. Dazu hatte sich Gisela das ganze Jahr über durch Gymnastik/Turnen mittwochs ertüchtigen können.

1973 begann am Neujahrtag mit einem Besuch der Omi aus Memmingen. Steffi, acht Jahre alt, ließ einmal verlauten: „Omi, wenn Du stirbst, wer kriegt denn Dein Geld?" Ich hatte mal wieder meine Lumbalgie. Ende Januar war auf der Sackpfeife von den Kindern „Rutschen auf Bauch und Rücken" angesagt. Thomas, benachbart zu einer Geburtstagsfeier eingeladen, verbreitete nachher einen erheblichen Zigarettendunst und kommentierte mit knapp vier Jahren „natürlich, wenn vier rauchen". Auch im Februar konnten wir mehrfach Skifahren, in Hartenrot, bei Züschen und auf der Sackpfeife, hier sogar abends bei Flutlicht.

An Ostern ging es wieder nach Memmingen, um insbesondere mit der Oma Probstried und Ottobeuren einen Besuch abzustatten. Ostermontag waren wir auf dem Fellhorn im Kleinen Walsertal. Anfang Juni besuchten wir für einige Tage Holland, insbesondere Amsterdam und Callantsoog. Dies war eine vorsorgliche Erkundung, ob wir die Sommerferien dort verbringen konnten. Dies konnte dann auch Ende Juli über zwei Wochen erfolgen. Begeistert waren wir vom weitläufigen Sandstrand, vom Schagener Bauermarkt, von einer Windmühlen-Schwanenpartie und abends vom „Smikkelhof".

Am 8. August 1973 stellte sich bei mir eine sehr schwere Nierenkolik ein. Ich brauchte sogar i.v. ein Morphiumpräparat, Dolantin-S. Ich hielt es damals nicht für ausgeschlossen, daß der Nierenstein durch Essen von reichlich Tomaten ausgelöst und durch Reiten in Holland in Bewegung gesetzt sein könnte. Merkwürdig, daß ich dann vor allen Dingen samstags früh 5 Uhr regelmäßig mit weiteren Koliken geplagt wurde – bis 26. Oktober! An diesem Samstag hatte ich früh erneut erhebliche Beschwerden, sodaß ich mir von einem Kollegen im Haus Baralgin iv. geben lassen mußte. Trotzdem sind wir mit dem Auto nach Tautenburg aufgebrochen. Im Niemandsland an der Zonengrenze mußte ich halten und stark Erbrechen. Da dürfte der Nierenstein in der Harnblasenwand zerbrochen sein. Jedenfalls hatte ich nie mehr mit Koliken zu tun gehabt.

Mitte August waren mein Vater mit Margarete für eine Woche unsere Gäste. Wir besuchten wieder Frau von Consbruch und in der näheren Umgebung das Landgrafenschloß, den Spiegelslustturm und den Frauenberg und waren im Burgwald. Abendliches Essen gestaltete sich urig in der Waldgaststätte Endbacher Platte und in „Alt-Weidenhausen". Wenig später konnten wir einige Tage mit der Omi aus Memmingen in der Rhön verbringen, Wachtküppel, Poppenhausen, Guckaisee, Pferdekopf.

Ende Oktober ging es wieder nach Halle und Tautenburg, wo wir insbesondere Jena, Zietschkuppe, Fuchsturm und Thalbürgeln aufsuchten. Wertvoll sind besonders Aufnahmen von den Kindern mit unserer Helene an ihrem Küchenfenster in Halle. Spaziergänge wurden unternommen an der Saale, am Süßen See, in Eisleben und Löbejün, im halleschen Bergzoo, außerdem Besuch der Halle-Neustädter Verwandten und der Marktkirche. – Im Dezember konnte in Schleißheim Fuchs'sche Verwandtschaft aufgesucht werden, Tante Hildegard und Onkel Hans. An Weihnachten wurden wir von Bimbos und von dem Dermatologen Geisler eingeladen, an Sylvester von Langenohls.

1974 sind wir wieder zusammen mit der Omi aus Memmingen in Winter-Skiferien gewesen, eine Woche in einer Pension in Abtsroda, 700m hoch nahe der Wasserkuppe in der Rhön. Damals bestanden dort schon zehn Skilifte. In Marburg wurde ein gutes Konzert mit den Bamberger Symphonikern besucht. Ostern, im April, ging es wieder nach Memmingen und Mindelheim. Ende April hat mir eine britische Firma ein Wochenende in Malmö, Lund und Kopenhagen finanziert. Ihr inhalatives Bronchospasmolyticum war für mich auf jeden Fall das verträglichste und beste Präparat auf dem Markt, Sultanol. Deshalb hätte ich diese „Werbung" und Beeinflussung eigentlich garnicht gebraucht und spielte für mich auch keine Rolle.
In der ersten Julihälfte war ich natürlich riesig erfreut, daß die Familie damit einverstanden war, daß wir die Sommerferien in meinem geliebten Berner Oberland am Thunersee in Wimmis bei Spiez, zu Füßen des Niesen, verbringen: Wir lernten kennen, für mich auch weitgehend Neuland, die Luftseilbahn Erlenbach aufs Stockhorn, von Wilderswil die Zahnradbad auf die Schynige Platte und ganz südlich bei Kandersteg Richtung Blümlisalp die kurze Wanderung zum Oeschinensee. Wir konnten sogar ins Kiental reinfahren und nördlich am Thuner See entlang über Thun und

Gurten, Abstecher nach Sigriswil, östlich Richtung Interlaken, dann mit der Sportbahn Beatenberg bis aufs Niederhorn im Beatenberger Grat gondeln. Mehrfach hat uns das Baden im Strandbad Spiez im Thuner See gefallen. Einmal schafften wir es sogar vom Bündi aus auf den Sigriswiler Grat und bis zum Unterbergli. Selbstverständlich wurde auch Gottfried Kämpf besucht. Er befand sich zu diesem Zeitpunkt schon im Altersheim in Uetendorf. Ein Höhepunkt dürfte gewesen sein, daß ich mit Andrea und Steffi den Niesen, 2.362m, vom Westen her besteigen konnte, die Aussichtsplattform auf die jetzt wohl nicht mehr „ewige" Eiswelt des Berner Oberlandes. Die rund 1.600m hoch schafften wir ab früh 4.40 Uhr in fünf Stunden, Abstieg in drei Stunden – beachtlich!

Im August fuhren wir erstmals in den Bayrischen Wald zum Großen Arber, 1.456m, und zur Quarzgesteinsmauer „Pfahl". Am Reformationstag ging es über Memmingen an einigen herrlichen Herbsttagen wieder nach Hindelang, Oberjoch und ins Thannheimer Tal. Im Dezember konnte sich Andrea am Nikolausschwimmen beteiligen. – Mitte der 70er Jahre habe ich mit einem systematisch aufgebauten Langlauftraining begonnen. Dies fiel mir außerordentlich schwer, da ich vom Schwimmen her mich eher auch trainingsmäßig als Kurzstreckler fühlte. Es hat sicher mehrere Jahre gedauert, bis mir 6-10 km nichts ausgemacht haben. Insofern konnte ich meinen älteren Patienten, denen ich cardio-präventiv Ausdauersport empfohlen habe, einfühlsamer Geduld und langsame Steigerung empfehlen.

Anfang Januar **1975** wiederholten wir unsere „Winterferien" in der Rhön in Abtsroda. Es war mehr ein Nebel-Raureif-Urlaub. Am Kreuzberg haben wir trotz Nebel die Klosterjause gefunden. Mit unserem Regenfüßer-Besuch, chirurgischer Kollege aus dem Haus, sind wir zu Fuß auf die Wasserkuppe gepilgert. Der Besuch der Enzianhütte war eine reine Nebel-Irrtour. Abschließend konnten wir wenigstens meine Schwester Iris in Bad Kissingen besuchen. Demgegenüber war Anfang Februar das Skifahren am Fellhorn im Kleinen Walsertal eine Pracht. Andrea und Steffi hatten ihre erste Klavierstunde. Ein neues Klavier hatte im Wohnzimmer Platz gefunden.

In der zweiten Märzhälfte, vor Ostern, starteten wir eine größere Fahrt über die Wartburg und Tautenburg nach Halle, und dann mit den Großeltern fünf Tage ins Sachsenland. In Dresden wurde Onkel Alex und Tante Ilse in der Gaststätte „Zum Frieden" und gleich nebenan die Eisenwarenhandlung von Bärbel besucht, außerdem gegenüber der Annen-Friedhof mit den Gräbern der Urgroßeltern und dann auch der Dresdner Zwinger und der Fürstenzug. In der Sächsischen Schweiz haben wir in Rathen an der Elbe in einem honorigen Hotel Quartier genommen. Toilettenpapier konnte nicht angeboten werden. Deshalb mußten wir in einem Geschäft nachfragen, aber es wurde gesagt, es gäbe keins. Ich platzte etwas heraus, „schauen Sie doch mal unter den Ladentisch" – und da konnte uns glatt noch eine Rolle verkauft werden! Auf der anderen Seite kostete in einem Gasthaus Starke für sieben Personen das Essen 19 DM! Wir haben jedenfalls sehr schöne Tage erlebt auf der Bastei und in den Schwedenlöchern, am Pabststein, Pfaffenstein, Barbarine und am Schmilka-Grenzweg, dann am Falkenstein, den Schrammsteinen, mit Aufzug zum Bärengehege, sowie einer Elbwanderung mit Fährübersetzung und am letzten Tag Lichtenhainer Wasserfall und Kuhstall. Wieder in Halle konnten wir noch die Saline besichtigen und ich Professor Seige in der II. Medizinischen Klinik aufsuchen. Für die 13 Tage mußten wir pro Tag und erwachsene Person 26 DM umtauschen. Bei der Rückfahrt vor Ostern gab es bei Herleshausen vor der Zonengrenze ein Verkehrschaos mit 25 km langer Schlange. – Interessant, daß wir in diesem Jahr noch Anfang April in der Gemeinde Züschen bei Winterberg im Hochsauerland Skilaufen konnten. Im Mai war bei Bauerbach zünftiges Grillen angesagt und im Juni Frühschoppen auf dem Marktplatz der Stadt. In dieser Zeit besuchten uns auch die Troisdorfer Verwandten, Onkel Hans und Tante Hildegard. Gisela beteiligte sich an einer Ausfahrt ihrer Volleyball-Frauengruppe zum Edersee.

Anfang Juli führten uns zwei Wochen Sommerferien nach Kappeln an der Ostsee. Wir hatten eine Ferienwohnung und tummelten uns auf einem Nordstrand, besuchten in Schleswig den St Petri-Dom, auch Haithabu mit Runenstein, damals gab es noch kein Wikinger Museum, Flensburg und wieder das Emil-Nolde-Museum bei Niebüll. Ein abendliches Essen in einer Aal-Räucherei war für mich weniger imposant!

Mitte Juli 1975 ging es (nur) mit Andrea eine Woche in die Allgäuer Alpen. Von Riezlern im Kleinwalsertal aus erreichten wir mit der Kanzelwandbahn den Übergang zur Fiderepaßhütte und dann über den Fiderepaß vorbei die Mindelheimer Hütte, 2.058m. Da auf dem Querweg zur Rappenseehütte der Schrofenpaß durch Vermurungen gesperrt war, haben wir uns für einen weglosen Spezialabstieg ins Tal des Rappenalpenbach entschieden und dann wieder zum Aufstieg, etwa 800 Höhenmeter, über die Enzianhütte zur Rappenseehütte, 2.092m. Es war ein kleiner Gewaltmarsch, den aber Andrea glatt und ohne Murren toleriert hat. Mit ihren 12 Jahren hat sie dann den doch etwas anspruchsvollen Heilbronner Höhenweg zur Kemptner Hütte mit Bravour geschafft, obwohl mehr als sonst steilere Schneefelder gemeistert werden mußten.

Anfang August kam Steffi in die Martin-Luther-Schule und Thomas in die Brüder-Grimm-Schule. Später besuchte ich mit Andrea und Steffi eine geistliche Abendmusik der MLS in der Markuskirche in Marbach. August/September war wohl ein ganz besonderes Pilz-Brombeer-Jahr. Wir konnten jedenfalls taschenweise riesige Champignons auf vielen Wiesen an Waldrändern sammeln.

Im September 1975 bin ich das erstemal mit der Klettergruppe des DAV, Sektion Marburg, beim **Klettern im Morgenbachtal** gewesen, einem kleinen Seitental linksrheinisch nördlich von Bingen. Acht kurze Aufstiege habe ich mir notiert – und ich war mehr als zufrieden. Es dürfte der Beginn meiner Kletterbegeisterung gewesen sein! Auch die ganze Familie zeigte deutliches Interesse. Deshalb sind wir alle noch Anfang Oktober mit einem erfahrenen Kletterfreund zur Sauerlandhütte nach Bruchhausen am nördlichen Rand vom Rothaargebirge im Hochsauerland übers Wochenende aufgebrochen. Wir waren bestens und besonders ideal für die Kinder als einzigste Gäste in der DAV-Selbstversorgerhütte untergekommen. Die Kletterei im Porphyr der Bruchhauser Steine war für alle geeignet, wobei damals allgemein noch mit ins Seil behelfsmäßig geknoteten Brustgurt (ohne Sitzgurt!), heute unvorstellbar, geklettert wurde. Später bin ich vom DAV aus und mit Andrea noch auf den (kleinen) Exhelmer Steinen des Wüstegarten (Hoher Keller) im Süden des Westhessischen Kellerwaldes geklettert.

Anfang Januar **1976** konnte die ganze Familie zwei herrliche Wochen Winterurlaub im Skihaus Fideris-Heuberge, 1.950m, im Prättigau mit meinen Sportstudenten wahrnehmen. Andrea und Steffi dürften an zwei für sie günstigen Liften deutlich ihr Skifahren verbessert haben. Das einsame Haus in einem Hochtal nahe Davos hatte jetzt sogar eine warme Dusche. Nach totaler Untätigkeit durch 36 Stunden Nebel bin ich mit den Studenten bei plötzlich sternklarer und eisiger Nacht gegen 23 Uhr noch zum Mattlishorn, 2.465m, aufgestiegen. Mein Versuch, bei einem halben Meter Neuschnee zu spuren, mußte ich nach wenigen Schritten aufgeben. Ein besonderes Erlebnis war, mit einem Sportkameraden noch in Dunkelheit, 1 1/2 Stunden vor Aufgang der Sonne, mit Fellen diretissimamäßig rund 800m bis zu einem Pass aufzusteigen. Wir kamen gerade rechtzeitig, um eine herrlich aufgehende Sonne zu erleben. Nach 30minütiger Abfahrt waren wir wieder am Skihaus, wo die meisten gerade am Aufstehen waren. Weitere Skitouren gingen zum Arflinaer und Fondaier Fürkli, sowie zum Glattwang, 2.380m. Nach einem ernsteren Kopftrauma einer uns fremden Skifahrerin mußte ich den Helikopter der Schweizerischen Bergwacht rufen. – Ende Januar war sogar bestes Skilaufen auf der Sackpfeife und bei Winterberg möglich, Anfang Februar auch an einem Wochenende in der Rhön, Abtsroda, Wasserkuppe und Kreuzberg, sowie bei Hartenrot. Am 31.1. besuchten wir fast traditionell den Olympia-Ball in Marburg. Nachdem ich Anfang März mit meinem Kletterspezi Heinz Jepsen die Eschbacher Klippen im ostseitigen Vortaunus nochmals erkunden konnte, wurde die Fahrt dorthin am 20.3. von der ganzen Familie als große Freude der Klettermobilität aufgenommen. Dabei war auch die befreundete Familie Radloff von den Eschbacher Klippen begeistert. In dieser Zeit ging es deshalb mit Andrea nochmals ins Morgenbachtal und mit Heinz Jepsen zu den Bruchhauser Steinen mit einem fast 100m hohen Felsmassiv. Die Osterferien Mitte April führten uns wieder über Tautenburg nach Halle, wo Tante Trudel, die Gräber auf Laurentius und die Halle-Neustädter Verwandten besucht, und das Halloren- und Salinenmuseum, die Brachwitzer Saale und das Leipziger Völkerschlachtdenkmal besichtigt wurden. Über Oberhof ging es weiter noch zum familientraditionellen Rotterode in den Thüringer Wald. Dort waren wir unterwegs rund um den Arzberg, und über Moosbachtal zur Silberwiese, bewanderten den Ruppberg, 866m, und den Rennsteig beim Nesselberg und am Gebrannten Stein. Den Karfreitag-Abendmahls-Gottesdienst konnten wir mit den Großeltern in Rotterode erleben. Verabschiedung vor Georgenthal und, diesmal schnellste unkomplizierte Grenzpassage!

Bei einer weiten, aber doch schönen verlängerten Wochenendfahrt in die CSSR nach Bratislava zu einem tschechoslowakischen Pneumologenkongreß im Mai 1976 stand, ohne Kinder, fast mehr die Kultur im Vordergrund. In elf

Stunden fuhren wir die 880 km über Regensburg und Passau, Essen im Ratskeller, Wiendurchfahrt eine Stunde, in die Marktgemeinde Kittsee, um nahe zur Grenze auf österreichischer Seite zu übernachten. In Bratislava war mir offiziell eine Übernachtung um 200 Dollar/die angeboten worden. Nach meinem Vortrag besuchten wir statt einer angebotenen Weinprobe ein klassisches Konzert im Hof der Burg. Danach ließen wir uns nicht verleiten, anschließend doch noch eine kurze Weinprobe mitzunehmen. An der Grenze wurde ich tatsächlich kontrolliert und mußte in ein Röhrchen blasen. Bei geringstem Alkoholnachweis, so wußten wir, wurde nicht nur der Wagen über Tage konfisziert, sondern drohte auch eine saftige Geldstrafe. Das Röhrchen war der Polizist so freundlich, mir als Souvenir für meinen Schreibtisch zu überlassen. Auf der Rückfahrt besuchten wir wenigstens kurz in Wien Belvedere, Karlskirche, Wiener Staatsoper, Stephansdom, Hofburg und Schönbrunn. Über Melk und Regensburg, Walhalla-Besuch, ging es zurück nach Marburg. Ende Mai konnte ich mehrtägig an einer Marburger DAV-Kletterausfahrt in die Thannheimer Alpen des Allgäu teilnehmen. Von der Thannheimer Hütte aus wurde mit meinem bewährten Heinz Jepsen schon richtig alpin an der Rote Flüh die Alte Südwand, am Gimpel der Westgrat mit der markanten Stelle „Nur Mut Johann" und an der Gehrenspitze ohne markierte Route die Südwestkante bezwungen.

An Pfingsten, Anfang Juni, sind wir statt üblicherweise in die Uni- oder Elisabethkirche in die Stadt-Pfarrkirche hinter der Oberstadt gegangen und haben dem Wildgehege Knüll sowie Oberaula und Weißenborn einen Besuch abgestattet. Auch hat uns ein Marburger Uni-Konzert in der Alten Aula der Universität erfreut. Am 17. Juni hat Gisela das erstemal am Seil drei Touren an den Eschbacher Klippen geschafft. Anschließend waren wir im Waldbad Lollar. – Die Sommerferien im Juli verbrachten wir zwei Wochen in Satjendorf an der Ostsee. Abstecher gingen nach Kiel,

Laboe, Schönberger Strand, Lippe und nach Hamburg zu einer Hafenrundfahrt.

Ende Juli konnte ich mit Andrea an einer 10tägigen DAV-Ausfahrt mit Eiskurs in den Ötztalern im Taschachhaus, 2.433m, am Ende des Pitztales teilnehmen. Noch war im Taschachferner-Eisbruch ein einführender Eiskurs möglich. Wir beide bestiegen die Hintere Ölgrubenspitze, 3.296m, zuletzt eingeregnet und eingeschneit, und den Pitztaler Urkund, 3.201m, über den Urkundsattel und hatten dabei 20-30 cm Neuschnee.

Am 4. August 1976 kam Onkel Martin Fischer, Berlin, zu uns zur Beerdigung vom berühmten Marburger Theologen Rudolf Bultmann (Entmythologisierung). Am 15.8. habe ich mit Gisela Opa und Margarete in Steinbergen bei Trudi, der Schwester von Margarete, abgeholt. Die Rückfahrt erfolgte über Zinse bei Erndtebrück, wo wir bei Westkotts, die Martin Fischer eingeladen hatten, noch gemeinsam Kaffee trinken konnten.

Im September schaffte die ganze Familie einen „Amöneburg-Marsch", hin und zurück, 22 km, mit ausgiebigem Mittagessen, von 8.45 bis 17.45 Uhr. Da kam auch Barbara aus Tautenburg zu Besuch. Mit ihr mußten wir natürlich auch zu den Eschbacher Klippen und in den Taunus fahren, Besuch der Elisabethkirche, Mittagessen in Roßdorf im Marburger Hinterland.

In der ersten Oktoberwoche 1976 leisteten wir uns alle, Thomas sieben Jahre, einen etwas verregneten, aber insgesamt auch herrlichen Bergherbst und nahmen wohl Quartier in Eschenlohe vor Garmisch-Partenkirchen. Mit Sessellift am Kolben ging es zum Pürschlinghaus im Ammergebirge und weiter im Regen drei Stunden zum Brunnenkopfhaus. Am nächsten Tag wurde der Gratklettersteig über Klammspitze und Feigenkopf zur Kenzenhütte, 1.300m, ohne Probleme gemeistert. Hier kosteten fünf Übernachtungen 17,50 DM. Der Abstieg über die Bäkenalpspitze nach Linderhof mit Anschluß nach Eschenlohe erfolgte auch im Regen. Mit der Laberbergbahn wurde das Ettaler

Mandl erklommen. Das Wellenbad in Garmisch-Partenkirchen war eine willkommene Abwechslung. Mit der Kreuzeckbahn ging es zum Zoeppritzhaus und beachtlich über den Nordsteig auf die Alpspitze, 2.629m. Der Rinderweg führte uns zur Höllentalhütte. Hier konnte ich mit Einverständnis der ganzen Familie allein mit Andrea über den Höllentalferner drahtseilgesichert die Zugspitze, 2.963m, erklimmen, fünf Stunden hoch und drei Stunden runter. Abstieg über die Partnachklamm nach Hamersbach. Auf der heimatlichen Rückfahrt wurde in Memmingen reingeschaut.

Mitte November habe ich mir beim Sport in der Halle einen Anbruch eines Mittelhandknochens eingehandelt. Nach vier Wochen Gips wurden mir noch zwei weitere Wochen Gips empfohlen, was ich aber ablehnte, um einen geplanten Skiurlaub wahrnehmen zu können!

1977 waren wir im Januar nocheinmal zwei Wochen in unserem bewährten Skigebiet Heuberge bei Davos. Auf der Rückfahrt konnte ich mir in Isny-Neutrauchburg eine nicht uninteressante Kurklinik anschauen. Im März war großes Anklettern mit Andrea und Thomas an den Eschbacher Klippen, Gisela war erkältet. Wenig später war dann die ganze Familie nocheinmal aktiv dabei.

Von Februar bis Juni habe ich mir eine Kurklinik mit kleinem Krankenhaus in Nordwürttemberg intensiv und nach allen Regeln der Kunst in mindestens acht Fahrten intensiv angesehen. Auch Gisela und die Kinder konnten alles begutachten und stimmten einem Ortswechsel zu. Mehrfache ausführliche Gespräche wurden geführt mit den zuständigen Verantwortlichen, Bürgermeister, Landesversicherungsanstalt, Kassenärztliche Vereinigung und Ärztekammer in Stuttgart.

Am 3. April 1977 starb in Memmingen unsere Oma Höfle im Alter von 89 Jahren. Ihre Beerdigung fand am 6.4. statt. Somit blieb sie günstigerweise, wenn man das so sagen darf, von den Ereignissen ab 1978 verschont. Als es ihr 1968 einmal gesundheitlich schlechter gegangen war, hatte sie als „Letzten Gruß" handschriftlich formuliert:

„Wird mein Auge dunkler, trübe   Dann erleuchte meinen Geist.
Daß ich fröhlich zieh hinüber,   Wie man nach der Heimat reist.
Memmingen 28.2.1968
Liebe Sofie und Erika, liebe Enkel und Urenkele und Schwiegersöhne! Mein Leben ist erfüllt. Danke Euch für alles Gute, das Ihr mir getan habt. Bleibt beisammen. Wünsche Euch Gottes Segen auf Eurem weiteren Lebensweg!   Herzlichst Eure Oma"

Besuch im Europabad in Marbach.   Warum wir Mitte April über Göttingen nach Braunlage in den Oberharz zur Wurmberg-Seilbahn und auf den winterlichen Wurmberg, 1.000m, ohne Ski, gefahren sind, ist mir nicht mehr erinnerlich. Mit dem Kollegenehepaar Ammon waren wir erneut im Morgenbachtal.
Der 1. Mai wurde ausgiebig bei Hartmanns und auf dem Marktplatz begangen. Zur Konfirmation von Andrea in Marburg am 8. Mai waren auch die Eltern aus Halle und Elisabeth Dorn dabei. Entsprechende Feierlichkeiten fanden in der Gaststätte und Pension „Christenberg" bei Münchhausen im Burgwald statt.
Am Pfingstsamstag, 29.5., konnten wir zu Fünft eine Radpartie an der Lahn entlang bis nach Cölbe und zurück unternehmen. Am Sonntag habe ich mit Andrea in Bruchhausen den Feld- und Ravenstein beklettern können. Kurz danach konnten wir Frau von Consbruch in die Damm-Mühle einladen. Es stieg ein großes Fest bei Bimbos. Auch waren wir nochmals in Weißenborn.
Am 17. Juni ging es über Kassel hinaus bis ins Weserbergland zur Kansteinhütte vom DAV Sektion Hannover, bei Ahrenfeld, um auf den Kansteinen fünf schöne Touren zu klettern.   Am 20.6. wurde für Andrea ein Grillfest am Lichten Küppel ausgerichtet.
Mitte Juli 1977 startete unser letzter Sommerurlaub von Marburg aus, zwei Wochen Berg-See-Ferien in Kärnten. Im Rückblick und

gefühlsmäßig muß er schon als zumindest merkwürdig und belastend angesehen werden. Über Salzburg und Katschbergpass ging es nach Gatschach am Westende vom Weißensee. Von dort waren Stationen Nagleralm – Spittal, Millstädter See – Goldeck-Bahn, Gufelalm – für eine Tour auf den Reiskofel, 2.371m, in den Gailtaler Alpen, über die Comtenhütte konnte ich nur Andrea begeistern – immerhin sind wir beide auch nach Kals gefahren und über das Lucknerhaus zur Stüdelhütte und vor dem Stüdelgrat am Großglockner bis zur Schere, etwa 3.000m, aufgestiegen. Wegen dichtem Nebel mußten wir umkehren. Ich gehe heute davon aus, daß wir bei gutem Wetter diesen nicht so schwierigen Südzugang auf den Großglockner so weit erklettern wollten, um rechtzeitig umkehren zu können. Weitere Fahrten waren Hermagor, zum Naßfeld, nach Montanesch und den Presseggersee – den Hochdristen, 2.500m, mußte ich allein besteigen. Die Rückfahrt ging über die Großglockner-Hochalpenstraße und die Gerlosplatte. Von hier aus bestieg ich allein südlich, praktisch weglos, die Hochalpspitze 3.780m. Über das Zillertal, Kufstein, München, Nürnberg und Fulda ging es zurück nach Marburg.

Im Juli 1977 und möglicherweise auch schon vorher zeichnete sich offensichtlich ab, besonders im Rückblick, daß häuslich und familiär nicht mehr alles in Ordnung gewesen ist. Trotz „alpinen" Übereinstimmungen entwickelte sich auch das Verhältnis zu Andrea mit ihren 14 Jahren schwierig und problematisch, ausgerechnet im Zusammenhang mit meinem Marburger Schwimmverein. Bedenklich und belastend, daß auch kein klärendes Gespräch und keine gemeinsame elterliche Haltung möglich war. Offensichtlich brauten sich mancherlei undurchschaubare, gravierende und traurige Gewitterwolken zusammen.

Zusammenfassend standen auch in Marburg **gegenseitige Besuche und Einladungen** von befreundeten und bekannten Familien, besonders mit Kindern, von Kollegen und auch

Einzelpersonen hoch im Kurs. Dies betraf z.b., um einfach vorwiegend nur Namen zu nennen, zwischen 1972-1977 ganz regelmäßig und engmaschig unsere Juristen, Elke und Hans-Jörg Weber, den Sportpädagogen Hartmann mit Familie, Familie Chirurg Regenfuß, die über uns wohnten, den Dermatologen Geißler, Radloffs und Kleins. Locker fanden Treffen statt mit Frau von Consbruch, z.b. im Bückingsgarten, mit Oberenders, 1976 Einladung von meinem Chef, Professor Klaus, zum „Sälzer", auch Treffen mit Langenohls und mit der Kollegin im Haus, Ulrike. Besucht hat uns auch mein langjähriger Studienfreund Günther mit seiner Frau Panorea und sogar schon 1972, Freund aus der Studentenzeit im Jugendwohnheim, der Hallenser Reinhard Ostwald. Damit endete familiär meine und unsere Zeit in Marburg.

Im Namen des Landes Hessen wurde ich am **30. Oktober 1967** vom Verwaltungsdirektor der Philipps-Universität in das Beamtenverhältnis auf Widerruf **zum Wissenschaftlichen Assistenten** ernannt. Am 24.11.1972 hat der Hessische Kultusminister mein Dienstverhältnis zum **„Dozent an einer Universität"** umgewandelt. Ich erhielt Dienstbezüge nach H 2 HBesG. Am 17.12.1975 wurde ich vom Hessischen Kultusminister „als Dozent an einer Universität in das Beamtenverhältnis auf Zeit berufen, das „Fach ‚Innere Medizin' in Lehre und Forschung angemessen zu vertreten."

Medizinisch konnte ich **1967-1968** in der Strahlenklinik Marburg enorme diagnostische und strahlentherapeutische Erfahrungen ambulant und stationär in einem fast zu geruhsamen und überaus angenehmen und personell überschaubaren Betriebsklima gewinnen. Alles überstieg weit die übliche internistische Ausbildung und hat mir später sehr geholfen. Besonders wertvoll waren die täglichen Besprechungen aller am Tag angefallenen Röntgenuntersuchungen über ein ganzes Jahr hinweg. Eine 10tägige Praxisvertretung eines

eines Landarztes in Haina-Kloster in dieser Zeit war wohl am ehesten einem kollegialen Entgegenkommen des Hauses geschuldet.

Strahlenklinik und – Poliklinik der Universität Marburg (Lahn)
6.8.1969 (erst)   Direktor: Professor Dr. du Mesnil de Rochemont

„Herr Dr. med. Ulrich Börngen, geb. 6.8.37, war vom 1.10.1967 – 30.9.1968 in meiner Klinik als wissenschaftlicher Assistent tätig. Er kam im Rahmen seiner internistischen Fachausbildung zu uns, um sich zusätzliche Kenntnisse auf dem Gebiete der Röntgendiagnostik und der Geschwulstbehandlung zu verschaffen. Im Rahmen seiner Tätigkeit war er 6 Monate in der Therapieabteilung des Hauses beschäftigt und zwar als Stationsarzt wie auch in der Therapie–Ambulanz und der Hochvoltabteilung. Er lernte so alle Fragen der Geschwulstbehandlung mit modernen zeitgemäßen Methoden kennen und selbständig ausführen und erwarb sich gute Kenntnisse im Strahlenschutz. Anschließend war Herr Dr. Börngen 6 Monate in der Röntgendiagnostikabteilung tätig und hatte sich in die röntgendiagnostische Untersuchungstechnik und Befunderhebung eingearbeitet. Vor allem war er bei der Untersuchung der Thorax- und Abdominalorgane sowie des Knochensystems eingesetzt und neben den Routineuntersuchungsmethoden hat er die Spezialmethoden der Kontrastdarstellung des Gallensystems, der Nieren und der Schichtuntersuchung kennengelernt. Außerdem wertete er die Elektrocardiogramme der Strahlenklinik aus.

Herr Dr. Börngen hat sich mit Fleiß, sehr guter Vorbildung und ausgezeichneter Auffassungsgabe sehr schnell in den ihm zugewiesenen Aufgabenbereich eingearbeitet und ist in der Lage, selbstständig Röntgenuntersuchungen des Thorax, der Abdominalorgane und des Skelettsystems durchzuführen, die

Röntgenbilder zu analysieren und die zugehörigen Befunde kritisch auszuwerten. Auch während der Arbeitsmonate in der Therapieabteilung konnte er durch die regelmäßige Teilnahme an den täglichen Röntgenbildbesprechungen und den Kolloquien der Klinik röntgendiagnostische Kenntnisse erwerben, die über das übliche in 6 Monaten erreichbare Maß hinausgehen.

Herr Dr. Börngen war ein angenehmer und geschätzter Mitarbeiter, der zu Patienten und Mitarbeitern stets ein ausgezeichnetes Verhältnis hatte." …

Am 1. September 1968 konnte ich meine engere internistische Weiterbildung in der **Medizinischen Universitäts-Poliklinik Marburg** fortsetzen. Neben zwei Bettenstationen versorgten wir in einer großen Ambulanz umfangreich Patienten aus ganz Nordhessen, insbesondere aus dem Bereich Westerwald, bis nach Kassel, Zonengrenze und Fulda sowie Gießen. Täglich wurden um 110-130 Patienten versorgt.

In den Semesterferien nutzte ich im August 1969 nachmittags über zwei Wochen, Einblicke in das Gesundheitsamt der Stadt zu nehmen, um vertretungsweise Gutachtertätigkeit, z.B. vor Rehamaßnahmen, vorzunehmen. Dies wurde mit 806 DM zufriedenstellend honoriert. In späteren Jahren mußte ich eine relativ heftige Auseinandersetzung mit dem GA austragen. Ihm oblag die gesetzliche Verpflichtung, Tbc-Patienten langfristig zu überwachen. Dabei gab es eine interessante Lungenerkrankung, bei der man anfangs einen Tbc-Zusammenhang nicht ausschließen konnte. Nachdem dies schon längst widerlegt war, wurden auch diese Patienten mit zum Teil hochgradiger Atemnot jahrelang regelmäßig einbestellt, was ich natürlich unterbinden mußte.

Im August 1970 nahm ich gerne, gewissermaßen an einigen Nachmittagen in Ferienvertretung, die Möglichkeit wahr, die beim Arbeitsamt Marburg üblichen ärztlichen Untersuchungen kennenzulernen. 14 dieser Art wurden, a 26 DM, auf jeden Fall für mich auch günstig bezahlt.

Schon ab Dezember 1968 wurde mir die umfangreiche Marcumarsprechstunde, insbesondere Blutgerinnungs-Verdünnung bei Patienten nach einem Herzinfarkt, für sechs Monate übertragen. Sie dürfte damals wohl eine der größten der BRD gewesen sein. Sie ermöglichte mir, auch hier verschiedene wichtige Fragen wissenschaftlich zu bearbeiten. Mit ihr war interessanterweise die komplette EKG-Beurteilung des Hauses gekoppelt. Es fielen täglich etwa 65-80 EKGs an, in Spitzenzeiten sogar 100, die in der Mittagszeit zu befunden waren – eine ausgesprochen wertvolle Lehrzeit. Auch im EKG-Labor erforderte die Registrierung eine fast beängstigende Routine. Wenn ich in der benachbarten Medizinischen Klinik davon gehört habe, daß dort am Tag 5-8 EKGs registriert werden mußten und darüber schon erheblich geklagt wurde, habe ich mir in der Regel meinen Kommentar für mich behalten!

Im Oktober und Dezember 1969 mußte im verwaltungsmäßigen Umgang und fachmedizinisch eine unglaubliche und erschreckende Erfahrung mit der Ärztekammer Hessen in Frankfurt gemacht werden. Die leitende Ärzteschaft der Poliklinik war sich seit Jahren einig, daß die von der Ärztekammer zugelassene stark eingeschränkte internistische Weiterbildungserlaubnis als fachlich völlig unbefriedigend anzusehen ist. Schon damals war erkennbar, daß statt erheblicher Überbewertung stationärer Ausbildung eine praxisnahe poliklinische Ausbildung besonderen Wert haben dürfte und anzustreben ist. Nach entsprechendem Schriftverkehr und Darlegung unserer Vorstellungen, hatte ich als Quasi-Vertreter der Assistentenschaft mit dem 1. Oberarzt, Hans Kaffarnik, in Frankfurt telefonisch 14 Uhr einen Besprechungstermin bewilligt bekommen. Nach Versorgung der Ambulanz sind wir beide in größter Eile mittags nach Frankfurt gefahren. Wir saßen pünktlich im Vorzimmer der geradezu fürstlich anmutenden Hallen des Ärztekammerhauses. Nach 2malig vertröstenden Auskünften von der Sekretärin wurden wir bis 14.30 nicht vorgelassen und wurde uns dann ohne stichhaltige Begründung mitgeteilt, daß der Termin nicht stattfinden könne. Mein Freund Kaffarnik rastete in diesem Moment mit einer überschießenden Reaktion auf dem Flur mit hohem Treppenhaus so aus, sodaß aus allen Etagen Menschen aufgeschreckt aus ihren Zimmern stürzten. Es gab einen riesigen Aufruhr, nur der sicher anwesende Ärztekammerpräsident, Herr Kollege Rheindorf, ließ sich nicht blicken. Bei dem dann fünf Wochen später stattgefundenen Treffen konnten wir unsere Argumente vortragen, erhielten dann auch (typisch) sofort schriftlich die Mitteilung, daß man alles wohlwollend beurteilen werde. Nach vielen Monaten erst kam eine eher klägliche, sachlich unberechtigte, total ablehnende Antwort. Im ganzen wurde ich stark erinnert an ähnliche Erfahrungen, die mein Vater 1934 in Halle hat machen müssen, Seite 12. Übrigens war nach Jahren im Hessenland und in der Presse zu hören, daß dieser hessische Ärztekammerpräsident wegen problematischer schwerwiegender Unregelmäßigkeiten juristisch zur Rechenschaft gezogen werden mußte, also nicht nur wegen unanständiger und überheblicher Unkollegialität und auch fachlichen Fehlleistungen.

Ab Wintersemester **1969/70** ließ ich mich ehrenamtlich im Rahmen der Selbstverwaltung der Universität im Fachbereich Medizin als Vertreter der Assistenten einspannen. In etwa vierwöchentlichen Abständen fanden während der Semesterzeit Fakultätsversammlungen statt, z.B. auch eine außerordentliche Sitzung am 5.12.1969. Hier konnten wir etwas überraschend die Unterstützung der Fakultät für einen Streik der Mediziner an der Universität Marburg durchbringen. Es ging wohl in erster Linie um eine wirklich unseriöse und makabre Bezahlung von Nacht- und Wochenenddiensten der Assistenten durch das Ministerium in

Wiesbaden. Dies wurde bemerkenswerterweise auch von der Professorenschaft als unerträglich angesehen und deshalb unterstützt. Mir ist noch in Erinnerung, daß ich für zwei bis drei anfangs 48- bis später erträglichere 24-Stunden-Dienste am Wochenende quartalsmäßig Auszahlungen über rund 50 DM tolerieren mußte. Dabei mußten z.b. in 22 Stunden beim 24-Stundendienst mehrere lebensbedrohliche Schwerstkranke (Herzinfarkt, Magenblutung, Schlaganfall) allein versorgt werden. Ende Januar 1970 hatte erwartungsgemäß die Assistentenversammlung im AudiMax für einen Streik gestimmt. Dies wurde freilich von Wiesbaden irgendwie unterlaufen, möglicherweise mit gewissen Zugeständnissen!? Immerhin kann ich mich noch gut erinnern, wurde in dieser Zeit besonderer Marburger („roter") Aufmüpfigkeit doch an einem Tag ein Sonderzug nach Wiesbaden organisiert. Wir waren halbe Kliniks- und ganze Instituts-Belegschaften, die vor dem Ministerium demonstrierten.

Von der Fakultätsversammlung und unserer Poliklinik wurde ich im November 1970 in eine konstituierende Strukturkommission delegiert. So war ich insbesondere in den Jahren 1972-1974 verständlicherweise an der Errichtung und Ausstattung unseres 1974 eingeweihten Neubaus der Poliklinik im Bahnhofsviertel der Innenstadt (13 Millionen-Projekt) intensiv beteiligt. Schon damals fanden wir diese spezielle Neubau-Fehlplanung merkwürdig und fragwürdig, da schon zu diesem Zeitpunkt auch der Neubau eines Klinikums auf den Lahnbergen im Gespräch stand. Diese Neubauplanung mußte extrem aufwendig vorgenommen werden, war also intensivmedizinisch und wissenschaftlich als Entwicklungslabor gedacht, obwohl die Räumlichkeiten nach einem Auszug nur als Büroräume genutzt werden sollten. Die Einweihung des Klinikums auf den Lahnbergen 1984 habe ich nicht mehr unmittelbar miterlebt.

Ab März 1970 wurde ich an die **Medizinische Universitätsklinik Marburg** für ein Jahr ausgeliehen. Die übliche stationäre Tätigkeit teilte ich mir mit einem älteren Experten der Klinik in Fragen der Blutgerinnung. Beeindruckende fachliche und menschliche Fähigkeit beinhaltete auch, daß er mir freimütig mitteilen konnte: Wenn ich mal ernstlich krank werde, gehe ich in den Wald zum Sterben, aber nicht in diese Klinik! Dort wurde ich, quasi nebenher, auch im Spezialbereich „Künstliche Niere" für einige Monate in ambulanter Betreuung von Dialysepatienten eingesetzt. Hier betreuten wir früh gegen 5-6 Uhr und nachmittags 4-6 Menschen, jeweils über etwa 90 Minuten, die wegen einer Nierenfunktionsschwäche Anschluß an eine künstliche Niere benötigten. Außerdem konnte ich wertvolle Erfahrungen auf der cardiologischen Intensivstation über sechs Monate und auf der schon damals im Aufbau sich befindlichen pneumologischen Intensivstation gewinnen.

Medizinische Klinik der Universität Marburg
13.4.1972 (erst)   Direktor: Prof. Dr. G.A. Martini

„Herr Dr. med. Ulrich Börngen, geb. am 6.8.1937, aus Marburg/Lahn, war vom 1.3.1970 bis zum 28.2.1971 als wissenschaftlicher Assistent an der Medizinischen Klinik Marburg tätig. Während dieser Zeit war er als Stationsarzt auf verschiedenen Stationen der Klinik tätig. Unter anderem hat er auf der cardiologischen Intensivpflegestation und auf einer Station für Tuberkulosekranke gearbeitet. Daneben hat er auch mehrfach die cardiologische Ambulanz der Klinik mitversorgt. An den gemeinsamen Veranstaltungen der Klinik wie pulmonologischen Visiten, den einmal wöchentlich durchgeführten Kolloquien und den regelmäßigen Röntgenvisiten hat Herr B. teilgenommen. Über zwei Semester hat er regelmäßig Lehraufgaben im Rahmen des klinischen Gruppenunterrichtes für Studenten (in der Regel drei Wochenstunden) wahrgenommen.

Herr Dr. B. hatte Gelegenheit, während der Zeit seiner Tätigkeit an der Medizinischen Klinik seine Kenntnisse auf dem Gebiet der inneren Medizin zu erweitern und zu vertiefen, und er hat von dieser Gelegenheit mit Gewinn Gebrauch gemacht. Seinen Aufgaben in der Klinik ist er stets gewissenhaft und zuverlässig nachgekommen. Mit den in der inneren Medizin üblichen diagnostischen und therapeutischen Verfahren ist er vertraut und hat sie selber während seiner Tätigkeit an der Klinik angewendet." ...

Ab März **1971** ging es also wieder zurück an „meine" Medizinische Poliklinik. Hier konnte ich von Mai bis Oktober über sechs Monate die weithin in Hessen bekannte und beliebte Rheumasprechstunde mit rund 400-500 Patienten übernehmen. Unser Schwerpunkt waren die chronisch entzündlichen Gelenkerkrankungen (primär chronische Polyarthritis, cP / rheumatoide Polyarthritis) und ihre selteneren Verlaufsformen. Ich konnte damals noch garnicht absehen, daß diese Krankheitsbilder überhaupt in der deutschen Medizin, ein damals und bis heute sträflich vernachlässigter entzündlicher Teil des rheumatischen Formenkreis mit oft schwerstkranken Verläufen, mein besonderes wissenschaftliches Interesse wecken sollte. In diesem Zusammenhang möchte ich einer äußerst in innerer Medizin und Rheumatologie kompetenten Kollegin besonders gedenken. Sie hatte sich in der Medizinischen Klinik Marburg mit einem rheumatologischen Thema habilitiert und erhoffte selbstverständlich die Anerkennung einer internistischen Habilitation, bekam sie aber durch Ordinariuseinflußnahme geradezu abwertend nur in Rheumatologie. Sie hat dann sehr bald Marburg verlassen. In den 70er Jahren galt bei uns als Basismedikation bei der cP die Therapie mit Gold oder Methotrexat.

Am **31.3.1971** wurde mir von der Landesärztekammer Hessen die „**Anerkennung als [Fach-]Arzt für Innere Medizin**" ausgesprochen. 1972 wurde ich zum Oberarzt an unserer Klinik ernannt. Als Oberarzt in der Ambulanz konnte ich weitgehend große Anliegen verwirklichen, daß z.b. die Mehrzahl der Arztbriefe spätestens am Folgetag herausgehen, oder in wichtigeren Situationen telefonisch unmittelbar der Überweisende informiert wurde. Dies führte zu einem ausgesprochen angenehmen und großartigen kollegialen Verhältnis zu vielen Hausärzten. Über die Reaktion der niedergelassenen Ärzteschaft am 14.7.1977 bei meinem Weggehen aus Marburg war ich entsprechend angenehm berührt, Seite 294. Auch oblag mir jahrelang weitgehend die Aufsicht einschließlich intensiver Fortbildung von ständig rund 20 MedizinalpraktikantenInnen. Unser poliklinisches Angebot für die Ausbildung der jüngeren Kolleginnen und Kollegen bestand vor allen Dingen in einem unwahrscheinlich breiten und vielschichtigen Patientengut internistischer und allgemeinmedizinischer Art. Dabei haben wir allergrößten Wert auf eine excellente Anleitung und Möglichkeit gelegt, zumindest jeden neuen Patienten grundsätzlich und umfassend einer körperlichen Gesamtuntersuchung zu unterziehen. Dies ist mir bis dahin selbst in diesem Umfang und Genauigkeit nie zu Teil geworden und erwies sich mir selbst später in jahrzehntelanger Tätigkeit in Klinik und Praxis äußerst wertvoll. Wie oft haben mir Patienten spontan mitgeteilt, daß sie noch nie so genau untersucht worden wären.

Ein weiteres zentrales Anliegen in poliklinischer Ausbildung war die ausführliche differentialdiagnostische Erörterung und Durchführung gezielter diagnostischer Verfahren im Rahmen der Laborchemie und Apparatetechnik einschließlich Bildgebung. Hier stand ganz im Vordergrund primär, was für den Patienten sinnvoll, weiterführend und zumutbar war. Zum Grundgerüst gehörte auf jeden Fall eine aussagefähige Erfassung wichtiger

Organfunktionen und ein EKG sowie eine Röntgen-Untersuchung des Brustkorbs. Schon damals waren wir bemüht, gewissermaßen modern ressourcenschonend auf jede überflüssige Diagnostik und von der keine Konsequenz zu erwarten war, zu verzichten – auch nach einer grundsätzlichen Erkenntnis, je mehr pauschale Diagnostik, desto größer die Gefahr einer Fehlinterpretation und problematische Folgediagnostik. Dies verlangte freilich eine solide und große ärztliche Erfahrung. Grundsätzlich waren wir bemüht, ein klinisches Patientenproblem nicht nur im Patienten selbst, sondern auch in seinem Umfeld und Leben zu sehen. Auf der anderen Seite war universitär eine breite wissenschaftlich begründete Diagnostik selbstverständlich.

Im Oktober 1971 erfolgte offensichtlich eine gewisse Umstrukturierung in der Fakultätsleitung, vermutlich im Rahmen des neuen Hessischen Hochschulgesetzes von 1970. So fand am 26.10. 1971 eine sogenannte 1. Fachbereichsrat-Konferenz von 14.30-20 Uhr statt. Wenig später dauerte die anstehende Neuwahl des Dekans (Oepen) von 14.30–0.30 Uhr! Das war ein Vorgeschmack auf oft enorm zeitaufwendige und vielfach erheblich kontroverse Fachbereichsratssitzungen. Am 5.2.1973 war der Marburger Universitäts-Zeitung „Listen und Kandidaten für die Wahl der Fachbereichskonferenzen" zu entnehmen, daß auf der Liste 2: „Demokratische Medizin" auf Platz 1 mein Name stand. Offensichtlich hatte ich mich bewußt und offiziell schon 1973 für vernünftige und demokratische Verhältnisse auch an der Uni und das Allgemeinwohl eingesetzt. Nach Mitgliedschaft schon in der alten Fakultätsversammlung war ich somit auf jeden Fall von **1973 bis 1975 Vertreter der Dozenten im Fachbereichsrat** Humanmedizin und hatte dadurch höchstinteressante Einblicke in diverse Internas von Kommissionen, Ausschüssen und Hochschulgremien bis hin zu ministeriellen Vorgängen und Einflußnahme durch die Landespolitik in Wiesbaden und Hessen.

Zwei markante Vorgänge sind mir bis heute in Erinnerung. Ein benachbarter Ordinarius wollte die Promotion eines leitenden Angestellten einer bis heute bedeutenden nordhessischen Firma von Medizinprodukten durchgeführt sehen. Offensichtlich war dies als Gegenleistung für die Überlassung von verschiedenen Geräten gedacht. Als Vorsitzender der entsprechenden Kommission waren mir diverse Ungereimtheiten, unter anderem z.b. ganz einfache grobe Rechenfehler, aufgefallen, sodaß ich der Kommission eine Ablehnung empfehlen mußte. Interessant, daß mir dafür noch nach Jahren von Professoren gedankt wurde! Demgegenüber war der die ganze Welt erschütternde Seweso-Dioxinskandal von 1976 in Oberitalien eine ganz bittere Erkenntnis. Wissenschaftler aus dem Rhein-Maingebiet hatten bei der Entwicklung von Dioxin auf die große Gefährdung hingewiesen. Es lagen schwierig zu verkraftende Unterlagen vor, daß die hessische Landesregierung dies total ignorierte und sogar den Kollegen in Form eines Maulkorberlasses weitere Veröffentlichungen unter großen Androhungen untersagt hat. Dies erschien uns damals schon als unvorstellbarer und unerhörter Eingriff in die Freiheit der Wissenschaft und als unverantwortliche Parteinahme für großindustrielle Interessen.

Von 1975-1977 war ich Vertreter der Hochschullehrer im Personalausschuß des Fachbereich Humanmedizin an der Philipps-Universität Marburg.

Ab 1971 wurde ich offensichtlich von der kompletten Kollegenschaft der Poliklinik als zuständig für das Fach Pneumologie akzeptiert und weitgehend unterstützt. Lungenfunktionsanalytisch übernahm ich im April 1971 einen „uralten Spirographen von Godart", der nur teilüberholt werden konnte. In einem Papier über den Bestand mußte ich der Verwaltung mitteilen, daß sogar ein billiges „Pneumometer … mein Privateigentum" sei, für die aussagekräftige tägliche

Routineambulanz, „da die Klinik seinerzeit keine Mittel zu einer Anschaffung aufbringen wollte." In einem Schreiben an das zuständige Staatliche Universitätsbauamt am 30.1.1972 als „Antrag für Geräte im Vorgriff für den Neubau der Medizinischen Poliklinik Marburg – Lungenfunktion", daß ich bei Vorliegen „derzeitiger gerätemäßig katastrophalen Situation" „in Form eines Mehrstufenplanes … eine Neuausrüstung unserer Lungenfunktion notwendig [erachte], damit wir nicht völlig unter Kreiskrankenhausniveau zu liegen kommen." Es geschahen noch Zeichen und Wunder. Im September 1972 bekam ich für rund 92.000 DM ganz entscheidend einen hochleistungsfähigen Ganzkörperplethysmographen, meinen Body, von der kompetenten Firma Jaeger in Würzburg. Damit konnte ich beginnen, übrigens weitgehend autodidaktisch eine leistungsstarke

Lungenfunktionsdiagnostik und pneumologische Spezialsprechstunde aufzubauen. Dabei wurden vor allem die Methoden der Ganzkörperplethysmographie, der Compliance-, Diffusions- und Blutgasanalyse sowie der inhalativen Provokationstestung eingeführt. Sie wurden lange Zeit und zum großen Teil von mir selbst durchgeführt, da mir erst seit 1974 eine MTA zur Verfügung gestellt wurde, allerdings nur halbtags! Das hat freilich dazu geführt, daß mir niemand etwas bezüglich Auswertung bzw. Beurteilung vormachen und ich meine wissenschaftlichen Programme bestens und eigenhändig durchführen konnte. Beachtlich, daß wir zwischen 1974-1977 jährlich z.B. rund 500-800 enorm aussagekräftige Routine-Lungenfunktionsuntersuchungen und 200-400 Tests auf Reversibilität einer Bronchialobstruktion vornehmen konnten. An Hand unseres umfangreichen Patientengutes von chronischen Polyarthritikern konnten umfangreich erste deutschsprachliche Publikationen über Vorkommen und Veränderungen der Lungenfunktion publiziert werden.

Ein ganz besonderes Anliegen über viele Jahre war mir die Herausstellung der einfachen Atemstoßmessung mittels Pneumometer bei der Weiterbildung der KollegenInnen für die alltägliche Praxis. Sie stellt ein aussagefähiges Verfahren zur Diagnostik der pneumologisch bedeutsamen obstruktiven Atemwegserkrankungen dar. Dies habe ich in überzeugenden Korrelationen zur viel aufwendigeren Spirographie und Ganzkörperplethysmographie herausstellen können. Motivierend war diesbezüglich auch ein Schreiben von Prof. Dr. G. Hildebrandt, Institut für Arbeitsphysiologie und Rehabilitationsforschung, Uni Marburg, vom 14.11.1975: „zwei Sonderdrucke Ihrer Arbeiten … für mich von besonderem Interesse … eine besondere Freude damit, daß Sie so viele Belege für die Brauchbarkeit der Pneumometrie erbringen." Erst nach Jahren wurde die Pneumometrie durch Peak-Flow-Messungen durch Patienten einigermaßen publik.

Trotz vielfacher Unterstützung blieb in gewisser Weise der notwendige und vernünftige Aufbau „pneumologischer Sofortdiagnostik" in der Poliklinik aus sicher diffizilen Gründen unbefriedigend. Dies mußte ich z.B. am 10.5.1975 in einem erneuten, doch überaus deutlichen Schreiben an das Hochschulbauamt und dem offensichtlich unterstützenden Hospitalplan Zürich und unseren Klinikleitenden detailliert unterbreiten. Von Entmutigung konnte freilich nie die Rede sein. So haben wir Anfang 1975 mit sieben Flaschen Sekt die Einweihung unseres neuen Lungenfunktionslabors feiern können. Im Zusammenhang damit bedarf es einer deutlichen Erwähnung, daß ein besonderes, manchmal fast zu ausschweifendes Markenzeichen der Poliklinik ihre 1-2malig pro Jahr stattfindenden großen Festivitäten der ganzen Belegschaft gewesen sind. Mehrere leere Fässer Bier am Eingang waren dementsprechend für Eingeweihte manchmal noch Tage lang ein sichtbares Zeichen!

Seit 1973 habe ich mich ganz besonders für die Sportmedizin, die aus medizinischer Sicht bislang in Marburg erheblich vernachlässigt wurde, interessiert und eingesetzt. Sie war im Fachbereich Humanmedizin überhaupt nicht vertreten. Alles lief über das unklar einzuschätzende Marburger Institut für Leibesübung (IfL) in der Oberstadt ab. Man war wohl dabei, ab 1970 im Rahmen einer Hochschulreform das IfL in vorwiegend pädagogischer Ausrichtung in den Fachbereich 21, Erziehungswissenschaften, einzugliedern. Hier wurden Lehramtskandidaten für Gymnasien, also Sportlehrer ausgebildet. Dabei stellt die Sportmedizin sicher auch ein echtes Anliegen internistischer poliklinischer Praevention und Rehabilitation dar. Aus problematischen Gründen dürfte 1972/73 die sportmedizinische Lehrveranstaltung plötzlich vakant geworden sein. Trotz erheblicher Überlastung bin ich deshalb ab WS 1973/74 gerne, quasi ehrenamtlich, kurzfristig eingesprungen, die Sportmedizin I und II (3-wochenstündig) in Marburg zu übernehmen. Kurzfristig bedeutete 1-2 Wochen. Im „Antrittskolleg" am 22.10.1973 über die Geschichte der Sportmedizin wies ich vor allen Dingen darauf hin, daß ich eine „legere" Veranstaltung anstrebe, in der jederzeit zwischengefragt werden kann und Wünsche vorgebracht werden können. Zu allem hatte mir der Dekan des Fachbereichs Humanmedizin am 12.10.1973 mitgeteilt,

..."heute möchte ich Ihnen noch einmal danken, daß Sie an den Beratungen über die Zukunft der Sportmedizin in Marburg teilgenommen haben und vor allem, daß Sie bereit sind, den Studenten des IfL in der gegenwärtigen Notsituation zu helfen ... bitte ich Sie hiermit, die ... 3-stündige Vorlesung im WS 1973/74 zu übernehmen." - nur im WS!

Aus diesem einen Semester sind dann sechs geworden! In einer Teilnehmerliste haben sich pro Semester jeweils zwischen 89 bis 148 StudentenInnen eingetragen. Von 1974-1977 wurde ich in das Wissenschaftliche Prüfungsamt als Vertreter des Faches Leibeserziehung für das Lehramt in Gymnasien berufen. So kamen ab 1975 erhebliche Prüfungsaufgaben, Klausuren und Staatsexamina an jährlich rund 40 Examenskandidaten (Wissenschaftliches Prüfungsamt für Lehramt an Gymnasien) hinzu. Um die Kontinuität und Verantwortung für die Sportstudenten zu wahren, habe ich sie sogar bis November 1977 durchgeführt, obwohl ich zu diesem Zeitpunkt nicht mehr an der Uni in Marburg war. In dieser Zeit habe ich mit acht sportmedizinische Hausarbeiten zu tun gehabt. Thematisch betrafen sie Lungenfunktion und Lungenfunktionsdiagnostik beim Sportler, Muskelkrafttraining und Sportpädagogik, Doping im Hochleistungs- und Breitensport, Frauensport in der Pubertät, Höhenmedizin in mittleren Höhen, Haltungsschwächen, Ausdauersport bei Jugendlichen. Zum Teil wurden beachtliche literaturgestützte Abhandlungen vorgelegt. Mehrfach habe ich auf die seit vielen Jahren bestehende Fehlentwicklung der Sportmedizin an der Universität Marburg offiziell hingewiesen. Diesbezüglich kann ich z.B. auf ein umfassendes und grundsätzliches, allerdings auch ultimatives Schreiben von mir vom 20.9.1976 an den Dekan des FB Erziehungswissenschaften und Humanmedizin, an die Direktoren der Poliklinik und Medizinischen Klinik, an das IfL und den Kanzler der Universität Bezug nehmen. Auf zehn Seiten hatte ich die bisherige Situation, Aufgaben und Lösungsvorschläge „Sportmedizin an der Philipps-Universität Marburg" dargestellt, insbesondere auch, daß der Anstaltsbeirat der Poliklinik und der Fachbereichsrat Humanmedizin Marburg der Ausschreibung einer H2-Stelle an der Medizinischen Polklinik, „Pneumologie und Sportmedizin", 1975 einstimmig befürwortet hat. Parallel hatte ich stets die Vertreter des IfL und der Studentenschaft sowie den Personalausschuß des FB informiert. Der Dekan der Erziehungswissenschaft hatte schon am 30.9.1976 in seiner Antwort hervorgehoben, daß ich ein „in der Tat prekäres Problem" anschneide und daß meine Ausführungen als „eine Bestätigung der schon länger praktizierten Strategie, die großen Versäumnisse der letzten Jahrzehnte im Bereich Leibeserziehung und Sport endlich auszugleichen" anzusehen sind. Eine in Aussicht gestellte „ausführliche Antwort" ist mir nie zugegangen.

Aber intern war doch abzusehen, daß hier „andere Fäden" gezogen wurden. Um hier nicht weiter Vorschub zu leisten, fühlte ich mich deshalb gezwungen, das sportmedizinische Kolleg ab Wintersemester 1976/77 auszusetzen.

Außerdem wurden von mir viele allgemein Sporttreibende, Vereinssportler und Sportstudenten sportärztlich betreut. Im Rahmen der Volkshochschule Marburg beteiligte ich mich wesentlich an der sportärztlichen Überwachung von "älteren, sporttreibenden Bürgern". Über die an Hand eines breiten klinischen Untersuchungsprogrammes gewonnenen Erfahrungen habe ich z.B. auf dem Deutschen Sportärztekongreß 1976 in Freiburg/Breisgau berichtet. Dies war möglicherweise überhaupt erstmalig im Volkshochschulrahmen.

In Marburg bestand eine Lehranstalt für medizinisch-technische Assistentinnen unter der Leitung des Extraterrestriker E.H. Graul. Hier wurde ich z.B. 1975 in die „schriftliche Staatsexamensprüfung für MTL- und MTR-Schüler" eingespannt.

Neben medizinischer Patientenversorgung und wissenschaftlicher Arbeit hatte die Lehre für mich einen hohen Stellenwert. So konnte ich, abgesehen vom ersten Jahr in der Strahlenklinik, praktisch während meiner ganzen Universitätslaufbahn in Marburg diversen selbständigen **Lehrveranstaltungen** nachkommen. Als Lehrauftragsvergütung wurde anfangs, z.B. im April 1971, 100

DM/Monat gezahlt. Sie mußte freilich sehr bald unentgeldlich weiter durchgeführt werden. Immerhin konnte, so sehe ich das als Ausgleich, Arbeitsurlaub genommen werden. Dies habe ich zwischen 1972-1974 dreimal, insgesamt rund drei Monate, ausnutzen können.

Meine Beteiligung an Lehrveranstaltungen begann im WS 1968/1969 als Poliklinisches Praktikum im Rahmen der Hauptvorlesung Medizinische Poliklinik, anschließend zwei Semester als Gruppenunterricht in der Medizinischen Klinik (offiziell ca. 96 Stunden). In meiner Marburger Zeit habe ich wöchentlich rund 3-5 Stunden Lehrverpflichtungen in Form kleiner Spezialvorlesungen, von Gruppenunterricht sowie größerer Frontalkollegs, an denen bis 100 Studenten teilnahmen, durchführen können. Vom SS 1971 bis WS 1974/75 mußte Gruppenunterricht in der Medizinischen Poliklinik angeboten werden und vom SS 1973 bis SS 1977 waren von mir selbst Ausgewählte Kapitel aus der Inneren Medizin zu versorgen. Ab WS 1973/74 bis SS 1976 habe ich für das Institut für Leibesübungen in Marburg ehrenamtlich über sechs Semester Sportmedizin I und II gelehrt. In der Zeit etwa vom SS 1975 bis SS 1977 standen auf dem Lehrprogramm ein Kursus der allgemeinen klinischen Untersuchungen, ein Praktikum der Inneren Medizin und eine dazugehörige Einführung, im übrigen seit 1981 zusammen mit Hans Kaffarnik zeitweilig auch Innere Medizin für Humanbiologen. Im WS 1977/78 bis WS 1980/1981 konnte ich unseren Kommissarius H. Kaffarnik verschiedentlich im Hauptkolleg Medizinische Poliklinik entlasten. Ansonsten bin ich meinen Lehrverpflichtungen bis zum Sommersemester 2002, in den letzten 20 Jahren entsprechend eingeschränkt, von außerhalb nachgekommen. Bis auf die letzten etwa zehn Jahre war mir bei ausgesprochen interessierten und auch schon kundigen studentischen KollegenInnen stets die Lehre eine große Freude und Aufgabe, insbesondere auch über die übliche universitäre Wissensvermittlung hinaus, Persönlichkeit, Offenheit und ethische Verantwortung des Arztes zu vermitteln. Insgesamt dürfte ich rund 55 Semester Lehre wahrgenommen haben.

Von **39 eigenen Vorträgen**, die ich zwischen 1971 und 1990 persönlich gehalten habe, sollen nachfolgend nur die Anzahl pro Jahr, der Veranstalter und der Ort wiedergegeben werden:

1971: Deutscher Internistenkongreß, Wiesbaden

1972: Kongreß Deutsche Gesellschaft für Bluttransfusion, Giessen

1973: Deutscher Internistenkongreß, Wiesbaden

1974: Deutscher Rheumatologenkongreß
Poliklinischer Abend der Medizinischen Universitäts-Poliklinik Marburg
83. Nordwestdeutscher Internistenkongreß, Travemünde

1975: 84. Nordwestdeutscher Internistenkongreß, Hamburg
EKG-Kurs für Fortgeschrittene der Arbeitsgemeinschaft für Fortbildung der niedergelassenen Ärzte in Stadt und Landkreis Marburg
Disputationsvortrag, Fachbereich Humanmedizin, Universität Marburg
34. Norddeutscher Pneumologenkongreß, Malente

1976: 4. Tschechoslowakischer Pneumo-Phtiseologischer Kongreß mit Internationaler Beteiligung, Bratislava
Deutscher Sportärztekongreß, Freiburg/Breisgau
20. Medizinischer Fortbildungskongreß der Medizinischen Universitätsklinik Marburg

1977: Poliklinische Abende der Medizinischen Universitäts-Poliklinik Marburg
Medizinische Gesellschaft Marburg
EKG-Kurs der Arbeitsgemeinschaft für Fortbildung der niedergelassenen Ärzte in Stadt und Landkreis Marburg
Rheumasymposion, Marburg
11. Deutscher Kongreß für Allgemeinmedizin und

Frühjahrskongreß der Internationalen Gesellschaft für Allgemeinmedizin, Marburg

1979: 9. Europäischer Kongreß für Rheumatologie, Wiesbaden

1981: 86. Kongreß Deutsche Gesellschaft für Physikalische Medizin und Rehabilitation, Aachen

1982: Österreichischer Internistenkongreß, Salzburg

30. Pneumologenkongreß, Mainz
Symposium für Bergmedizin, München

1983: Vortrag vor Stuttgarter Orthopäden, Stuttgart

Deutsche Rheumaliga, Stuttgart
7. Sportmedizinisches Fortbildungsseminar, Überlingen
20. Kongreß Südwestdeutsche Gesellschaft für Innere Medizin, Offenburg

1985: Vortragsreihe AOK und VHS Esslingen, Leinfelden - 2mal

Vortragsreihe: Obstruktive Atemwegserkrankungen, Baden-Baden

1986: Vortragsreihe AOK und VHS Esslingen, Esslingen

Podiumsdiskussion, Ärzteschaft Stuttgart, Stuttgart
Seniorenclub-Vortrag, Stuttgart-Rohr-Dürlewang
Vortragsreihe AOK Esslingen und VHS Ostfildern, Stuttgart

1987: Vortragsreihe VHS Esslingen, Esslingen

1988: XXV. Kongreß Südwestdeutsche Gesellschaft Innere Medizin, Mannheim

1989: Hospitalhof, Evangelisches Bildungswerk Stuttgart

9. Wissenschaftlicher Kongreß Süddeutsche Gesellschaft für Pneumologie und Tbc, Stuttgart

1990: Vortragsreihe AOK und VHS Esslingen, Deizisau

32. Deutscher Sportärzte-Kongreß, München

Ich war Referent („Doktorvater") von zwei Inaugural-Dissertationen:
Die Rheumasprechstunde der Medizinischen Universitäts-Poliklinik Marburg. Untersuchungen über Inanspruchnahme, Betreuung und Krankheitsbild bei chronischen Polyarthritikern. E. Wengler 1978
CO - Diffusionskapazität. Untersuchungen zu Methodik, Normalbereich und Aussagefähigkeit. U. Mielke 1978

Komplettierend sei hier nur pauschal erwähnt, daß ich, letztlich von der Medizinischen Poliklinik Marburg ausgehend, 57 Publikationen erstellen konnte. Sie können z.T. (Iterns 1-28) im Internet unter www.pubmed.gov nachgelesen werden.

Am **6.6.1975** hat mir der Fachbereich Humanmedizin der Philipps-Universität zu Marburg nach einem „einem ordentlichen Habilitationsverfahren unter Herausstellung des folgenden wissenschaftlichen Themas: 'Differentialdiagnostik des Atemwegswiderstandes. Klinisch.experimentelle Untersuchungen zum Alveolardruck-Atemvolumen-Diagramm' und einer Disputation über das Thema 'Lungenfunktionsdiagnostik bei rheumatoider Arthritis' den Nachweis qualifizierter Befähigung zu selbständiger wissenschaftlicher Forschung und Lehre" bestätigt. Damit wurde mir die **„Habilitation für das Fach Innere Medizin** zuerkannt."

Medizinische Universitäts-Poiklinik der Universität Marburg
9.6.1976 Geschäftsführender Direktor: Prof. Dr. D. Klaus
„Herr Doz. Dr. med. Ulrich Börngen, geb. 06. 08. 1937 ist seit dem 01. 10. 1968 an der Medizinischen Universitätspoliklinik Marburg tätig. Er war zunächst als Assistenz- und Stationsarzt eingesetzt. Seit 1972 ist er als Funktionsoberarzt tätig. 1971 erhielt er die die Facharztanerkennung für Innere Medizin. 1975 hat er sich für das Fach Innere Medizin im Fachbereich Humanmedizin der Philipps-Universität Marburg habilitiert.

Er betreut die Bettenstationen und die Ambulanz der Medizinischen Poliklinik und leitet zusätzlich das Lungenfunktionslaboratorium. Seit Jahren ist er in der Unterrichtung der Studenten eingesetzt (allgemeiner Untersuchungskurs, Praktikum der Inneren Medizin). Sein wissenschaftliches Arbeitsgebiet betrifft die Analyse der Lungenfunktion, die rheumatischen Erkrankungen und sportmedizinische Probleme.

Herr Doz. Dr. Börngen hat sich mit großem Einsatz für die Belange der Medizinischen Poliklinik eingesetzt. Dies betrifft besonders sein Organisationstalent als Oberarzt für das Funktionieren der Ambulanz und der Einrichtung und Erweiterung des Lungenfunktionslaboratoriums. Seine didaktischen Fähigkeiten sind besonders hervorzuheben. Er hat eine Reihe von wissenschaftlichen Vorträgen über Lungenfunktion und rheumatische Erkrankungen gehalten und seine wissenschaftlichen Ergebnisse in einer Anzahl Publikationen niedergelegt, die in angesehenen Zeitschriften veröffentlicht wurden. Herr Dr. Börngen hat einen ausgezeichneten Kontakt zu den Patienten. Seine Hilfsbereitschaft wird von allen Mitarbeitern besonders geschätzt." ...

Der Dekan des Fachbereichs Humanmedizin der Philipps-Universität Marburg hat mir am **15. Juni 1979 „die akademische Bezeichnung Privatdozent"** verliehen, nachdem am 6. Juni 1975 die Habilitation für das Fach Innere Medizin erfolgreich abgeschlossen werden konnte.

Ein mir wohlgesonnener Kollege, Dekan im Fachbereich Humanmedizin, hat es für wichtig und legitim angesehen, mir 1982 nachfolgendes Gutachten zukommen zu lassen. Wir hatten vor Jahren bezüglich besonderer Problematik einer zahnärztlichen Behandlung unter Antikoagulantientherapie angenehm und wegweisend zusammengearbeitet. Freilich war für mich längst meine universitäre Laufbahn durch, möglicherweise sogar mir nahestehende bestimmte Kreise in meiner Abwesenheit durchkreuzt worden. Auf jeden Fall lag es mir auch fern, mich persönlich intensiver einzusetzen und meine bestehenden Kontakte stärker auszuspielen.

BOCHUM, den **5.7.1982** Professor Dr. med. W.T. Ulmer

„Chefarzt der Medizinischen Universitätsklinik und Poliklinik der Berufsgenossenschaftlichen Krankenanstalten Bergmannsheil Bochum ...

Betr.: Honorarprofessur für PD. Dr. Ulrich Börngen, Chefarzt der Höhenklinik Breitenbrunnen in Sasbachwalden

Sehr verehrte Spectabiles,

die mir übersandten Unterlagen von Herrn Priv.-Dozent. Dr. Börngen, geb. am 6. 8. 1937, habe ich gerne zur Frage der Ernennungsfähigkeit zum Honorarprofessor durchgesehen.

Die wissenschaftliche Leistung, die sich in 36 veröffentlichten Arbeiten niederschlägt, ist mir z.T. durch das frühere Studium einiger dieser Arbeiten in der entsprechenden Fachliteratur bekannt.

Neben wissenschaftlichen Arbeiten hat Herr Börngen auch auf verschiedenen Tagungen sehr angesehener Gesellschaften sowie verschiedenen Fortbildungsveranstaltungen vorgetragen. Auch war er im Rahmen der Lehre von 1969 bis 1981 an im Rahmen des Gruppenunterrichtes bzw. bei verschiedenen Kursen fortlaufend tätig.

Die wissenschaftlichen Arbeiten zeigen, daß Herr Börngen

291

über eine ganze Reihe von verschiedenen Gebieten gearbeitet hat. Eindeutig dominieren aber - was die Qualität der Arbeiten anlangt, die pneumologischen Arbeiten. Hier wurde einiges an Arbeit geleistet, welches die Originalität im Ansatz und die Fähigkeit des konsequenten Durcharbeitens klar erkennen läßt. Auch wurden einige klinische Fragen sorgfältig durchgearbeitet, wobei er auf allen Gebieten eindeutige und für das Fachgebiet wichtige Aussagen geleistet hat.

Die Arbeiten sowie seine Vortragstätigkeit lassen keinen Zweifel darüber bestehen, daß Herr Börngen besonders an klinischen Fragestellungen Interessiert ist, wobei auch zu erkennen ist, daß er über besondere klinische Erfahrungen verfügt.

Im Rahmen seiner Universitätszeit war Herr Börngen auch in verschiedenen Universitätsgremien tätig, und er hat hiermit auch gezeigt, daß er bereit ist, an der organisatorischen Universitätsarbeit mit entsprechender Weiterentwicklung teilzunehmen. Seine Arbeitsgebiete waren nicht eng auf das mit seiner Habilitation verbundene Thema oder mit seiner Dissertation verbundene Thema beschränkt. Herr Börngen hat eine Reihe weiterer Themen, die von seinem klinischen Interesse zeugen, bearbeitet.

Zusammenfassend darf ich deshalb feststellen, daß Herr Priv.-Doz. Dr. Börngen über ein größeres wissenschaftliches Werk verfügt, welches weitgehend den Anforderungen, wie sie auch im internationalen Rahmen zu stellen sind, genügt. Herr Börngen ist sicher ein hervorragender Kliniker mit umfangreicher Erfahrung. Er hat auch sein Interesse an der Hochschularbeit in vielfacher Hinsicht bekundet. Somit bin ich überzeugt, daß die Voraussetzungen für die Ernennung zum Honorarprofessor gegeben sind.

Ich darf deshalb dem Fachbereich Humanmedizin und Klinikum der Philipps-Universität Marburg empfehlen, Herrn Priv.-Doz. Dr. med. habil. U. Börngen zur Ernennung zum Honorarprofessor vorzuschlagen.

Ich habe keine Bedenken gegen das teilweise oder ganze öffentliche Verlesen dieser meiner Stellungnahme. Mit vorzüglicher Hochachtung verbleibe ich Ihr

(Professor Dr. Ulmer)"

Am 6. Juli 1977 haben wir ein großes **Grill-Abschiedsfest** auf dem Grillplatz am Runden Baum an der Tannenbergkaserne in Marburg gefeiert. Bei 53 Eingeladenen waren 67 gekommen. Mein Einladungstext an Alle Mitarbeiter und Mitarbeiterinnen unserer Poliklinik lautete: „Mit 450 Jahre Universitätsgeschichte Marburg gehen auch meine zehn Jahr Tätigkeit an unserer Uni – davon neun Jahre an der Poliklinik – rapide zu Ende. Nach alter Tradition und in gewohnt familiärem Rahmen wollen wir noch einmal gemeinsam ein Fest feiern. Meine Frau und ich würden sich freuen … unsere Gäste sein zu können." Auf einem schönen Bild vom Marktplatz mit Rathaus haben 64 Mitarbeiterinnen und Mitarbeiter von der Poliklinik und engerer Nachbarschaft unterschrieben. Dies ist für mich noch immer ein wertvolles Andenken an eine schöne und wertvolle Zeit in meinem alten Marburg. Es schien die Welt noch in Ordnung zu sein!

1977/1978 habe ich offiziell zusammenfassend feststellen müssen, „daß ich an der Medizinischen Universitäts-Poliklinik Marburg ein weitgehend befriedigendes Arbeitsgebiet aufbauen konnte. Als einer der ältesten Hochschullehrer der Klinik fällt es mir schwer, die Mitarbeiter des ganzen Hauses, die fast ausschließlich guten Beziehungen zur Gesamtuniversität und auch viele Patienten zu verlassen. Trotzdem dränge ich auf eine Ortsveränderung … da ich hier in Marburg unter den derzeitigen Bedingungen zunehmend weniger echte Entwicklungschancen als Hochschullehrer und an der mir sonst ans Herz gewachsenen poliklinischen Tätigkeit sehe."

Zwei Kollegen aus Stadt Allendorf haben mir am 14.7.1977 geschrieben:

„Ihr Abschiedsbrief hat uns sehr betrübt. Einerseits freut es uns sehr, daß Sie beruflich einen großen Schritt weiterkommen,andererseits sind wir traurig, daß ein weiterer Kollege vom alten Stamm, alter Schule und Couleur geht. Bei dieser Gelegenheit möchten wir Ihnen sehr herzlich danken für die gute Zusammenarbeit, den kollegialen Umgang und für die wiederholt sehr klar formulierten und einprägsamen Vorträge und Vorlesungen."

Am 30. Juli 1977 war in Marburg mein letzter offizieller Arbeitstag.

Abgeschlossen, Stuttgart 24. Mai 2021